여행하는 인간

Homo Viator

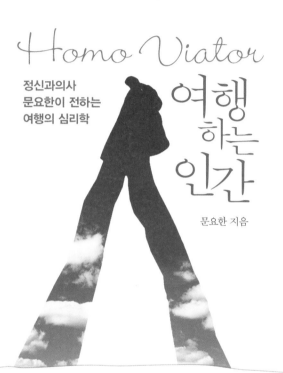

Homo Viator

정신과의사
문요한이 전하는
여행의 심리학

여행
하는
인간

문요한 지음

해냄

그때 길을 떠났다

대학 시절에 가끔씩 이용하던 인쇄소가 있었다. 요즘 말로 '가성비'가 훌륭한 곳이었는데, 딱 한 가지 불편한 점이 있었다. 1년에 3개월가량이나 문을 닫았던 것이다. 처음에는 왜 그런지 영문을 몰랐으나 몇 번 드나들다 보니 자연스레 내부 사정을 알게 됐다.

그 인쇄소는 인쇄소인 동시에 작은 여행박물관 같은 곳이었다. 기름 냄새와 기계 소리는 여느 인쇄소와 다를 바 없었지만, 벽면에는 세계 각국에서 수집한 각종 펜던트, 배지, 자석, 엽서, 이름 모를 악기, 모자 등이 가득 진열돼 있었다. 책상 위에는 등고선이 그려진 지도책과 여행서 등이 널려 있었다. 그런 풍경 덕분에 인쇄소에 들어서기만 해도 괜히 기분이 설렜다.

인쇄소 문이 닫혀 있다는 것은 주인아저씨가 또 여행을 떠났다는 뜻이었다. 나는 허탕을 칠 때마다 화가 나기보다는 주인아저씨가 또 어디로 여행을 떠났을지 몹시 궁금했다.

인쇄소 문이 다시 열리면 나는 새로운 여행 흔적을 유심히 살펴보곤 했다. 인쇄소 주인아저씨 덕분에 젊은 날 여행에 대한 깊은 동경심을 품을 수 있었다. 그는 여행의 씨앗을 내 마음속에 깊이 심어놓았다.

그러나 대학을 졸업하고 사회생활을 시작한 이후로 늘 시간에 쫓겨 살았다. 여행가의 삶을 동경했던 것조차 까맣게 잊고 지냈다. 틈틈이 여행을 다니긴 했지만 늘 번갯불에 콩 볶아 먹는 식이었다. 시간을 쥐어짜내 여행을 떠났고 그마저도 일주일을 넘기지 못했다.

결혼하고 아이들이 태어나면서부터는 늘 아이들 위주로 여행을 다녔다. 주로 물놀이 시설을 찾아다녔고, 나는 여행 시간 내내 아이들 사진 찍어주느라 정신이 없었다. 그때는 왜 그렇게 사진 남기는 것을 중요하게 여겼을까? 지금 생각해 보면 우습기도 하다.

일감을 들고서 여행을 떠난 적도 많았다. 여행지에서 청탁받은 글을 쓰고, 이메일을 보낸다고 동분서주한 적도 있었다. 일할 때보다 잠을 덜 자기까지 했다. 여행이 끝나갈 때쯤엔 일상으로 돌아가 밀린 일들을 처리할 생각에 답답했다. 돌아와서는 쫓기듯 일터로 나갔다.

그럼에도 여행이 끝난 지 얼마 지나지 않아 다음 여행을 계획했고, 그 낙으로 답답한 일상을 위로받곤 했다. 그렇게 시간은 홀쩍 흘러갔다.

2013년, 나는 어느덧 마흔여섯의 중년이 돼 있었다. 정신과의사가 된 지도 19년째나 됐다. 그해에 나는 나 자신이 심각한 매너리즘에 빠져 있다고 느꼈다. 삶은 멈춰 있었고, 내 정신은 딱딱하게 굳어 있었다. 그 때문에 인생을 되돌아보게 됐고 내게 무엇이 필요한지를 깨달았다. 그것은 휴식이었다.

나는 안식년을 갖기로 결정했다. 하던 일을 정리하고 쉰다는 것이 쉽지는 않았지만, 향후 언제까지 일을 해야 할지 알 수 없는 이 시대에 더 늦추고 싶지 않았다. 화가가 그림을 그리다가 뒤로 물러서서 화폭을 살펴보듯이 지난 삶을 돌아보고 앞으로의 삶을 생각할 시간이 필요했다.

나는 1년 여의 준비 기간 끝에 2014년 8월부터 안식년을 가졌다. 안식년을 준비하며 무엇을 할지 고민했는데 문득 그 옛날의 인쇄소 주인아저씨가 떠올랐다. 다른 무엇보다도 많은 시간을 여행하며 보내고 싶었다.

여행은 전 세계인들이 공통적으로 꼽는 버킷 리스트 중 하나가 아닐까 싶다. 우리는 늘 여행을 그리워한다. 여행 중에는 여행이 끝나가는 것을 아쉬워하고, 여행을 다녀온 뒤에는 다음 여행을 기다린다. 때론 여행의 흔적들을 뒤적거리며 지난 여행의 기억을 되새김질한다. 어떨 때는 여행을 가기 위해 인생을 사는 것인지, 인생을 살다가 한 번씩 여행을 가는 것인지 헷갈린다. 우리는 왜 이렇게 여행을 갈망할까? 왜 시간과 돈을 써가면서 여행을 가지 못해 안달일까? 너무 빤한 대답이지만 여행은 그만큼 우리에게 많은 기쁨을 주기 때문이다.

지난 여행 기간 동안 어떻게 시간이 흘러갔는지 모를 정도로 홀린 듯 여기저기를 돌아다녔다. 이국적인 풍경도 넘치게 아름다웠지만, 여행에 너무나 많은 삶의 지혜와 치유의 힘이 있음을 발견한 놀라운 시간이었다.

여행은 훌륭한 수업들로 이뤄진 이동식 학교였다. 나는 1년의 안식년이 지나고 나서야 가까스로 정신을 차리고 지난 여행을 돌아봤다. 다른 사람들은 여행에서 무엇을 느꼈을까 궁금하여 여행과 관련된 많은 책들을 읽었다. 각자의 여행 스타일이 다르고 시대에 따라 여행의 방식은 변화해 왔지만 그럼에도 불구하고 여행에 면면히 흐르는 공통의 의미가 있었다. 여행은 삶에 탄력을 주는 치유와 재충전의 시간이고, 자신의 한계 바깥으로 나아가는 배움과 도전이며, 인생의 새로운 단계로 넘어가는 전환의 의식이 되어왔다.

사실 지금은 여행이 생활의 일부가 되었지만 먼 옛날의 인류에게는 삶 자체가 여행이었다. 인류 대부분의 역사는 끊임없이 새로운 땅을 찾아 떠나는 이동의 역사였다. 그러한 이동성을 우리는 뼛속 깊이 물려받았다. 우리에게 여행은 본능인 것이다. 그렇기에 우리는 '생각하는 인간(Homo Sapiens)' '언어를 사용하는 인간(Homo Loquens)' '도구를 사용하는 인간(Homo Faber)'이라는 표현처럼 '여행하는 인간(Homo Viator)'이라는 고유의 특성을 지니고 있다. 그 특성은 이 시대를 살아가는 데 있어 어떻게 발휘되어야 하는 것일까?

나는 이 책에서 여행을 '새로움, 휴식, 자유, 취향, 치유, 도전, 연결, 행복, 유연함, 각성, 노스탤지어, 전환'이라는 열두 개의 주제로 보다 깊이 들여다보고자 한다. 이를 통해 인간은 왜 여행을 갈망하고 여행은 우리에게 무엇을 주는지 살펴보고, 이 시대에 '여행하는 인간'으로 살아간다는 의미가 무엇인지를 이야기하고자 한다.

그렇기에 이 책은 개인적인 여행기라기보다는 여행의 내면을 들춰보는 '여행의 심리학'이라고 할 수 있다. 이 주제들을 통해 당신의 지난 여행이 새롭게 음미되고, 앞으로의 여행이 보다 풍성해지기를 희망한다. 그렇다고 딱딱한 이야기만 늘어놓고 싶지는 않다.

나는 이 책에 파타고니아의 빙하가 녹아 흐르는 강물 소리를 넣고 싶었고, 네팔 히말라야의 눈부신 설산을 걸으며 느꼈던 내 영혼의 희열을 전하고 싶었고, 평생 마음 붙일 곳 없이 방랑자로 살다 간 이들의 슬픔 또한 담고 싶었다. 그래서 누군가의 가슴에 그가 언젠가는 긴 여행을 떠나게 만들 씨앗을 심어주고 싶었다. 대학 시절 인쇄소 아저씨가 내게 건네준 그 씨앗처럼.

2016년 여름날
문요한

목차

1장

삶은 다시
새로워지기를 원한다

'새로움'으로의 여행

Homo Viator

2013년 초여름이었다. 평소처럼 상담 중이었는데 내담자가 대뜸 물었다. "지금 제 얘기 듣고 계신 거예요?" 순간 당황해 얼굴이 화끈거렸다. 전날 잠이 부족해서 멍해 있었던 탓인지, 아니면 잠깐 딴생각에 빠져 있었던 탓인지 나는 분명 이야기의 끈을 놓치고 있었다.

그 순간은 어떻게 얼버무리며 넘어갔지만 사실 그때만이 아니었다. 그 전에도 종종 상담에 집중하지 못했고, 지난번에 했던 이야기를 잊어버리기도 했다. 언제부터인지 나는 별 준비 없이 상담에 임했고, 상담에 진척이 없어도 그것을 내담자의 문제로 치부해 버리곤 했다. 별 생각 없이 습관적으로 살아가고 있었던 것이다. 당시에는 무척 당황했지만 사실 언제라도 터질 일이 일어난 것뿐이었다.

그날 내담자의 물음은 죽비가 돼 나를 후려쳤다. 내가 왜 이렇게 됐나 싶어 부끄러웠다. 일과가 끝났지만 집에 갈 수 없었다. 복잡한 심정으로 무심코 서재의 책을 한 권 꺼내 펼쳤다. 철학자 니체가 쓴 『즐거운 학문 메시나에서의 전원시 유고』의 한 대목이 눈에 들어왔다.

어느 날 낮, 혹은 어느 날 밤에 악령이 너의 가장 깊은 고독 속으로 살며시 찾아들어 이렇게 말한다면 그대는 어떻게 하겠는가. "네가 지금 살고 있고, 살아왔던 이 삶을 너는 다시 한 번 살아야만 하고, 또 무수히 반복해서 살아야만 할 것이다. 거기에 새로운 것이란 없으며, 모든 고통, 모든 쾌락, 모든 사상과 탄식, 네 삶에서 이루 말할 수 없이 크고 작은 모든 것들이 네게 다시 찾아올 것이다. 모든 것이 같은 차례와 순서로 ―나무들 사이의 이 거미와 달빛, 그리고 이 순간과 바로 나 자신도. 현존재의 영원한 모래시계가 거듭해서 뒤집혀 세워지고― 티끌 중의 티끌인 너도 모래시계와 더불어 그렇게 될 것이다!"

뇌 어딘가가 움찔거렸다. 어떤 글을 읽으면 한 폭의 그림이 펼쳐지고, 내가 주인공이 돼 그 그림 속으로 들어갈 때가 있다. 니체의 글이 그랬다. 나는 갑자기 악마가 내 곁에 나타나 이렇게 속삭인다면 어떨까 상상했다. "넌 지금까지 살아온 삶을 하나도 다르지 않게 영원히 반복하며 살아야 해. 그것도 셀 수 없이!"

갑자기 가슴이 답답해졌다. 바로 얼마 전까지만 해도 나는 내 삶이 그런대로 괜찮다고 여겼다. 보람 있는 일을 하며 원하는 삶을 살고 있다고 생각했다. 그런데 지금까지의 삶이 여기에서 끝나고, 똑같은 삶이 앞으로도 반복된다고 생각하니 끔찍했다. 마치 스마트폰에 저장해 놓은 음악 파일이 모두 사라지고, 별로 좋아하지도 않는 노래 한두 곡만 무한 반복해 들어야 하는 것처럼 느껴졌다.

잘 살고 있다는 것은 사실 내 착각이었다. 적어도 최근의 삶은 확실히 그랬다. 생동감 없고 무미건조한 하루하루가 반복되면서 나는 지쳐만 갔다. 글을 쓸 때도 이전에 내가 쓴 글을 우려먹고 있는 것 같았고, 잠을 못 이룰 만큼 치열하게 무언가를 고민한 적도 없었으며, 어떤 일을 앞두고 가슴 뛰는 설렘을 느낀 지도 오래됐다. 내 피는 식고, 내 삶은 고여버렸다. 나는 변화가 필요한 때임을 직감했다. 내년이면 정신과의사가 된 지 20년째 아닌가!

자정이 다 돼서야 병원을 나와 밤거리를 걸었다. 걸으면서 '지금 내게 필요한 건 뭘까?'를 고민했다. 길가에 빈 술병이 수북이 쌓인 간이 테이블이 보였다. 넥타이를 풀어헤친 한 무리의 직장인들이 술자리를 벌이고 있었다. 그때 무리에서 한 사람이 일어나 외쳤다. "자, 가자고! 새로 시작하자고!" 그들은 3차를 외치면서 비틀대며 일어섰다. 나는 그 사이를 지나며 혼자 중얼거렸다. '그래, 새로 시작하자!'

—2013년 7월 18일, 안식년 여행의 씨앗이 뿌려지던 날

새로운
'삶의 노래'를 위해

한동안 고민이 이어졌다. 내 삶에 새로운 변화가 필요하다는 것이 확실해졌다. 일시적인 방편만으로는 부족했다. 나는 마음속 내게 물었다.

"네가 가장 원하는 게 뭐야?"

답은 바로 나오지 않았으나, 재차 묻자 그는 조심스럽게 입을 뗐다. "난 자유로운 시간을 원해!" 그는 내 인생의 마지막에 갖고자 했던 그 시간을 지금 달라고 했다. "그건 안 돼!" 나는 지금은 쉴 수 없는 갖가지 이유를 늘어놓았다.

하지만 그는 포기하지 않았다. "지금 자유로운 시간을 먼저 가져도 되잖아!" 나는 말도 안 된다며 화를 냈지만 곰곰이 생각하니 불가능할 것도 없었다. 사실 실행에 옮기지 못했을 뿐 안식년을 갖는 것은 오래전부터 품어 온 소망이었다.

결국 내게 자유로운 시간을 선물하기로 했다. 그다음 고민은 '안식년의 시작을 어떻게 할까?'였다. 이에 대한 답은 좀더 쉽게 나왔다. 내게 자유 시간 동안 가장 하고 싶은 일이 뭔지 물으니 바로 답이 나왔다. '여행'이었다.

나는 가족과 함께 여행을 떠나는 것으로 안식년을 시작하고 싶었다. 이는 아직 혼자만의 생각이었고, 무엇보다 아내의 동의가 필요했다. 조심스럽게 말을 꺼냈다. 의외로 아내는 흔쾌히 동의했다.

며칠이 지나서는 초등학생인 두 아이들에게도 여행 이야기를 꺼냈다. 두말할 것도 없이 아이들은 환영했다. 아이들은 책에서만 본 유럽의 도시들을 하나둘씩 떠올리며 즐거워했다. 우리는 유럽 여행을 주제로 마인드맵을 그렸다. 필요한 준비물, 가고 싶은 여행지 등을 가지 쳐 내려갔다.

우리는 약 1년을 여행 준비 기간으로 잡았다. 하지만 계획이 물거품으로 돌아가지 않으려면 소망을 구체화시킬 장치가 필요했다. 항공권을 끊어야 비로소 여행이 시작되는 것처럼 눈에 보이는 매듭이 필요했다.

마침 며칠 뒤가 사무실 임대재계약 날이었다. 그 전까지의 임대계약은 통상 2년 단위로 이뤄졌지만 건물주에게 1년만 더 사무실을 사용하겠다고 했다. 그리고 임대 기간을 1년 뒤인 '2014년 7월 31일까지'라고 명시한 계약서를 썼다. '1년 재계약서'가 내게는 항공권으로 보였다. 안식년 여행의 첫발을 내디딘 순간이었다. 나는

"세상에서 가장 즐거운 기분은
낯선 마을에서 아침에 홀로 깨어날 때다."

스위스 루체른에서 리기 산으로 가는 배 위에서.

다시 설레기 시작했다.

새들의 소리를 귀담아 들은 적이 있는가? 새들은 매일 똑같이 우는 것처럼 들린다. 그런데 1980년대에 조류 전문가인 페르난도 노테봄(Fernando Nottebohm)은 기존의 생각에 의구심을 품었다. 그리고 긴 관찰조사 끝에 계절에 따라 새들의 노랫소리가 조금씩 달라진다는 것을 알아냈다. 그는 새들의 뇌를 연구한 결과 노래 학습을 담당하는 뇌의 영역에서 철마다 새로운 뇌세포가 자라난다는 놀라운 사실을 발견했다.

노테봄의 연구는 인간의 뇌 연구로 이어졌고, 성인이 되고 나서도 새로운 뇌세포가 계속 자라난다는 사실을 밝혀냈다. 지금은 이 사실이 상식이 됐지만, 1980년대까지만 해도 대부분 뇌의 발달은 성인이 되기 전에 끝난다고 믿었다.

뇌는 새로운 경험과 학습을 통해 끝없이 새로운 뉴런을 만들어낸다. 그런데 우리의 삶은 어떤가? 새들이 계절마다 새로운 노래를 부르듯이 우리의 삶도 새로워지고 있을까?

어떤 교수는 강의계획서의 글자 하나 바꾸지 않고 매년 똑같은 강의를 한다. 어떤 가수는 신곡 없이 히트곡 한두 개로 평생 무대에 오른다. 어떤 작가는 모든 작품이 대동소이해서 읽어보면 그 내용이 그 내용이다.

'매너리즘'은 기존의 틀에 갇혀 독창성과 신선미, 창조력을 잃어가는 것을 말한다. 매너리즘의 악순환에 빠지면 깊은 고민이나 새로운 시도 없이 현상 유지에만 치중하게 된다. 이는 예술가들만의 문제가 아니다. 2007년에 '폴에버'와 '스카우트'가 공동으로 실시한 설문조사에 의하면 직장인 1,400명 가운데 75퍼센트가 업무와 관련해 매너리즘에 빠져 있다고 답했다. 즉, 늘 해오던 주어진 일만 기계적으로 반복하고 있다는 것이다.

인간이 매너리즘에 빠지는 것은 뇌의 특성과 관련이 깊다. 뇌는 정보처리 속도와 에너지 효율성을 높이기 위해 늘 세상을 주의 깊게 살피는 것이 아니라, 일정한 지각 방식과 반응의 패턴을 만들어낸다. 공장의 공정 자동화 시스템처럼 '의식과 반응의 자동화 시스템'을 구축하는 것이다. 자동화 시스템이 만들어지면 뇌는 편해진다. 익숙한 자극과 상황은 자동적으로 처리해 버리고, 새로운 자극과 상황에만 반응하면 된다.

그런데 만약 새로운 자극이 점점 약해지거나 오랫동안 없다면 어떻게 될까? 뇌는 점점 반응하지 않게 된다. 즉, 반응의 감수성이 떨어지는 '만성적 불응기'에 빠진다. 별 생각이나 고민 없이 자동적인 반응만을 하며 살아가는 매너리즘에 빠지는 것이다. 적당히 틀에 짜인 생활은 뇌가 쉴 수 있게 한다. 하지만 매너리즘은 권태를 부르며 삶을 정체시킨다.

권태는 매너리즘에 빠진 삶에 새로운 자극이 필요함을 알려주는 신호인 셈이다. 하지만 새로운 자극이 꼭 좋은 것만은 아니다. 게임, 쇼핑, 뉴스, TV 프로그램, 포르노 등 흥밋거리 위주의 자극은 오히려 반응의 역치만 올려놓는다. 점점 더 강한 자극을 원하게 되는 것이다.

그렇다면 어떤 새로움이 필요할까? 매너리즘에 빠졌을 때에 우리는 내면으로 더 깊이 들어갈 필요가 있다. 그래서 자기 삶을 움직이는 힘을 재발견하고, 굳어버린 뇌를 깨우는 적극적인 행동을 해야 한다. 아무런 불편이나 노력 없이 주어지는 편한 자극이 아니라 적절한 노력과 스트레스를 동반한 건강한 자극이 필요하다. 외부 환경의 변화와 새로운 경험은 우리의 뇌를 깨우고 삶에 새로움을 불어넣는다. 그런 의미에서 여행은 매너리즘에 대한 좋은 처방이다.

새로움을 추구하는 것은
생명의 본성

2014년 8월 5일, 드디어 유럽 가족여행이 시작됐다. 한국에서 출발한 지 약 10시간이 지나 우리는 네덜란드 암스테르담에 있는 스키폴 공항에 도착했다.

늦은 시간에 도착한 데다 피로해서 첫날은 호텔에 머물렀다. 전날 잠을 설쳤던 아이들은 피곤할 법도 한데 쉬이 잠들지 못했다. 내일부터 어떤 일이 우리를 기다리고 있을지 궁금해 했다. 아내와 나 역시 마음이 들떠 있었다.

여행 첫날뿐만이 아니었다. 우리는 매일매일 오늘은 또 어떤 하루가 펼쳐질지 설렘 속에서 아침을 맞이했다. 우리는 거의 매일 새로운 숙소에서 눈을 떴다. 도심지의 호텔, 수도원 건물, 호숫가 캠핑장, 아파트, 포도밭이 펼쳐진 와이너리, 양봉을 치는 농가, 산속의 통나무집……

우리는 렌터카를 타고 매일 새로운 곳을 찾아갔다. 거의 한 번도 같은 길을 간 적이 없었다. 미술관, 과학관, 뮤직홀, 자동차 공장, UN 사무소, 광산, 시장, 동물원, 성당, 궁전, 놀이공원, 스파, 공원, 전망대 등 다양한 곳을 찾아다녔다.

여행은 새로움의 연속이었다. 거의 매일 짐을 싸고 잘 곳을 찾아다녀야 했지만 그다지 불편하다고 느끼지 않았다. 오히려 오늘은 어떤 풍경과 공간, 사람을 만나 어떤 새로운 경험을 하게 될지 설레는 마음이 훨씬 컸다. 넘쳐나는 새로움에 나의 뇌는 완전히 깨어났다. 활력이 넘쳤다. 새로움이 곧 즐거움이었다.

20세기 초, 제국주의 열강의 각축장이었던 중동 지역을 혼자 여행한 영국의 탐험가 프레야 스타크(Freya Stark)는 이렇게 말한 바 있다.

"세상에서 가장 즐거운 기분, 그것은 이역의 낯선 마을에서 아침에 홀로 깨어날 때다."

왜 새로움은 즐거움을 줄까? 그것은 새로운 경험을 할 때 '즐거움의 신경호르몬'이라고도 불리는 도파민이 분비되기 때문이다.

도파민은 우리가 사랑에 빠졌을 때, 맛있는 음식을 먹을 때, 섹스를 할 때, 운동하거나 걸을 때도 분비된다. 이런 활동들은 모두 인간의 생존과 번식에 꼭 필요하다. 즉, 생존과 번식에 필요한 활동을 할 때 우리는 즐거움을 느끼도록 진화해 온 것이다. 새로움 또한 마찬가지다. 새로운 정보와 자극을 잘 받아들이고 그것을 즐겁게 여겨야 새로운 환경에 잘 적응할 수 있다.

본질적으로 모든 생물은 새로움을 추구하도록 돼 있다. '뇌 가소성'에 대한 초기 연구자이자 일리노이대학교 교수인 윌리엄 그리노(William Greenough) 박사는 중년 또는 노년의 쥐들을 대상으로 환경에 따른 뇌의 변화를 실험했다. 그 결과 복잡한 환경에서 자란 쥐들은 단순한 환경에서 자란 쥐들보다 뇌가 더 무거웠고 더 많은 시냅스를 가지고 있었다. 그는 새로운 자극의 중요성을 이렇게 이야기했다.

"새로운 경험을 한 동물들은 이전보다 훨씬 빠릿빠릿하고 행복해 보입니다. 동물들은 이전에 익숙했던 무미건조한 생활공간 속에서만 지내다가 새로운 환경에서 난생처음 인생을 즐기게 된 것이 기쁜가 봅니다. 쥐들은 마치 정신적인 운동이 뇌 건강에 좋다는 이야기를 하는 듯합니다."

인간뿐 아니라 모든 생명체는 기꺼이 새로움을 경험하려고 한다. 반복된 일상에서 권태와 무료함을 느끼고 새로운 자극을 찾아 나선다. 생명체는 긴장이 크면 이를 감소시키려 하지만 긴장이 없으면 긴장을 만들어내는 즉, 창조적 긴장을 유지하려는 항상성(homeostasis)을 가지고 있다. 편충과 같은 하등동물도 단순한 자극 상태에 있으면 좀더 새롭고 복잡한 자극을 찾으려는 속성을 보인다. 하물며 인간은 어떻겠는가?

그러나 어떤 사람은 새로움보다는 익숙함을 더 선호하고, 또 어떤 사람은 극단적으로 새로움을 싫어한다. 왜 그럴까? 한 가지 가설은 새로움을 추구하는 개인의 성향이나 정도가 유전적으로 다르기 때문이라는 것이다.

1995년 이스라엘 S. 헤르조그 메모리얼 병원의 리처드 엡스타인(Richard Epstein) 박사 등은 조현병과 관련된 유전자를 연구하던 중 우연히 도파민 수용체를 만드는 'DRD4'라는 유전자가 새로움을 추구하는 성향과 연관이 깊음을 알아냈다. 연구 결과 DRD4 유전자의 7R이라는 대립형질을 가진 사람들은 새로움을 추구하는 성향이 무척 강했다. 그래서 이 유전자를 '새로움 유전자' '호기심 유전자' '자유 유전자' '방랑자 유전자'라고도 부른다.

서양인의 경우 약 20퍼센트가 7R 대립형질을 가진 것으로 나타났다. 그리고 그 비율은 지역에 따라 차이가 있다. 인류 대이동의 가장 먼 정착지인 남아메리카의 사람들은 이 대립형질을 가장 많이 가지고 있으며, 반대로 아프리카인들은 가장 적게 가지고 있다고 한다.

이 말은 우리 중에 일부는 모험가 혹은 여행자의 운명을 타고

났음을 의미한다. 이른바 '역마살'을 타고난 사람들은 어릴 때부터 새로운 것에 대한 호기심과 모험심이 많으며, 안정적인 삶에 대한 태생적인 반발심을 가지고 살아간다.

예전에 《씨네 21》에서 영화배우 줄리엣 비노쉬의 인터뷰 기사를 읽은 적이 있다. 그녀가 '새로움 유전자'를 가지고 태어났는지는 확실치 않지만, 인터뷰 기사에는 반복에 대한 그녀의 반발심이 얼마나 큰지 드러나 있었다. 그녀는 반복을 폭력이라고까지 표현할 만큼 질서와 안정에 대해 불편한 감정을 가지고 있는 듯했다.

"각본을 읽으면 자극받고 싶다. 도발받고 싶다. 한 번도 가보지 못한 영역으로 가고 싶다. 정치적이든 사회적이든 영적이든, 무언가 새로운 것이 일어나야만 한다. 나는 나 자신을 반복하는 건 절대 하고 싶지 않다. 그건 나에게 폭력이나 마찬가지다. 병에 걸리는 거나 마찬가지다. 심지어 육체적으로도 그건 옳은 일이 아닌 것 같다."

새로움 유전자를 가진 이들은 눈을 번뜩이며 새로운 것을 찾아다니며 모험 속에서 스릴을 즐긴다. 이러한 유전자의 발현은 꼭 공간의 이동이나 미지 세계로의 모험만을 의미하지는 않는다. 이 유전자는 지적 영역, 정치, 남녀 관계 등 삶의 다양한 영역에서도 발휘될 수 있다.

지적 영역에서는 기존의 이론을 답습하는 것보다 새로운 생각을 중요하게 여김으로써 세상을 혁신하는 데 앞장설 수 있다.

정치적으로는 당연히 사회 변화에 관심이 많으며 진보적 성향을 가지고 있을 것이다. 그렇다면 남녀 관계에서는 어떻게 나타날까? 꼭 그런 것은 아니지만 외도를 저지를 가능성이 높다. 이들은 새로운 것에 흥미를 느끼지만 이내 식상해져서 또다시 새로운 것을 찾아 나서는 경향이 있기 때문이다.

물론 유전자 하나만 가지고 새로움에 대한 호기심과 모험심을 전부 설명할 수는 없다. 아직은 통계적 유의성이 있을 따름이고 보다 체계적인 연구가 필요하다.

당신은 네오필리아인가?
네오포비아인가?

그런데 새로움을 좋아하는 것이 인간의 본성이라고 단정할 수 있을까? 우리 안에는 새로움을 싫어하거나 두려워하는 성향 또한 있다. 심지어 여행을 별로 좋아하지 않는 사람도 있다. 사실 대부분의 사람이 버킷 리스트에 세계여행을 쓰지만 실제로 세계여행을 다녀온 이들은 많지 않다. 자유로운 게 좋고 새로운 변화가 필요하다고 말하지만, 막상 여유로운 시간과 변화할 기회가 주어지면 두려움을 느끼고 이를 외면하는 것 또한 우리의 모습이다.

나의 아버지만 봐도 그렇다. 아버지는 익숙한 환경에서 무언가 바뀌는 것을 싫어한다. 모든 게 그대로 있어야 하고 자신의 방식을 고수할 때 편안함을 느끼는 분이다. 그렇다 보니 젊어서부터 잠자리가 바뀌는 것도 이사를 가는 것도 무척 싫어했다. 오죽하면 서울에 있는 자식들의 집에서 잠을 자는 것도 불편하여 당일치기로 다녀가곤 했다.

　대부분의 사람은 지나친 익숙함도 싫어하지만 잦은 변화도 싫어한다. 그것은 새로움이 주는 이중적인 속성 때문이다. 새로움이란 기본적으로 잘 모르는 것이고 불확실한 것이다. 그것은 호기심과 함께 두려움을 일으킨다.

　만일 새로운 것에 경계심을 갖지 못하고 마냥 즐거운 대상으로만 받아들이면 어떻게 될까? 처음 보는 맹수를 보고서 신기해서 다가갈 것이고, 독버섯인지도 모르고 마구 먹을 것이다. 결국 생존에 치명적일 수밖에 없다. 그렇기에 대다수의 인간은 새로운 것에 대해 즐거움과 불안감을 동시에 느낀다.

　행동과학 분야의 전문 칼럼니스트인 위니프레드 갤러거는 『NEW』에서 '새로움에 대한 태도'를 기준으로 사람을 세 부류로 나눴다. 새로움을 좋아하는 사람(네오필리아(Neophilia)), 새로움을 두려워하는 사람(네오포비아(Neophobia)), 새로움을 좋아하면서도 두려워하는 사람이 그것이다.

　당신은 셋 중 어디에 속하는가? 네오필리아와 네오포비아는 문화권에 따라 다르지만 각각 10~15퍼센트 정도이고, 70~80퍼센트의 사람들은 중간적 입장에 속한다.

새로움에 대한 태도는 앞에서 말한 유전적인 영향을 받아 태어날 때부터 어느 정도 결정돼 있다. 새로운 맛이나 소리, 낯선 사물이나 사람을 유아에게 노출시켰을 때 어떤 유아는 놀라거나 예민하게 반응하지만 어떤 유아는 놀라지 않고 오히려 호기심을 보인다.

그렇다면 네오포비아나 네오필리아의 성향을 가지고 태어났다면 평생 그렇게 살아야 하는가? 그렇지 않다. 천성이 후천적으로 바뀔 수도 있다. 새로움을 기피하는 성향으로 태어났더라도 자라면서 새로움을 추구하는 성향으로 변화해 갈 수 있는 것이고 그 역도 성립한다.

나부터가 그렇다. 아버지를 생각하면 새로운 변화를 시도하고, 안식년 여행을 떠난 것이 천성에 의한 것이라고만은 생각되지 않는다. 환경의 영향도 중요하다. 나는 변화경영연구소를 통해 사제의 인연을 맺은 고(故) 구본형 선생의 영향을 많이 받았다. 일주일에 사흘은 일하고, 이틀은 가족과 함께하고, 나머지 이틀은 자신을 위해 쓰며 자유와 질서의 조화 속에서 사셨던 스승의 정신이 내 안에 스며들어 안식년 여행의 씨앗을 발아시켰다고 느낀다.

성향이란 변화하는 것이다. 좋은 환경이나 도전이 장려되는 사회에서 성장한 사람은 네오포비아의 성향을 타고났다고 해도 중간의 성향이 되거나 네오필리아의 성향을 가질 수도 있다. 아무리 네오필리아의 성향을 타고났다 해도 권위적이고 보수적인 사회 문화에 억눌리다 보면 변화를 두려워하며 붙박이처럼 살아갈 수밖에 없다. 우리나라에서는 한때 벤처기업 창업 열풍이 불었다가 언젠가부터 공무원 열풍이 불고 있다. 이는 새로움에 대한 태도가 그만큼 유동적임을 뜻한다.

인간에게서 네오포비아의 성향이 커진 것은 1만여 년간 계속돼 온 정착의 역사와 관련이 깊다. 농업기술의 발달로 잉여생산물이 생기고 사유재산이 등장하면서 인간 사회는 크게 변화했다.

재산은 상속됐고, 가족의 개념이 강화됐으며, 계급과 국가가 형성됐다. 서로의 땅을 빼앗기 위한 전쟁이 계속되자 사람들은 땅을 지키기 위해 떠나지 않게 됐다. 계급의 탄생으로 인해 이동할 권리마저 봉쇄됐다. 정착 문화가 유목의 본성을 억누르기 시작한 것이다. 그후로 인간은 오랫동안 태어난 곳에서 자라고 일하고 죽도록 길들여져 왔다.

그러나 달이 차면 기우는 법! 이제 시대의 추는 다시 반대로 기울어가고 있다. 삶의 이동성은 커졌고 변화는 일상이 됐다. 지금은 안정적이고 질서 잡힌 삶을 소망한다고 해도 그렇게 살기 어려운 시대다. 원하든 원하지 않든 우리는 익숙함에서 벗어나 새로운 변화를 시도해야 한다. 특정 환경을 고집하고 기존의 질서에 고착하며 안전지대에 머무르려는 사람들은 이 시대를 살아가기 힘들어진 셈이다.

그렇다고 모두 네오필리아가 돼야 한다는 말은 아니다. 중요한 것은 균형이다. 모든 일탈이 창조를 의미하지는 않으며, 모든 반복이 안정을 의미하지도 않는다. 단순히 새로움은 좋고 익숙함은 나쁘다고 단정할 수는 없다. 우리에게는 안정적인 상태를 유지하려는 욕구와 새로운 자극을 추구하려는 열망 사이의 조율이 필요하다. 자신에게 맞는 반복과 일탈의 적절한 리듬을 찾아야 한다.

여행은 우리 안에 있는 일탈과 새로움의 본능을 흔들어 삶의 역동성을 자극한다. 사회문화적으로 학습된 새로움에 대한 거부감을 진정시키고 새로움에 대한 즐거움을 맛볼 수 있게 해준다. 여행은 이 시대의 빠른 변화 속도를 견뎌내게 해주는 예방접종인 셈이다.

'열흘 붉은 꽃 없다'

여행을 다니면서 보니 시간 여유가 있는 여행자는 유럽인인 경우가 많았다. 비교적 긴 시간이 필요한 안나푸르나 라운딩이나 더 많은 시간이 필요한 남미 여행의 경우 압도적으로 유럽 여행자의 비율이 높았다. 그들의 경우 1~2개월 여행을 다니는 것은 다반사였다. 6개월 이상 긴 여행을 하는 이들도 많았다. 그들에게 한국에는 8박 9일 유럽 여행 상품이나 10박 12일 남미 여행 상품이 있다고 하면 다들 놀란다. 어떻게 그것이 가능하냐는 것이다.

내 생각에 유럽인과 한국인의 여행 스타일이 다른 것은 개인적 성향이나 경제력보다는 문화와 제도의 차이 때문이다. 사실 한국의 평범한 직장인이 일 년에 일주일 이상 마음 편하게 여행을 떠나기가 어디 쉬운 일인가!

그렇기에 한국인의 여행은 바쁘다. 짧은 시간 내에 여기도 가야 하고 저기도 가야 한다. 그러다 보니 고산지대를 트레킹할 때 고산병에 걸릴 위험성이 높다. 고산병을 예방하려면 고도를 천천히 올려야 하는데 시간 여유가 없어 무리할 수밖에 없는 것이다. 노동과 휴식이 순환하는 삶을 사는 유럽인들의 문화와 사회 시스템이 부러울 따름이다.

그런데 여행 기간만 놓고 따졌을 때 긴 여행이 좋을까, 짧은 여행이 좋을까? 만일 당신에게 5년 동안 56일을 여행할 수 있는 기회가 주어졌다고 치자. 당신이 두 가지 일정 중에 하나를 선택해야만 한다면 어떻게 할 것인가?

첫 번째 안은 원하는 시기에 56일을 한꺼번에 여행하는 것이고, 두 번째 안은 5년에 걸쳐 원하는 시기에 14일씩 4회로 나누어 가는 것이다. 여행 비용과 같은 현실적인 문제는 생각하지 않아도 되고, 긴 여행을 소화할 만큼 건강하며, 여행 후에는 다시 일상으로 원상 복귀할 수 있다는 전제하에 결정해 보라.

순수하게 여행 기간만 놓고 봤을 때 무엇을 고르는 편이 더 만족도가 높을까? 사실 이 질문에 정답이 있을 리가 없다. 자기 취향에 달린 문제다.

'새로움'의 관점에서 이 문제를 바라보면 어떨까? 여행을 통해 새로움을 경험하는 순간 우리의 뇌는 깨어나고 우리는 즐거움을 느낀다. 새봄, 새 옷, 새 친구, 첫눈, 첫사랑, 첫 여행 등 '새(new)' 혹은 '첫(first)'이라는 말만 들어가도 벌써 마음이 설레지 않는가!

그러나 새해 첫날의 마음가짐은 시간이 지날수록 흐트러지고, 새 옷에 대한 즐거움은 그리 오래가지 못한다. 새 차를 사도 마찬가지다. 처음에는 애지중지하다가도 이내 식상해지게 마련이다. 열정적인 사랑을 하다가도 시간이 지나면 꽃이 시들듯 권태기에 빠진다. '열흘 붉은 꽃 없다'는 말처럼 새로움으로 인한 즐거움은 오래가지 못하는 것이다.

사실 인간의 생존과 번식을 위해 새로움은 이내 익숙함으로 대체돼야 하고 즐거움은 곧 사라져야 한다. 어떤 대상이 점점 익숙해지지 않고 날마다 새롭게 느껴진다면 우리 뇌는 넘쳐나는 새로움을 감당할 수 없다. 한 번 섹스를 하고 느낀 쾌감이 사라지지 않고 계속 이어진다면 누가 또 섹스를 하려고 하겠는가!

부처님이 태어난 곳인 네팔 룸비니를 찾았을 때의 일이다. 나는 대성석가사라는 한국 사찰에서 독일에서 온 카우프만과 한 방에서 머물렀다. 이 사찰에 2주일 이상 머물러 있던 그는 제법

고참에 속했다.

　나는 카우프만에게 사찰에 오래 머무는 이유를 물었다. 듣자하니 그는 9개월 넘게 세계여행 중인데, 6개월이 넘으면서부터는 지쳤다고 했다. 배앓이를 심하게 한 신체적 이유도 있었지만, 여행이 길어지면서 여행 자체에 대한 권태를 느낀 정신적 이유가 컸다고 했다. 여행을 시작한 지 6개월이 지나자 새로운 것을 봐도 별로 감흥이 없다는 것이었다. 그래서 새로운 곳을 찾기보다는 마음을 차분히 하기 위해 룸비니에 왔다고 했다.

　카우프만의 이야기를 들으니 그럴 수도 있겠다는 생각이 들었다. 그렇다면 행복의 총합을 크게 하려면 긴 여행을 한 번 가는 것보다 짧은 여행을 여러 번 가는 편이 더 나을지도 모른다. 맛있는 음식을 먹지 않고 계속 아껴두는 것도 어리석지만, 맛있는 음식을 한 번에 다 먹어 치우고 그다음에는 맛없는 음식만을 먹고 있는 것도 어리석기는 매한가지다. 그보다는 맛있는 음식을 조금씩 나누어 먹는 편이 더 현명할지도 모른다.

　물론 여행과 음식은 다르다. 짧은 여행에서는 느낄 수 없는 긴 여행만의 묘미와 깊이가 있다. 그래서 인생을 살면서 자주는 아니라도 한 번은 긴 여행을 떠나라고 권하고 싶다. 평상시에는 쉽지 않을 것이다. 하지만 이직이나 전직, 정년퇴직과 같은 인생의 대전환기를 앞두고 있다면 긴 여행을 권한다. 긴 여행은 삶 전체를 새롭게 할 수 있는 커다란 영향력을 가지고 있기 때문이다.

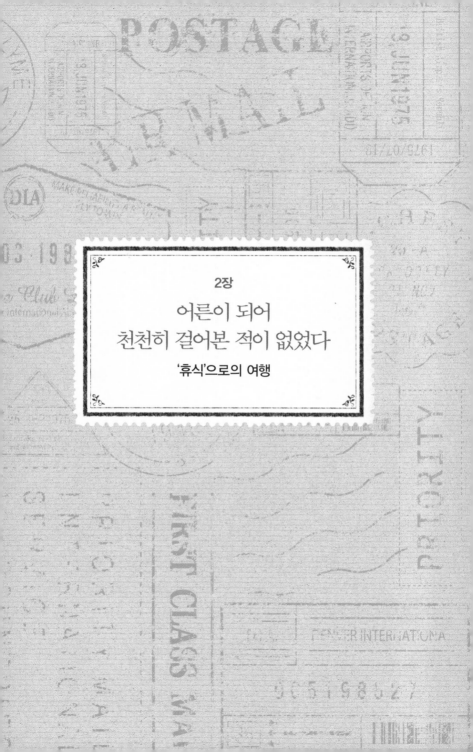

2장

어른이 되어
천천히 걸어본 적이 없었다

'휴식'으로의 여행

Homo Viator

한국에서 온 J를 만난 것은 아르헨티나 부에노스아이레스의 숙소에서였다. 나는 숙소에서 탱고 공연 프로그램을 신청했는데 그녀 역시 나와 같은 날 프로그램에 참가했다.

모두 네 명이 '콤플레호 탱고(compleojo tango)'라는 공연장으로 향했다. 그곳에는 UN 국제회의라도 하듯 다양한 피부색을 가진 세계 각국의 사람들이 모여 있었다.

이 프로그램에는 관람 전에 맛보기로 탱고를 가르쳐주는 시간이 있었다. 우리는 누가 시키지도 않았는데 비슷한 피부색별로 뭉쳤다. 그러나 탱고를 추기 시작하자 인종과 언어의 벽이 삽시간에 무너졌다. 엉켜버린 스텝과 우스꽝스러운 몸짓이 교습소를 웃음바다로 만들었다.

레슨이 끝나고 공연이 시작되기 전에 우리는 유쾌한 기분으로 저녁을 함께 먹었다. 자연스럽게 향후 여정에 대한 이야기를 나눴다. 그때 일행 중 한 명이 여행을 오기 전에 하던 일과 남미 여행을 온 이유를 물었다. 나는 직업에 대해서는 다음에 이야기하겠다며 여행을 온 이유만 간단히 말하고 넘어갔다. 왠지 정신과의사라고 말하면 자연스러운 만남을 방해할 것만 같았다. 그런데 J도 직업을 이야기하지 않고 말을 얼버무렸다. 나는 그녀가 왜 직업을 감추는지 살짝 궁금했다.

그다음 날에도 우리 네 명은 부에노스아이레스 시내를 함께 관광했다. 명소 몇 군데를 들른 뒤 우리는 점심 식사를 같이 했다. 식사를 기다리다가 J가 자신의 직업 이야기를 꺼냈다. 어제 말을 하지 않았던 게 계속 마음에 걸렸던 모양이었다.

"사실 저는 여행 잡지를 만드는 기자였어요. 사람들은 제 직업을 알고 나면 여행을 정말 많이 다녔을 거라고 생각하죠. 하지만 이야기하기 창피할 만큼 여행 경험이 얼마 되지 않아요. 그럼에도 불구하고 사람들에게 여행지를 소개하고, 여행을 떠나라는 글을 날마다 써왔죠. 위선자 같아 그게 늘 불편했어요. 계속 마음에 걸리더군요. 올해는 더 이상 미뤄서는 안 될 것 같았어요."

그녀는 직장을 그만두고 가장 떠나고 싶었던 남미 여행길에 올랐다고 했다. 나는 그녀가 왜 자기 직업을 이야기하지 못했는지 이해가 갔다.

일행과 헤어지고 난 뒤 부에노스아이레스의 시내를 걸었다. 내가 왜 안식년을 갖기로 했는지, 그리고 왜 남미 여행을 왔는지 그 이유가 보다 뚜렷하게 정리됐다. 생각해 보니 나 역시 그녀와 똑

같은 심정이었다.

지난날의 나는 정신과의사로서 많은 사람들에게 욕심을 내려놓으라고 하고, 삶에 휴식을 주라고 이야기해 왔다. 내일을 위해 오늘을 무한 희생하지 말고 지금 행복을 선택하라고 말했다.

하지만 나 역시 내 말과 삶이 일치하지 않는다는 불편함에 시달리곤 했다. 늘 '내년에는……'이라고 단서를 달았지만 그것은 핑계였다. 몇 년이 지나도 일상은 달라지지 않았다. 자유로운 시간과 삶의 여유는 늘 저 멀리 있었다.

여기저기서 탱고 음악이 흘러나왔다. 한국과 정반대편에 와 있다는 실감이 났다. 내가 아는 이들이 지구 반대편에서 나와 발바닥을 마주하며 거꾸로 매달려 있을 거라고 생각하니 절로 웃음이 나왔다. '좋은 공기'라는 뜻의 부에노스아이레스가 사랑스럽게 느껴졌다.

길거리 연주자들이 들려주는 탱고의 선율이 내 몸을 잡아끌었다. 나는 거리의 한복판에서 멈춰 섰다. 지금 이 순간을 더 느끼고 싶었다. 길가에 앉았다. 맥주를 마시며 음악을 느꼈다. 이국에 와 있는 여행자의 긴장된 몸을 음표 하나하나가 지그시 풀어주는 것만 같았다. 부에노스아이레스의 좋은 공기 사이로 음표가 떠다니고 있었다. 하늘에서 긴 쉼표가 떠다니다가 아주 천천히 내 앞에 내려앉았다!

— 2015년 3월 7일, 부에노스아이레스에서

우리는
정말 괜찮지 않다

도시는 잠들지 않는다. 도시는 24시간 돌아가고 밤은 대낮같이 환하다. 온갖 종류의 인공조명이 태양을 대신한다. 한밤중에도 사람들은 넘쳐나고 건물의 불빛은 꺼지지 않는다.

어둠이 찾아오기만을 기다리는 생체시계는 고장이 난 지 오래다. 밤이 돼도 우리 몸과 마음의 긴장도는 떨어지지 않는다. 어두워야만 분비되는 수면 호르몬인 멜라토닌은 줄어들고 우리는 편히 잠들지 못한다.

우리나라는 호메로스의 『오디세이아』에 나오는 텔레필로스 섬을 연상시킨다. 오디세우스는 10년간의 트로이 전쟁이 끝나자 귀향길에 올랐다가 이 섬에 잠시 들른다. 이 섬은 특이하게도 1년 365일 해가 지지 않는 곳으로 '라이스트리고네스'라는 거인족이 살고 있다. 낮과 밤, 빛과 어둠의 순환이 사라진 곳이다.

한 줌의 어둠도 없는 빛의 세상은 어떨까? 아무리 시간이 흘러도 해가 지지 않고 하루 종일 환한 빛 속에서만 살아간다면 우리의 정신과 삶은 어떻게 될까?

쉴 새 없이 빛이 내리쬐는 텔레필로스 섬에서 거인들은 휴식을 모른 채 밤낮없이 일한다. 휴식을 모르는 거인들은 하나같이 잔인하다. 이 거인들은 오디세우스가 보낸 정찰대를 다 잡아먹는다.

그것도 부족해서 오디세우스 일행이 정박해 있는 항구에 쳐들어와 공격을 감행한다. 그들이 던진 돌에 배가 부서지거나 뒤집어진다. 수많은 선원들이 물에 빠져 허우적거리자 거인들은 창으로 찔러 죽인다. 순식간에 바다는 핏빛으로 물들고 오디세우스가 탄 배만 가까스로 탈출한다. 텔레필로스 섬은 지옥이었다. 어둠만 가득한 곳뿐만 아니라 빛만 가득한 곳 역시 지옥인 것이다.

우리 사회 역시 낮과 밤의 순환이 없는, 빛만 있는 세상은 아닐까? 빛과 어둠이 단지 낮과 밤을 의미하지만은 않는다. '노동과 휴식' '긴장과 이완' '떠남과 머묾'이라는 삶의 두 리듬을 말한다.

어둠이 사라져버린 사회에서 사는 우리는 휴식과 이완을 잃어가고 있다. 텔레필로스 섬 이야기는 휴식과 이완을 잃어버린 사회의 비극을 말해 준다. 주 5일제가 시행되면서 법적 노동시간은 줄었지만 많은 사람들은 점점 삶의 여유를 잃고 휴식을 제대로 취하지 못하고 있다. 삶의 리듬은 더욱 빨라지고 있다.

내과의사이자 세계적인 대체의학 전문가인 래리 도시가 말한 '시간병(time-sickness)'이 점점 깊어만 가고 있다. 시간병이란 "시간이 달아나고 있다는, 시간이 충분하지 않다는, 그리고 계속 나아가려면 가속 페달을 더욱더 세게 밟아야 한다는 강박적 믿음"을 가리키는 말이다.

사람들은 밤낮없이 일하고 공부한다. 쉴 때 쉬지 못하니 이제 언제 쉬어야 할지도 모르는 사회가 돼버렸다. 그 대가는 무엇일까?

텔레필로스 섬의 거인들은 지친 여행자들에게 물 한 모금 건네주지 않는다. 분풀이라도 하듯 이유 없이 공격하고 죽이려고 든다. 휴식하지 않는 거인들이 잔인하듯이, 우리도 그렇게 변해가는 것은 아닐까? 분노와 혐오가 넘쳐나는 우리 사회는 텔레필로스 섬과 다르지 않다.

일과 휴식의 리듬을 잃어버린 결과는 무엇일까? 그것은 '늘어진 고무줄'이다. 고무줄을 세게 잡아당겼다 놓는 것은 고무줄의 탄성 유지에 악영향을 주지 않는다. 스트레스도 그렇다. 초원에서 생활하던 먼 옛날, 우리 조상들은 한 번씩 맹수와 마주치는 위협적인 일을 겪었다. 죽기 살기로 싸우거나 도망쳐야 하는 상황과 맞닥뜨린 것이다. 하지만 이는 어떤 식으로든 끝이 있는 '급성 스트레스'였다. 상황이 종료되면 긴장한 심신은 다시 편안한 상태를 되찾았다. 잠깐 빨간불이 들어오더라도 이내 초록불이 다시 켜졌다.

반면 현대인들의 스트레스는 끝이 없다. 상사와 배우자의 잔

소리, 아이들을 뛰놀지 못하게 하느라 또 공부시키느라 끊임없이 가하는 단속, 잦은 시험과 업무 평가, 각종 공과금 납부와 경조사 챙기기, 쌓여만 가는 이메일, 끝없는 집안일, 밤낮없이 울리는 SNS 수신 알림, 꽉 막히는 출퇴근길……

현대인들의 스트레스는 지금 당장 생존의 위협을 가하지는 않지만 끝이 없다는 특징이 있다. 이는 계속해서 고무줄을 잡아당기고 있는 상황과도 같다. 빨간불도 아니고 초록불도 아닌 주황색 불이 계속 켜진 상태다.

이때 고무줄은 어떻게 될까? 어느 순간 탄성을 잃고 축 늘어진다. 사람으로 치자면 자기도 모르게 '번 아웃(burn out)' 되는 것이다. 바로 얼마 전까지만 해도 열심히 생활하던 사람이 갑자기 아무것도 못하겠다며 뻗어버리는 것이다.

실제로 많은 사람들이 집에만 들어가면 옷부터 벗어던지고 아무 일도 하지 않으려고 한다. 최소한의 할 일만 하고 미룰 수 있는 일은 최대한 미룬다. 아무것도 하지 않는다고 해서 시간 압박에서 자유로운 것은 결코 아닌데도 말이다.

우리는 탄성을 잃어버리기 전에서야 겨우 휴식 시간을 갖는다. 대표적인 것이 여행이다. 우리는 지친 몸과 마음을 달래려고 여행을 떠난다. 그러나 여행의 시간에도 우리는 불편하다. 무언가 빠뜨린 것 같은 불안과 무언가 해야 할 것 같은 압박감은 휴식의 시간마저 망쳐버린다. 여행 가서 업무 걱정을 하거나 못다 한 업

우리 사회 역시 낮과 밤의 순환이 없는

빛만 있는 세상은 아닐까?

볼리비아 우유니 마을 폐기차역에서.

무를 본다. 제대로 쉬지도 못하고 그렇다고 제대로 일하지도 못하는 어정쩡한 시간을 살아가는 것이다.

브리짓 슐트는 『타임 푸어』에서 지나친 시간 압박으로 인해 어떤 시간도 온전히 보내지 못하는 현대인의 시간을 '오염된 시간(contaminated time)'이라 부른다. 현대인들은 휴식할 수 있는 시간이 아무리 늘어나도, 그 시간을 온전히 휴식하며 보내기 어렵다. 정작 일할 때는 친구와 놀러 갈 계획을 짜고, 또 친구와 놀 때는 못 끝낸 일을 신경 쓰는 식이다.

나 역시 크게 다르지 않았다. 나는 2007년에 정신과의사로서 일에 큰 변화를 주었다. 다수를 상대로 진료하기보다는, 심리치료나 코칭을 원하는 소수를 위한 상담 전문 클리닉을 연 것이다. 완전 예약제를 통해 정해진 시간에 일을 하고 쉬고 싶을 때 쉴 수 있는 시스템을 갖췄다.

다행히 2년쯤 지나자 완전 예약제가 어느 정도 자리를 잡아 예전보다는 여유 시간이 늘어났다. 하지만 빈 시간이 날 때마다 나도 모르게 어떻게든 할 일을 찾아냈고, 휴식보다 일에 더 가치를 두고 살았다. 제도는 바뀌었지만 본질적으로 내 생활은 달라진 게 없었다. 가족들과 보내는 시간이 늘어나지도 않았고, 잠을 충분히 자는 것도 아니었으며, 마음 편히 긴 여행을 다녀온 적도 없었다.

내 마음 깊은 곳에 휴식을 즐기지 못하게 만드는 강력한 훼방

꾼이 있었다. 그 녀석은 '휴식보다는 네 능력을 증명해야 할 중요한 일들이 많아!'라며 늘 나를 몰아세웠다. 결국 업무 속도가 빨라지고, 시간 관리 능력이 향상돼 물리적 시간이 충분하다고 해서 진정한 휴식을 취할 수 있는 것은 아니었다. 시간을 대하는 나의 태도와 시간과 나와의 관계가 근본적으로 달라져야 했다.

우리의 여행은
휴식이 되고 있는가?

우리는 늘 시간에 쫓긴다. 잠과 휴식을 미루면서까지 열심히 살아가려고 애쓴다. 미래의 행복하고 편안한 삶을 위해서다. 하지만 냉정하게 생각해 보자. 우리가 열심히 살면 살수록 시간과 여유를 가질 수 있을까? 아니면 제자리거나 시간과 여유로부터 계속 멀어질까?

〈모던 타임즈〉의 주인공 찰리 채플린은 1936년에만 존재하지 않는다. 밀레니엄을 훨씬 넘긴 지금도 존재한다. 하루 종일 나사 조이는 일을 하다보니 어느덧 일하지 않을 때도 모든 사물을 조이려고 하는 조임강박증에 시달리는 채플린! 그는 모든 것을 조이려고 하는 자신의 행동에 괴로워하면서도 저항하지 못한다. 쉬는 시간에도 무언가를 조여야 마음이 놓인다.

우리 역시 쉴 때도 무언가를 해야 한다는 강박에서 벗어나지 못하고 있다. 아니, 오히려 옛날보다 사정이 더 심각해졌다. 예전에는 컨베이어 벨트에 하루 종일 매여 있는 노동자들의 삶이 문제였다면, 지금은 빈부와 남녀노소, 사회적 위치에 상관없이 대다수가 일을 멈추면 큰일이 날 것 같고 쉬면 뒤처질 것 같은 불안에 시달린다.

이렇게 휴식 없는 사회를 살아가는 우리에게 그나마 위안을 주는 것이 바로 여행이 아닐까 싶다. 2015년 컨설팅 전문 업체인 이지웰페어는 직장인 1,015명을 대상으로 설문 조사를 실시했다.

최근 1년 내 무기력증을 경험한 적이 있느냐는 질문에 열 명 중 여섯 명(58.9퍼센트)이 그렇다고 답했다. 무기력함을 어떻게 극복하느냐고 물었더니 가장 흔한 방법이 '일상 탈출과 여행(29.7퍼센트)'이었다. 그다음으로는 수면, 커피와 술 그리고 담배, 동료와의 수다를 꼽았다. 결국 이 시대에 여행을 가는 가장 큰 이유는 휴식과 스트레스 해소인 셈이다.

그런데 우리의 여행은 스트레스 해소와 휴식에 도움이 되고 있을까? 휴식 없는 사회의 강박적 불안은 여행 속까지 파고든다. 여행 문화는 그 사회의 문화에서 벗어나지 못한다. 안타깝지만 우리의 많은 여행은 휴식다운 휴식으로 이어지지 못하는 것 같다.

몇 년 전 상담실을 찾아온 G라는 직장 여성이 있었다. 빚 때문에 참다못한 부모가 반 강제로 상담실에 끌고 오다시피 했다. 빚은 대부분 과소비로 인한 것이었다. 그중에서도 지나친 해외여행이 문제였다. 그녀는 자신이 여행을 자주 떠나는 이유를 이렇게 설명했다.

"회사 생활은 코르셋을 입고 있는 것처럼 답답해요. 재미도 희망도 없고 그냥 잘리지 않을 만큼만 일을 해요. 그나마 여행을 한 번씩 다녀와야 버틸 힘이 생겨요. 최소 3개월에 한 번씩은 여행을 가줘야 해요."

G에게 일은 소비를 위한 자금원 이상의 의미가 없었다. 그녀에게는 돈이 모이는 대로 쇼핑을 하고 여행을 떠나는 것이 낙이었다. 블로그와 SNS에 자세한 여행기를 올리다보니 많은 이들의 관심도 뒤따랐다.

어느덧 여행기에 달린 수많은 댓글은 여행의 기쁨보다 더 큰 기쁨이 됐다. 차츰 호텔 방에서 여행기를 올리는 시간이 늘어났고, 여행을 하면서 그다음 여행을 알아보기 시작했다. 그리고 여행이 끝나자마자 그다음 여행을 준비했다. 그녀는 자신만의 여행을 하기보다는 다른 사람들이 환호할 만한 여행을 쫓아갔다. 여행은 점점 더 화려해졌지만 현실은 점점 더 초라해졌다.

물론 G의 경우는 여행에 중독돼 버린 다소 극단적인 사례다. 그렇다면 과연 우리의 여행은 휴식이 되고 있는 것일까? 우선 여행을 몇 가지 유형으로 나눠보자. 첫 번째는 '쾌락으로서의 여행'이다. 어떤 여행은 G처럼 현실의 도피가 되고, 자신의 존재를 돋

보이게 하기 위한 과시가 되며, 현실에서 발을 떼게 만드는 중독이 돼버린다.

특히 일상에서 스트레스를 많이 받는 사람의 여행은 도피나 중독으로 흘러가기 쉽다. 스트레스를 많이 받을수록 쾌락에 대한 욕구는 커지게 마련이다. 이는 두통이 심할수록 강력한 진통제가 필요한 것과 마찬가지다. 웬만한 진통제에는 내성이 생겨 먹으나 마나다.

감당할 수 없는 수준의 스트레스와 불안에 시달리는 사람들은 차분히 마음을 살펴볼 여유가 없다. 명상이나 상담에는 눈길이 가지 않는다. 쉽고 빠르면서도 강력한 효과를 바란다.

결국 스트레스가 극심하면 그 탈출구로 쾌락 활동을 일삼게 된다. 경기 불황이 이어지면 술, 담배, 단 음식, 도박 등의 자기 파괴형 소비와 '한 방 기대 심리'가 커지는 것과 같다. 스트레스와 불안을 살피고 문제를 해결하기보다는 어떻게든 잊으려고 하는 것이다.

빨리 취하려고 술을 흥청망청 마시고, 복잡한 현실을 잊으려고 스마트폰 게임을 하고, 피곤에 찌든 심신을 달래기 위해 프로포폴 주사를 맞고, 하룻밤의 유흥을 위해 원 나이트 스탠드 상대를 찾고, 한 방을 노리며 내기와 도박에 빠진다. 강렬한 쾌락과 헛된 희망만이 힘든 스트레스를 마취시킬 수 있기 때문이다.

현실이 고되고 스트레스를 많이 받는 사람들의 여행 역시 소비와 쾌락의 강도가 높다. 초호화 여행을 떠나고, 여행의 주 일정을 쇼핑이나 유흥으로 채우고, 심지어 카지노에서 도박을 하고, 성매매를 하기도 한다.

이 경우 쾌락의 특성상 점점 더 강한 쾌락이 주어져야만 즐거움을 얻을 수 있기 때문에 여행은 점점 일탈로 치닫는다. 쾌락의 시간을 얻기 위해 현실은 더욱 고달파진다. 쾌락은 결코 휴식이나 충전이 되지 않는다. 마약성 진통제의 효과가 빠르게 떨어지면 더 큰 통증이 오기 때문에 다시 더 많은 약을 필요로 하게 된다. 쾌락으로 이어지는 여행 역시 그 효과가 빨리 떨어지기에 일상이 더욱더 초라하고 힘들게 느껴진다.

두 번째는 '노동으로서의 여행'이다. 어떤 여행은 여행이라기보다 노동에 가깝다. 비행기 좌석에서 쪽잠을 자는 것으로 시간을 벌고 공항에 도착하자마자 강행군을 시작한다. 짧은 시간 안에 갈 곳도 많고 할 일도 많다. 일할 때보다 더 빡빡한 일정이 이어진다. 여행을 와서도 삶의 속도는 달라지지 않으며 제대로 휴식하지도 못한다. 평소보다 잠을 더 적게 자는 경우도 많다. 여행사를 통한 패키지여행이라면 스스로 시간을 조절하는 것 자체가 힘들다. 원치 않는 곳도 들러야 하고 내키지 않는 일정도 감수해야 한다.

여행이 끝나도 별로 기억나는 것이 없다. 이것저것 많은 것을 보고 듣고 경험한 것 같지만 남는 것은 피곤한 몸과 잡다한 물건들 그리고 사진밖에 없다. 기억은 희미하지만 증거는 넘쳐난다. 정리하기도 힘들 정도로 많이 남겨둔 수많은 사진과 동영상이 그 증거다.

기록의 과잉은 여행에의 몰입을 방해한다. 우리는 스마트폰의 등장 이후로 더 이상 타인의 전화번호를 기억하지 않는다. 심지어 가족의 전화번호조차 외우지 못하기도 한다. 디지털 시대를 사는 우리의 뇌는 갈수록 할 일이 없다. 기억의 저장고가 점점 내부에서 외부로 옮겨가고 있기 때문이다.

여행에서 사진 등 촬영이 많아질수록 우리의 뇌는 덜 느끼고 덜 기억한다. 가뜩이나 바쁜 일정으로 인해 여행의 감동을 제대로 느끼지 못하는데, 과도한 기록 작업은 여행을 더욱 메마르게 만든다.

미국의 비평가 수전 손택은 『사진에 관하여』에서 이러한 세태를 꼬집었다. 그녀는 노동 윤리가 냉혹한 직장에서 일하는 사람일수록 사진 찍기에 더욱 집착한다고 본다. 하루 종일 일하는 것이 몸에 밴 사람들은 휴가를 가거나 일하지 않을 때 불안감을 느끼는데, 사진 촬영을 열심히 함으로써 일 비슷한 것을 하고 있다고 안심한다는 것이다.

사진 촬영을 일중독의 연장선에서 바라보는 것은 지나친 단순화일 수도 있지만, 그녀의 분석은 날카롭다. 불안에 대한 가장 흔한 방어는 과잉 활동이기 때문이다. 무언가를 한다는 것 자체가 불안을 잊게 만든다.

　많은 현대인들은 의식적, 무의식적으로 놀이와 휴식을 비생산적으로 바라본다. 심지어 비도덕적인 행위라고까지 폄하하는 이들도 있다. '내가 이렇게 놀아도(쉬어도) 되는가?'라는 질문에 불안을 넘어 죄의식을 느끼는 것이다. 이에 대한 방어는 여행을 일처럼 하는 것이 된다. 그러다 보니 여행은 자꾸 일을 닮아간다.

　여러 여행지를 돌아다니면서 보니 유럽 여행자들의 스케줄은 우리와 많이 달랐다. 굳이 많은 곳을 가려고 바쁘게 움직이지 않았다. 지금 못 본 것은 다음에 와서 또 보면 된다는 식이었다. 하지만 우리의 여행은 그렇지 못하다. 바쁘다 못해 조급하다. 그것은 시간이 짧아서이기도 하거니와 다시 여행을 온다는 기약이 없기 때문이다. 지금 전부 경험하지 않으면 안 된다는 강박이 있는 것이다.

　휴식이 삶의 한 리듬으로 자리 잡지 못한 사회의 사람들은 여행다운 여행을 가는 것도 쉽지 않다. 여행 중에 다양한 속도가 깃들 수 없다. 우리의 문화는 여행에 그대로 녹아들어 있다. 우리에게 여행이란 빠른 시간 내에 많은 성과를 달성해야 하는 하나의 목표가 되고 있다.

휴식의 발견

쾌락으로서의 여행과 노동으로서의 여행은 진정한 휴식이 될수 없다. 이에 대해서는 대부분 쉽게 동의하는 것 같다. 그렇다면 대안은 무엇일까? 많은 이들이 '휴식으로서의 여행'을 떠올릴 것이다. 이는 두 번째 '노동으로서의 여행'과 정반대다.

그런데 사실 휴식으로서의 여행 역시 과도한 스트레스에서 비롯된다. 여행을 떠나기 전에 너무나 많은 스트레스에 시달린 나머지 여행을 가서는 최소한의 활동 외에는 거의 아무것도 하지 않는 것이다. 즉, 일상의 역전을 원한다.

아무런 자극과 간섭, 불편을 겪고 싶지 않고, 어떤 의무와 약속도 지키고 싶지 않은 것이다. 그저 평상시와는 달리 온전히 편안한 시간을 보내고자 한다. 한마디로 '스트레스 없는 여행'이다. 요즘 유행하는 '격하게 쉬고 싶다'는 말 속에는 그러한 현대인들의 바람이 담겨 있다.

안식년을 갖기 전까지 나의 여행도 그랬다. 월요일부터 토요일까지의 진료, 틈틈이 글과 책을 쓰고 강연하기, 아버지와 남편으로서의 역할, 여러 사회 활동 및 인간관계 등 갖가지 책임과 역할을 하나도 놓치지 않고 최선을 다하려다 보면 늘 시간은 부족했고 압박감에 시달렸다. 설사 좋아서 하는 일이라고 해도 지치게 마련이었다.

시간에 쫓기며 살다보면 자연스럽게 아무것도 하지 않는 완전한 여백의 시간을 꿈꾸게 된다. 나 역시 당시에는 그것이 최고의 휴식처럼 느껴졌다. 휴양지의 호텔이나 리조트, 풀 빌라에서 맛있는 음식을 먹고 하루 종일 뒹굴다가 심심하면 마사지를 받거나 레저 활동을 하고 오는 그런 여행 말이다. 그렇게 아무것도 하지 않고 뒹굴면 "아, 편하다!"라는 말이 절로 나왔다. 돌아올 때면 아쉽기는 해도 푹 쉬었다는 느낌이 들었다.

그러나 만족감은 오래가지 않았다. 다시 일상이 시작되고 나면 휴식의 에너지는 손에 쥔 모래처럼 금방 흩어졌다. 다시 시간에 끌려다니고 일상에 치이는 날들이 반복됐다. 왜 그랬을까? 아무런 노력이나 스트레스 없이 주어지는 순수한 편안함은 에너지 재충전의 효과가 약할 뿐 아니라 심지어 에너지를 더 소모시킬 수도 있기 때문이다.

우리는 진정한 휴식을 이해하기 위해 휴식을 '소극적 휴식'과 '적극적 휴식'으로 구분할 필요가 있다. 아무것도 하지 않고 마냥 쉬러 가는 여행은 소극적 휴식이다.

소극적 휴식은 주말에 맛있는 과자를 먹으며 하루 종일 TV를 보거나 늘어지게 잠을 자다가 월요일에 출근하는 것과 별로 다르지 않다. 충분히 쉰 것 같지만 월요일 출근길에 나서면 몸과 마음이 물에 젖은 솜뭉치처럼 무겁기만 하다. 최근에 이뤄진 스포츠 의학 분야의 연구도 이를 뒷받침한다.

스포츠 의학 전문가들은 진정한 휴식이란 아무것도 하지 않는

'무(無) 활동 상태'가 아니며, 그보다는 활동하는 신체 기관을 바꾸는 것이 중요하다고 이야기한다. 즉, 의자에 오랫동안 앉아서 머리를 썼다면 스트레칭이나 산책 등을 하며 몸을 움직이는 것이 활력을 주는 적극적 휴식이다.

그렇다면 진정한 휴식으로서의 여행이란 뭘까? 핵심은 휴식이 에너지를 쓰지 않는 것이 아니라 에너지를 채우는 것이라는 점이다. 휴식으로서의 여행은 삶의 활력을 되찾는 여행을 말한다. 이를 위해서는 다양한 속도와 건강한 자극이 필요하다. 자신과 잘 맞고 영혼이 원하는 활동으로 채워진 여행을 해야 한다. 나는 유럽 여행을 하면서 이를 느꼈다.

유럽 가족여행을 다녀오니 주위에서 이런 질문을 많이 했다. "어디가 가장 좋았어?" 나는 곰곰이 생각했다. 독일 라인 강가에 자리 잡은 낭만적인 고성호텔에서 코스 정식을 먹었을 때였던가? 건축가 프리덴슈라이히 훈데르트바서가 지은 오스트리아 휴양 시설에서 스파를 즐겼던 때인가? 대궐처럼 넓은 프랑스 스트라스부르 저택에서의 하룻밤이었을까? 코발트 빛 아드리아 해가 한눈에 펼쳐진 두브로브니크 숙소의 전망 좋은 발코니에서 맥주를 마셨던 때였을까? 모두 아니었다.

가장 좋았던 것은 알프스에서의 캠핑이었다. 낮에는 알프스 산 등성이를 걸어 다니고, 밤에는 좁은 텐트 안에서 서로를 껴안고 잠들던 그때가 가장 마음이 편안했다. 그 시간 동안 나는 '이것이 휴식이구나!'를 절로 느꼈다. 충전이 다 되면 배터리 충전기에 초록불이 들어오듯이 충만해진 내 영혼에 초록불이 켜졌다. 알프스라는 대자연 속에서 걷고 생활하고 잠이 든 그 시간이 내게는 참된 휴식이었다. 산에서 가족과 함께한 트레킹이 내게는 큰 휴식임을 몸과 마음으로 느꼈다.

알프스에서의 경험은 남은 안식년의 시간을 어떻게 보낼 것인지에 대해 영향을 미쳤다. 여행에서 돌아온 후에도 나는 계속 알프스를 그리워하며 시름시름 앓았다. 결국 그리움은 나를 히말라야로 이끌었다.

그렇게 홀로 떠났던 히말라야 여행에서 휴식의 절정을 경험했다. 네팔에 도착해서 하루 종일 버스와 지프를 타고 안나푸르나 라운딩에 첫발을 내딛었을 때, 나는 피곤함을 잊고 금방 기운을 차렸다.

다만 한 가지 걱정은 고산병이었다. 유럽 여행 중 3,000미터 고도에서 경미한 고산병을 경험했기 때문이었다. 그렇다고 고산병을 예방할 수 있는 뾰쪽한 수는 없었다. 가장 좋은 방법은 고도에 적응하며 천천히 걷는 것뿐이었다.

그런데 천천히 걸어가는 것이 생각보다 어려웠다. 속도 조절이 잘되지 않았다. 매일 안나푸르나 창공 위로 고산병 걸린 트레커를 실어 나르는 헬기를 바라보면서도 나도 모르게 빠르게 걷고 있었다. 돌이켜보니 성인이 되고 나서 천천히 걸어본 적이 없었다. 늘 어떤 목적지를 향해 빨리 걷는 데만 익숙했다. 유럽 여행 때도 줄곧 그랬다. 나 혼자 앞서 가다 한참을 기다려야 아내와 아이들이 뒤따라왔다. 나는 여행을 가서도 일상의 빠른 속도에서 전혀 벗어나지 못하고 있었다.

문제를 깨닫는다고 해서 바로 사람이 바뀌고 문제가 해결되는 것은 아니다. 자각과 함께 훈련이 필요하다. 변화가 자리 잡으려면 '반복적인 의식적 훈련'을 거쳐야 한다. 변화란 무의식적인 습관을 알아차리고 의식적인 대체 행위를 반복함으로써 다시 새로운 무의식적 습관을 만들어가는 것이라 할 수 있다. 자각만큼이나 훈습이 중요하다.

나는 매일 발걸음을 의식하며 걸었다. 그랬더니 조금씩 변화가 느껴졌다. 발뒤꿈치가 땅에 닿고 발가락의 힘으로 발을 떼는 감각을 느끼면서 걸으니 점점 걸음이 느려졌다. 그렇다고 마냥 느리게 걸을 수만은 없었다. 무한정 시간 여유가 있는 게 아니었기에 속도를 조절할 필요가 있었다.

시간이 지나면서 내 컨디션이나 주변 풍경에 따라 속도를 선택하는 것이 가능해졌다. '천천히 걸어갈까? 빨리 걸어갈까? 보통의 속도로 갈까?' 시간적인 여유에 따라 속도를 조절할 수 있었다.

속도가 느려지니 감각이 살아났다. 길가의 야생화가 눈에 들어오고, 손가락 사이로 빠져나가는 바람이 느껴지고, 강물이 흐르는 소리와 풀벌레 울음소리가 뚜렷하게 들려왔다. 속도가 느려지니 시야도 달라졌다. 빨리 걸을 때는 주로 앞쪽만 봤는데, 천천히 걸으니 앞쪽, 옆쪽 그리고 뒤쪽이 다 보였고 길을 걷는 다른 사람들도 눈에 들어왔다.

때로는 스쳐 지나가는 풍경에 대한 아쉬움 때문에 뒤돌아서서 반대로 걷기도 했다. 나는 걷고 싶을 때 걷고, 쉬고 싶을 때 쉬었다. 다양한 속도로 걸으면서 나는 편안했고 에너지는 충만해졌다. 알프스에서보다 더 강한 초록불이 내 영혼에 들어왔다.

스스로 걷는 속도를 조절하는 것은 내가 시간을 조절하고 있다는 느낌을 주었다. 히말라야에서 늘 시간에 쫓기는 것 같은 그 고질적인 느낌에서 비로소 벗어났다. 시간에 끌려가는 게 아니라 시간과 나란히 걷고 있다고 느꼈다. 그 느낌이 나를 무척 편안하게 만들고 힘을 줬다.

안나푸르나 트레킹을 통해 진정한 휴식은 여유 시간이 많을 때가 아니라 시간에 대한 주도권을 되찾을 때 찾아오는 것임을 느꼈다. 그리고 진정한 휴식은 아무것도 하지 않는 수동적인 편안함이 아니라 스스로 원하는 활동을 하면서 느끼는 능동적인 몰입임을 깨달았다.

특히 걱정했던 고지대에 접어들면서 속도를 더욱 조절할 수 있었다. 4,000미터 고도를 넘을 때부터는 종종 뒷짐을 진 채 아장아장 걸었다. 마치 아이를 업은 엄마가 된 기분이었다. 당시 여행일기에 그 느낌을 이렇게 남겨놓았다.

오늘은 뒷짐을 지고 걷는다. 손으로 배낭을 받쳐주니 무릎과 어깨가 매우 고마워한다. 마치 아이를 포대기에 싸 업고 동네 산책을 나가는 아기 엄마 같다. 아기 엄마는 굳이 빨리 걸을 이유가 없다. 꼭 어디로 가야 한다는 목적지도 방향도 없다. 그냥 아이가 잘 자도록 하늘하늘 걷는다. 걷다보면 등에 업힌 아이의 심장박동과 엄마의 발걸음은 그 리듬이 같아진다. 엄마는 연신 아이의 엉덩이를 토닥거린다. 어느덧 아이는 쌔근쌔근 잠이 든다.

나도 그렇게 안나푸르나를 오른다. 배낭을 아이라도 되듯이 토닥거린 다. 그렇게 뒷짐 지고 걷다보면 어느 순간 안나푸르나의 맥박과 나의 맥박이 일치되어 감을 느낀다. 나의 호흡은 거짓말처럼 고요해진다. 눈부신 가을 하늘 아래 한 번도 녹지 않았을 만년설 덮인 설산을 바 라보면서 걷다보면 나의 마음은 이루 말할 수 없이 평안해진다. 그리 고 내가 걸어간 만큼 푸른 하늘과 산은 나를 향해 걸어온다.

스스로 삶의 속도를
조절한다는 것

사실 걷는 법을 모르는 사람이 어디 있겠는가! 하지만 평상시 우리의 걸음은 늘 목적지에 도착하기 위한 걸음밖에 없었다. 그 러나 여행에서 그 패턴은 무너진다. 길 자체를 좋아하게 되고 여정을 즐기며 다양한 속도를 경험할 수 있다. 거리를 아주 천천히 걷고, 일부러 골목길을 어슬렁거리고, 중간중간 멈춰 서서 그 순간을 채집한다.

그러나 안식년 이전에 나는 속도중독에 빠져 있었다. 그저 빨리 도착하는 게 중요했다. 바쁠 때나 바쁘지 않을 때나 삶의 속도는 다르지 않았다. 급하지 않아도 신호등이 깜박거리면 뛰기 시작했고, 지하철 역사에서는 경보 선수처럼 걸었고, 운전대를 잡으면 다른 차를 추월하는 것이 다반사였고, 줄을 설 때면 어느 줄이 빨리 줄어드는지를 살피곤 했다. 늘 시간이라는 늪에서 허우적거렸다.

사실 속도중독은 개인의 문제가 아니다. 철새들이 날아가는 속도는 앞서가는 무리에 의해 맞추어진다. 이 사회를 살아가는 우리 삶의 속도 역시 바쁘게 가는 사람들의 속도에 맞추어지기 쉽다. 길거리 공연을 볼 때 누군가가 서서 관람하면 뒤에 있던 사람들도 덩달아 일어서게 되는 것처럼 말이다. 이 사회에서 나만의 속도로 살아가는 것은 결코 쉽지 않다.

그러나 안식년 여행은 그 일률적인 속도에서 나를 벗어나게 해줬다. 스스로 걷는 속도를 제어할 수 있는 힘을 줬다. 그리고 그 힘은 일상으로 복귀한 후에도 영향력을 미쳤다. 무조건 효율성을 따지기보다는 느리게 할 일과 빠르게 할 일을 구분하게 됐다.

특별히 바쁘지 않으면 건널목에서 천천히 기다리고, 식재료를 사서 가족을 위해 요리를 하고, 보고 싶은 사람을 불러내어 차나 낮술을 마시고, 전공과는 관련이 없어 책장에 꽂아두기만 했던 책들을 꺼내 읽고, 미술관에 들러 찬찬히 그림을 감상하게 됐다. 여행을 계기로 시간에 대한 주도권이 내게 넘어온 것이다. 만성적인 조바심이 약해졌다.

신기한 것은 삶의 속도가 느려지면서 시간이 부족하게 느껴지기는커녕 오히려 시간이 남는 듯이 느껴진다는 것이다.

시간부자란 시간이 많은 사람이 아니다. 시간부자란 자신에 맞게 삶의 속도를 조절할 줄 알고, 그 순간에 빠져들어 오염되지 않은 시간을 보낼 수 있는 사람이다. 그러므로 시간에 대한 주도성을 되찾지 못한다면 아무리 시간이 많다고 해도 우리는 온전한 휴식을 취할 수 없으며 타임 푸어가 될 수밖에 없다.

여행은 자신의 페이스를 되찾고 주도적으로 시간을 쓰는 방법을 익힐 수 있는 중요한 기회다. 심리학자인 로버트 레빈은 『시간은 어떻게 인간을 지배하는가』에 이렇게 썼다.

"여행을 하게 되면 빠른 시간과 늦은 시간, 시계 시간과 사건 시간, 일하는 시간과 쉬는 시간 사이의 균형점인 중간 시간의 미학을 배우게 된다. (중략) 신체적 고통과 만족이 우리의 신경관들을 통해 전달되는 것처럼 심리적 만족은 시간을 통해 전달되는 것 같다. 시간이 압축되고 단축되면, 시간은 만족을 질식시키고, 시간이 무한정 처지면 자아가 밋밋한 무감동으로 늘어진다. 만족은 중간 시간에 존재하는데, 그 중간 시간이라는 것은 지나치게 빠르지도, 느리지도 않은 시간을 말한다. 최고의 만족은 압박이 중간 수준에 있을 때 경험된다."

우리는 빠른 속도로 일하는 것이 효율적이고 느린 속도로 일하는 것이 비효율적이라거나, 느린 속도의 삶은 여유롭고 빠른 속도의 삶은 몸과 마음을 지치게 한다는 이분법에 갇히기 쉽다. 하지만 이는 사실이 아니다. 심리학자들의 연구에 의하면 속도 자체가 문제가 아니라 속도로 인해 과도한 긴장감과 적대감 그리고 분노가 유발되는 것이 위험하다고 한다.

실제로 시간을 소중하게 여기고 열심히 일하는 것은 건강에 도움이 된다. 오히려 시간 압박이 없으면 삶의 활력이 사라져 심신의 건강에도 좋지 않다. 결국 적절한 시간 압박이 삶에 활기를 불어넣는 것이다.

나는 여행을 통해서 '나와 시간의 관계'와 '일과 휴식의 관계'를 제대로 살펴볼 수 있었다. 지금 이 순간을 살아가고, 긴 시간의 흐름 속에서 순간을 바라보고, 필요에 따라 시간의 속도를 조절하는 법을 배웠다. 진정한 휴식의 시간은 삶에 연쇄적인 변화를 가져옴을 느꼈다.

수소와 산소가 만나 물이 되듯이 시간과 관계가 만나 삶을 이룬다. 삶을 이루는 두 개의 중요한 원자 중에 하나가 바로 시간이다. 삶은 다름 아닌 시간이다. 그러므로 내가 삶을 사랑한다는 것은 다시 말해 지금 이 시간을 사랑한다는 뜻이다.

시간과의 사랑에 빠지는 것은 시간을 쫓아다니거나 쫓겨 다니는 게 아니다. 시간과 같이 흘러가는 것이다. 나는 안나푸르나에서처럼 지금 이 시간을 사랑하고 싶다. 그때처럼 시간을 음미하며 다양한 속도를 즐기고 싶다.

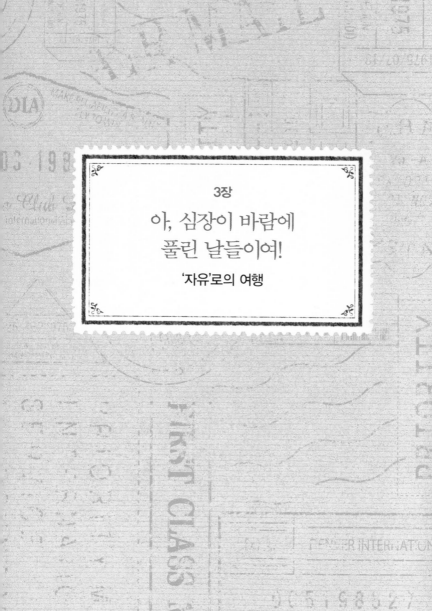

3장

아, 심장이 바람에
풀린 날들이여!

'자유'로의 여행

Homo Viator

'무슨 일이지?' 분명 깜깜한 밤중인데 텐트 안이 잇따라 환해지는 느낌이 들어 잠이 깼다. 마치 서치라이트가 텐트를 훑고 지나가는 것 같았다. 나는 텐트 밖으로 나갔다.

이스터 섬 캠핑장에 서서 남태평양 밤하늘을 올려다봤다. 저 멀리 수평선 구름 위에서 하늘을 가르는 섬광이 번쩍거렸다. 마른번개가 치고 있었다. 눈부신 섬광이 불새처럼 구름을 뚫고 솟아올라 별빛 가득한 하늘을 찢어놓았다. 섬광이 사라지면 다시 암흑의 바다가 펼쳐졌고, 무수한 별들이 고기잡이 밤배처럼 떠 있었다.

고개를 돌려보니 반대편에는 은하수가 흐르고 있었다. 거대한 흰수염고래 한 마리가 아주 천천히 밤바다를 헤엄치고 있는 듯했다. 마른번개는 등대의 불빛처럼 하늘바다를 훑고 있었다. 어디가 하늘이고 어디가 바다인지 구분할 수 없었다. 이스터 섬 전체가 커다란 배처럼 느껴졌다. 나는 그 배를 타고 항해하는 선원이 된 기분이었다. 그곳에 내가 있다는 것 자체가 행복했다.

그렇게 멍하니 새벽하늘을 바라본 지 얼마나 시간이 흘렀을까? 은하수가 흐르던 하늘 너머로 여명이 번지기 시작했다. 이제 해 뜰 시간이 된 것 같았다.

스쿠터에 시동을 걸었다. 이왕 잠이 깼으니 일출을 봐야 할 것 같았다. 일출이 장관인 통가리끼 해변으로 가려면 스쿠터로 한 시간가량을 달려야 했다. 마음이 급했다. 별거 아니라고 생각했던 스쿠터 운전은 생각보다 힘들었다. 코너를 돌다 몇 번을 고꾸라질 뻔했다. 울퉁불퉁한 길 때문에 헬멧이 들썩거렸다.

40분쯤 달렸을까. 바닷가 근처에 다다르자 길이 막혀 있었다. 칠레 정부와 갈등을 빚고 있던 라파누이 원주민들이 차단막을 쳐놓은 것이다. 손짓 발짓 다 해봤지만 통과시켜 주지 않았다. 여기까지 왔는데 이대로 돌아갈 수 없었다. 뒤로 돌아 도로가 나 있지 않은 곳으로 접어들었다. 밭과 밭 사이의 좁은 농로를 따라 스쿠터를 몰았다. 길도 모르면서 무작정 태양이 솟아오르는 곳을 향해 달렸다.

드디어 바다가 보였다. 수평선 너머 불덩이 같은 해가 막 떠오르고 있었다. 해변에는 물안개가 자욱했다. 불덩이가 찬 바다 위로 솟아오르면서 연기를 내뿜는 것만 같았다. 파도가 넘실거릴 때마다 그 열기가 해변으로 실려 오는 것만 같았다. 온몸이 뜨거워졌다. 물안개 속으로 바닷새들이 날아다녔다. 그리고 거대한 모아이 석상들이 해변에 우뚝 서 있었다. 내 인생에서 가장 강렬한 새벽과 아침을 보냈다.

나는 바닷바람을 맞으며 스쿠터가 낼 수 있는 최고 속도로 해안도로를 내달렸다. 오랜 시간 동안 목 안을 간질이며 답답하게 만들었던 먼지들이 다 날아간 듯 시원했다. 나는 자유로웠고 거침이 없었다. 문득 여행을 떠나기 전에 읽었던, 파블로 네루다의 『네루다 시선』에 실린 「시」라는 제목의 시 한 편이 떠올랐다. 그날, 네루다의 「시」 속에 내가 있었다. 내 심장이 바람에 풀린 날들!

이 미소(微小)한 존재는

그 큰 별들 총총한

허공에 취해,

신비의

모습에 취해,

나 자신이 그 심연의

일부임을 느꼈고,

별들과 더불어 굴렀으며,

내 심장은 바람에 풀렸어.

— 2015년 3월 28일, 이스터 섬에서

도시라는 동물원에 갇혀 사는
우리들

'동물들도 정신병이 생기나요?' '동물들도 자살이나 자해를 하나요?' 정신과의사이다 보니 종종 이런 질문들을 받곤 한다. 답부터 이야기하자면 '그렇다.' 다만 야생동물의 경우에는 극히 예외적인 상황을 제외하고는 정신이상을 보이지 않는다. 정신적인 문제가 있는 동물은 대부분 동물원 등에서 사육되거나 인간과 함께 사는 애완동물이다.

야생동물은 자연에서 집을 짓고 먹이를 구한다. 먹이를 구하는 동시에 먹이가 되지 않기 위해 포식자를 피해 다닌다. 늘 위험 속에서 살아남아야 한다는 스트레스가 따른다.

그에 비해 동물원이나 인간의 집은 자연과는 완전히 다르다. 먹이를 구할 필요가 없고 외부적인 위험이 존재하지 않는다. 안전한 공간과 규칙적인 먹이가 제공된다. 어찌 보면 애완동물은 스트레스가 없을 것 같다. 그런데 왜 애완동물이 야생동물보다 더 많은 스트레스를 받고 정신이상을 보이는 것일까? 그것은 서식지인 자연과 단절된 채 갇혀 있기 때문이다.

감금된 동물들은 처음에는 광적인 반응을 보인다. 울부짖고 날뛰고 분을 이기지 못해 자해를 한다. 그러나 이렇게 해도 달라지는 것은 없음을 깨닫고는 우울해지고 무기력해진다. '학습된 무기력(learned helplessness)'에 빠진다.

그러나 그것이 끝이 아니다. 학습된 무기력이 이어지다가 점차 이상행동을 보인다. 이때 가장 흔히 보이는 것은 '정형행동(stereotypical behavior)'이다. 예컨대 일정 구간을 반복해서 빙글빙글 돌거나, 벽을 보고 멍하니 서 있거나, 코를 좌우로 흔들거나 몸을 앞뒤로 춤추듯이 움직이는 것과 같은 의미 없는 행동을 반복하는 것이다. 자신의 대소변을 먹거나 털을 계속해서 뽑는 이상행동을 보이기도 한다.

어떤 문제든 간에 원인이 명확하면 해법도 명료하다. 동물원의 동물들이 이상행동을 하는 것이 감금으로 인한 자극 부족 때문이라면 그 해법은 풍부한 자극과 자연과의 연결이다. 가장 좋은 것은 다시 야생으로 돌려보내는 것이다. 그렇게 할 수 없다면 최대한 자연과 유사한 환경을 제공하는 데 힘써야 한다. 이를 위해 개발된 것이 바로 '풍부화 프로그램(enrichment program)'이다.

100여 년 전 미국 하버드대학교의 행동심리학자 로버트 여키스(Robert Yerkes) 박사가 영장류 동물의 무료함을 달래기 위해 환경을 바꿔준 것이 풍부화 프로그램의 시초가 됐다. 50년 전 스위스 취리히 동물원이 풍부화 프로그램을 시작했고, 지금은 전 세계의 동물원들이 점차 이 프로그램을 도입하고 있다.

풍부화 프로그램은 크게 네 가지로 이뤄진다. 환경 풍부화, 먹이 풍부화, 사회성 풍부화, 감각 풍부화가 그것이다. 즉, 불필요한 울타리를 없애고 보다 넓은 공간을 제공하고 자연과 비슷한 환경을 만들어주는 것, 최대한 자연 그대로의 먹이를 다양한 방법으로 제공하는 것, 서로 무리를 짓고 비슷한 종끼리 어울릴 수 있게 해 사회성을 높여주는 것, 자연적인 놀이기구를 제공하는 것 등 다각도의 노력을 기울이는 것이다.

단순하게는 고릴라에게 주스를 얼려서 주거나 헌 옷이나 신문지 등 새로운 물건을 주기만 해도 고릴라가 벽을 보고 가만히 서 있거나 창문을 심하게 두드리는 이상행동이 줄어든다고 한다. 동물에게는 자연적 환경과 적절한 자극이 꼭 필요한 생존 조건인 것이다.

동물원의 동물들뿐만이 아니다. 사람들은 동물원의 비생태적 환경에 분노하면서도 정작 우리의 비생태성에 대해서는 별로 분노하지 않는다. 그 해로움이 얼마나 큰지 자각하지 못해서다.

각종 난치병 치료법이 속속 개발되고, 평균수명은 놀랄 정도로 늘어나고 있는데 왜 우리 사회의 정신 건강은 오히려 악화되고 있을까? 자살률은 떨어질 줄 모르고, 매일 전쟁이 벌어지는 나라에서 사는 것처럼 분노와 불안이 일상적 감정이 되고, 사람들은 갖가지 중독에서 헤어나지 못한다. 도대체 왜 그럴까? 그것은 단순히 개인의 문제가 아니라 우리가 살고 있는 환경의 문제다. 꽃밭에 서너 송이의 꽃이 피지도 못한 채 시든다면 꽃의 문제이겠지만, 대부분의 꽃이 시들고 있다면 그것은 꽃밭의 문제다.

어떻게 보면 우리가 사는 도시 자체는 거대한 동물원이다. 그것도 아주 열악한 동물원이다. 창살과 사육사가 눈에 보이지 않을 뿐이다. 도망가지 않기에 창살이 필요 없을 뿐이며, 사육사가 없어도 될 만큼 모든 것이 시스템화돼 있을 뿐이다. 영화 〈트루먼 쇼〉의 주인공 트루먼 버뱅크처럼 처음부터 그곳에서 태어나고 자랐기에 모든 상황을 당연하게 여기면서 자유의 본능을 억누르고 있는 것이다.

아이들은 어려서부터 '도시 동물원'에서 잘 적응하도록 집요한 교육을 받는다. 밖에서 마음껏 뛰놀지 못하는 것은 말할 것도 없거니와 실내에서조차 자유롭지 못하다. '뛰지 마!' '떠들지 마!' 등 하루 종일 '~하지 마!'의 강요 속에 살아간다.

2016년 국립환경과학원이 발간한 『어린이 노출계수 핸드북』에 따르면 3~9세 아이들의 평일 중 실외 활동 시간은 하루 평균 34분에 불과하다. 이는 미국과 캐나다 아이들의 29~34퍼센트 수준이다. 아이들은 거의 모든 시간을 좁은 실내에서 보내며, 그 시간마저도 각종 통제를 받는다.

아이들의 사육사를 맡고 있는 어른들 또한 자유롭지 못한 것은 매한가지다. 오히려 갇혀 있는 것으로 치면 더한 상태다. 그렇다면 우리는 좁은 우리 안에 갇혀 지내는 동물원의 동물과 무엇이 다른가?

정식 병명은 아니지만 정신 질환 중에 '캐빈 피버(cabin fever)'라는 용어가 있다. 이는 폐쇄된 곳이나 좁은 공간에 장기간 체류할 때 생기는 답답함, 불안, 짜증, 멍함, 무기력 등의 정서적인 불안정감을 뜻한다. 캐빈 피버는 창문 없는 고시원이나 좁은 원룸에서 지내거나 긴 항해를 하는 이들에게서 잘 나타난다.

사실 많은 도시인들도 캐빈 피버를 앓고 있다. 시계추처럼 집과 사무실을 오가면서 일상생활을 반복하다 보면 어느 순간 자신이 새장에 갇힌 새나 목줄이 묶인 개처럼 답답하다고 느끼게 된다. 생각해 보라. 1만 년 전까지만 해도 인간 역시 야생동물처럼 수십만 년간 광활한 초원에서 하루 3만 보 이상을 걷거나 뛰어다녔는데 이렇게 좁은 활동 반경의 삶에서 어떻게 답답함을 느끼지 않을 수 있겠는가!

비교문화 연구를 살펴보면 생활 방식이 도시화될수록 우울증 발병률이 높음을 알 수 있다. 그것은 '인간의 몸과 마음이 산업화 이후의 환경에 맞춰져 있지 않다'는 뜻이다. 이로 인해 정신 질환이 급증하고 있지만 우리는 그 사실을 자각하지 못한 채 살안간다. 캐빈 피버를 참고 살아가도록 훈련돼 있어서다.

결국 억압은 폭발을 부른다. 가장 대표적인 경우가 운전할 때다. 차에 올라타면 잊고 있던 질주 본능이 깨어난다. 이성과 통제력은 약해지고 야성의 본능이 커진다. 우리는 먼 옛날 들판을 달렸던 사냥꾼이 된다. 그러나 꽉 막힌 도로에서 답답함은 배가 된다. 거기에 누군가 끼어들기라도 하면 사냥감을 빼앗아 가는 경쟁자처럼 느껴지고, 누군가 천천히 운전하면 내 길을 방해하는 훼방꾼처럼 여겨진다. 답답함이 폭발하면 클랙슨을 울리고, 욕설을 내뱉고, 보복운전을 하는 도로의 무법자가 된다.

많은 도시인이 캐빈 피버에서 벗어나기를 원한다. 과감히 농촌이나 산속에 들어가 사는 사람도 있지만, 대부분의 도시인은 미봉책을 택한다. 바로 여행이다. 우리가 늘 여행을 갈망하는 이유는 비좁은 환경에 억지로 맞추며 살아왔기 때문이다. 넓고 먼 곳을 동경하는 마음이야말로 우리가 늘 여행을 떠나고 싶은 이유다.

여행은 도시 동물원에 갇힌 현대인의 가장 대표적인 풍부화 프로그램이다. 새로운 자극이 주어지고, 유무형의 통제에서 벗어나 마음껏 생활하고, 활동 반경이 더 넓어지고, 새로운 사람들과 어울릴 수 있는 프로그램이 바로 여행이다. 여행의 시간이 있기에 우리는 폭발하지 않고 겨우 숨통을 틔울 수 있다. 바닷속 잠수함에서 일하는 사람들이 한 번씩 해수면 위로 올라와 대기의 공기와 햇살을 맛보듯이 여행은 영혼의 산소가 돼준다.

그렇게 보면 경제 불황 속에서도 공항에 여행자들이 넘쳐나고, 전국에 캠핑 열풍이 불고, 주말마다 유명 산이나 산책로에 사람들이 가득한 것을 이해할 수 있다. 휴식과 놀이 이전에 치유의 의미가 더 강하게 내포돼 있는 것이다. 그렇게라도 해야 이 답답한 캐빈 같은 현실을 버틸 수 있기 때문이다.

마음에 따라
지구의 중력은 달라진다

여행은 언제부터 시작되는 것일까? 딱 언제라고 이야기하기는 어렵겠지만 생각해 보자. 여행 계획을 세울 때일까? 비행기 표를 끊은 날일까? 비행기를 타는 날일까? 아니면 여행지에 도착해서부터일까? 언제를 여행의 시작점으로 잡아야 할까?

그것은 사랑이 언제부터 시작됐는지 묻는 것과 다르지 않다. 사랑의 시작은 언제일까? 처음으로 고백한 날일까? 첫 데이트를 한 날일까? 아니면 그 사람으로 인해 내 마음이 처음으로 설렜던 때일까?

설렘이 시작됐을 때 사랑이 시작된 것이다. 여행의 시작도 그렇다. 여행으로 인해 마음이 설렐 때, 그 순간이 바로 여행의 시작이다. 여행을 계획하는 것만으로도 일상이 달리 보인다. 내가 젊어지고 있는 삶의 무게가 다소 가벼워진 느낌이 들고 삶의 생기가 느껴진다.

왜 여행은 이토록 우리를 흥분시킬까? 일상이란 안정감을 주는 동시에 우리를 속박한다. 매일매일 업무를 처리하고 약속을 이행하고 경조사를 챙기고…… 하고 싶지 않아도 해야 하는 일들로 가득하다. 여행은 잠시 동안이라도 일상의 의무와 책임으로부터 벗어나게 해준다. 여행이 주는 가장 큰 즐거움은 '일상적 구속으로부터의 해방'이라고 해도 과언이 아니다.

루소는 여행을 일체의 구속에서 벗어난 '완전히 해방된 틈'이라고 불렀다. 나는 다비드 르 브르통(David Le Breton)의 『걷기예찬』에서 그 표현을 발견하고 무척이나 반가웠다.

"나는 내 일생 동안 그 여행에 바친 칠팔 일간만큼 일체의 걱정과 고통으로부터 완전히 해방된 틈을 가져본 기억이 없다. 그 추억은 그 여행과 관련된 모든 것, 특히 산들과 도보여행에 대한 가장 생생한 맛을 내게 남겨놓았다. 나는 오직 행복한 날에만 늘 감미로운 느낌을 만끽하며 걸어서 여행했다."

당신은 언제 여행에서 자유로움을 만끽하는가? 나는 여행을 떠나는 날이다. 여행을 떠나는 날에는 얼굴 표정과 발걸음부터 달라진다. 하루 종일 스키를 타고 나서 스키부츠를 벗고 신발로 갈아 신을 때와 같은 홀가분함이랄까.

어떤 때는 자유로움이 지나쳐서 일종의 우월감을 느끼기도 한다. 이번 안식년 여행 때가 그랬다. 배낭을 메고 길을 나설 때 나는 한껏 도도해졌다. 이 도시에서 나만 자유로운 사람인 양 거만함마저 생겼다.

매일 걷는 집 앞이고 분명 지구의 중력이 똑같이 작용하는 땅이지만, 나는 마치 다른 행성에 와 있는 것 같은 기분이 들었다. 지구의 중력이 달라졌다고 느꼈다. 나를 땅으로 잡아끄는 힘이 한껏 약해지면서 내가 살짝 들어 올려지는 듯한 느낌을 받았다. 샤갈은 〈마을 위에서〉라는 그림에서 그의 부인 벨라와 함께 하늘을 날아가고 있는데, 그 느낌을 알 것도 같았다.

어쩌면 지구의 중력은 심리 상태에 따라 달라지는 게 아닐까. 나는 여행을 떠나는 날에 사람들은 도시라는 거대 감옥에 갇혀 있고, 나만 홀로 거대 감옥을 탈출하는 것 같은 해방감을 느낀다. 혼자 배낭 두 개를 메고 남미 여행길에 나섰을 때는, 영화 〈빠삐용〉의 마지막 장면이 떠올랐다.

수차례의 탈옥에 실패해 지옥의 섬에 갇힌 늙은 빠삐용은 자유에 대한 염원을 포기하지 않는다. 그는 수십 미터의 절벽 아래로 뛰어내린다. 그리고 거친 파도를 뚫고 야자열매 부대 위로 기어오른다. 그는 야자열매 부대에 몸을 맡긴 채 득의양양한 웃음을 짓고 지옥의 섬을 향해 이렇게 외친다. "이 자식들아, 난 이렇게 살아 있다!"

나는 빠삐용이라도 되는 양 고양된 기분으로 도시를 탈출한다.

넥타이를 매고 정장을 입고 잠이 덜 깬 얼굴로 출근하는 사람들이 나를 부러운 시선으로 보는 것만 같다. 그 모든 것이 결국 내 마음에서 만들어낸 착각일 뿐일지라도 말이다. 나의 일상이 찌들었고, 내 삶이 구속된 것 같은 답답함을 느껴왔고, 여행자의 삶을 동경해 왔기에 사람들이 나를 그렇게 봐주기 바라는 듯한 유치한 마음인 것이다.

그 착각에서 나는 벗어나고 싶지 않다. 마음속으로 이 은밀한 우월감을 만끽하고 싶다. 적어도 여행하는 동안 나는 빠삐용이 되고 싶다.

타인의 시선으로부터
자유로워지기

안나푸르나 라운딩 코스의 최고점은 5,416미터의 쏘롱 고개다. 이 고개를 지나면 내리막길이 이어져 해발 1,200미터에 위치한 따또 빠니까지 내려오게 된다.

따또 빠니는 우리말로 '뜨거운 물'이라는 뜻으로 온천으로 유명한 곳이다. 그렇다고 우리나라 온천 시설을 떠올리면 곤란하다. 안나푸르나 계곡 옆에 위치한 허름한 노천탕이다. 문짝이 떨어져 나간 탈의실과 작은 매점이 시설의 전부지만 설산과 계곡이 눈앞에 펼쳐지는 풍광은 가히 신선이 부럽지 않을 정도다.

익히 온천이 좋다는 이야기를 들었기에 여장을 풀자마자 온천을 찾았다. 그런데 문제가 생겼다. 수영복을 대여해 주지 않았던 것이다. 다른 사람들은 어떻게 알고 챙겨 왔는지 수영복이나 반바지를 입고 탕 안에 들어가 있었다.

순간 고민이 됐다. 온천을 하지 않고 돌아가느냐 아니면 팬티 차림으로 들어가느냐를 결정해야 했다. 그나마 색깔 있는 팬티였다면 나았을 텐데 하필이면 내 피부색과 비슷한 연주황 삼각팬티였다. 게다가 전날 만나서 함께 걸어왔던 일본 여성들이 탕 안에 있어서 더욱 난감했다.

잠시 머뭇거리다가 '에라, 모르겠다. 누가 본들 그게 무슨 대수랴!' 싶어 팬티 차림으로 탕에 들어가 온천욕을 즐겼다. 그 느낌이 너무 좋아 그냥 숙소로 돌아갔다면 두고두고 얼마나 후회했을까 싶었다.

우리가 여행지에서 자유로움을 느끼는 것은 일상의 의무와 책임으로부터 벗어나기 때문이다. 그러나 그것은 시작에 불과하다. 또다른 자유로움은 타인의 시선으로부터 벗어나는 것이다. 일상에서 우리는 관계의 그물을 피해 갈 수 없다. 누군가 나를 바라보는 눈을 의식하며 살아가야 한다.

우리는 낯선 여행지에서 자신의 꼬리표를 떼어놓는다. 내가 누구이고, 무슨 일을 하고, 어떤 사람인지 아는 이가 없기 때문이다. 여행지에서 우리는 '무명인'이 된다. 익명성을 획득하는 것이다. 그렇기에 우리는 여행지에서 평소보다 자유롭게 행동할 수 있다. 때로는 자신도 알지 못했던 새로운 욕망과 새로운 모습을 발견하기도 한다. 여행은 익숙한 일상으로부터의 일탈일 뿐만 아니라 익숙한 자기로부터의 일탈이기도 하다.

그러나 지나치게 남을 의식하는 사람이나 사회적 역할이 자신의 진짜 모습이라고 생각하는 사람은 여행지에서도 자유를 만끽하지 못한다. 여행지에 와서까지 타인의 시선에 얽매인다. 내가 보기에 이들이 느끼는 시선이란 실제 타인의 시선이 아니라 타인의 시선이라고 믿고 있는 자신의 시선일 뿐이다.

여행이란 질서로부터의 일탈인 동시에 사회적 관계로부터의 일탈이다. 여행은 우리를 관계의 그물로부터 해방시켜 주며, 자기 그대로의 모습으로 존재할 수 있는 장을 제공한다. 이는 옷차림에서부터 드러난다. 장소와 상황에 따라 어울리는 옷이 있게 마련이다. 비즈니스 여행과 같은 특별한 경우가 아니라면 우리는 굳이 정장과 구두 차림으로 여행을 가지 않는다. 여행을 할 때 우리의 옷차림은 평소보다 자유롭다.

사회적 역할 역시 하나의 옷과 같다. 여행지에서는 우리가 사회에서 맡고 있는 직업이나 역할 등이 별로 중요하지 않다. 아니, 그런 것들은 오히려 여행의 자연스러움을 해친다. 그러한 거추장스러운 옷들을 벗어던질 때 우리는 자연인으로서 여행할 수 있다.

자, 여행에서 일탈을 시도해 보자! 체면 따위는 버리자! 그것은 익명성이라는 특권을 가진 여행자만의 권리다. 여행만큼 타인에게서 벗어나 온전히 자신에게 집중할 수 있는 기회가 또 어디 있겠는가! 나는 어떤 사람이어야 한다는 틀이나 강박에서 벗어나 좀더 편하게 행동하고 솔직하게 자신을 드러내도 좋다. 타인에게 향해 있는 안테나를 안으로 돌려서 좀더 자신의 마음에 집중해 보면 어떨까.

우리는 여행지에서 처음 보는 이성에게 말을 걸 수도 있고, 흥에 겨워 폴짝폴짝 뛰면서 걸을 수도 있고, 볕이 좋은 날은 풀밭에서 잠이 들 수도 있고, 때로는 과감한 노출을 시도할 수도 있다. 혹은 화장을 전혀 하지 않고 돌아다닐 수도 있고, 평소 하고 싶었던 염색을 할 수도 있다. 점잖음을 빼고 약간의 주책과 과감성을 더한다면 우리의 여행이 보다 즐겁지 않겠는가!

내가 점점
사라지고 지워졌다

이스터 섬에서는 6일 동안 바닷가 캠핑장에서 보냈다. 그 시간 동안은 무엇에도 얽매일 게 없었다. 자고 싶을 때 잤고, 일어나고 싶을 때 일어났다. 시계가 필요 없었다. 시간에 따라 먹지 않고 배가 고프면 음식을 먹었다. 아무 일정과 계획이 없었다. 파타고니아 지역을 트레킹 하느라 고단해진 몸에게 완전한 휴식을 주고 싶었다. 일종의 '여행 중의 여행'이었다.

낮에는 햇볕이 너무 강해서 밖을 나갈 엄두가 나지 않았다. 바다를 바라보며 와인을 마시다가 그늘에서 낮잠을 잤다. 햇볕이 누그러질 때쯤 일어나 해변을 거닐었다. 라파누이 원주민들이 작살로 물고기를 잡거나 섬 아이들이 거친 파도를 타고 서핑을 하는 모습을 구경했다.

그러다가 해질 무렵이 되면 아우 타아이 해변으로 걸어 나갔다. 다른 여행자들과 함께 모아이 석상 앞에 앉아 해가 완전히 질 때까지 있었다. 노을이 질 때면 이스터 섬 자체가 벌겋게 불타올랐다. 바다도, 하늘도, 모아이도, 그리고 이를 바라보는 사람들도……. 해가 바다 속으로 완전히 자취를 감추면 사람들은 박수를 치며 환호하고는 각자 숙소로 돌아갔다.

5박 6일 동안 나는 점점 없어졌다. 모래사장 위에 쓴 글자처럼 나는 점점 사라지고 어느덧 지워졌다. 나는 더 이상 나를 의식하지 않았다. 내가 언제 이렇게 나를 잊고 산 적이 있었던가! 말을 타고 달리는 라파누이들 속에, 서핑보드를 타고 파도를 쫓아다니는 아이들 속에 내가 있었다.

실제로 여행은 일상의 책임, 삶의 방식, 타인을 의식하는 시선으로부터 우리를 자유롭게 해준다. 더 나아가 자신의 생각과 자

내가 언제 이렇게 나를 잊고 산 적이 있었던가!

칠레 이스터 섬의 아우 타아이 해변에서.

신을 의식하는 마음에서도 벗어나게 해준다. 즉, 자의식까지 사라지는 것이다. 최고의 놀이란 바로 자의식과 시간 감각이 사라질 때 가능하다. 온전히 그 경험에 빠지는 것이다. 여행은 '어른의 놀이'라고 할 수 있다. 놀이에 빠져 있는 아이의 자의식이 사라지는 것처럼 우리는 여행 중에 종종 자신을 의식하지 않고 지낼 수 있다.

일상에서 자신을 의식하지 않고 지낸다는 것은 결코 쉽지 않다. 자아가 만들어지고 난 뒤부터 우리는 끊임없이 자기를 인식하며 살아가기 때문이다. 자의식은 자기 성찰의 토대가 되며 자기 중심을 잡고 살아가는 데 없어서는 안 될 것이다. 또한 자기의 감정이나 욕구를 잘 읽는 사람이 타인의 마음 또한 잘 읽을 수 있기에 자의식의 발달은 사회성의 기본이 되고 타인과의 건강한 경계를 유지할 수 있는 울타리 기능을 한다.

하지만 자의식이 너무 강한 것은 자의식이 너무 약한 것과 마찬가지로 문제가 된다. 특히 자의식이 지나치면 외부로 향해야 할 에너지까지 내면으로 흘러들어 생각과 감정의 과잉을 불러일으킨다. 이렇게 되면 타인과 세계와의 연결이 약해진다. 결국 늘 중요한 것은 조화이고 균형이다. 우리는 한번씩 마음에서 나를 덜어내는 수행을 할 필요가 있다.

자의식을 덜어낼 수 있는 대표적인 방법이 바로 여행이다. 여행은 분주한 우리 마음에 빈 공간을 만들어준다. 일상에서는 중요했던 것들이 여행을 오면 별로 중요하지 않은 것들로 바뀐다. 여행을 할 때는 나이, 직업, 학력, 국적 등 나를 둘러싼 것들이 중요하지 않다. 자신을 애써 설명해야 할 필요도 없고, 궁금해 하는 이도 없다.

이름도 그다지 중요하지 않다. 나는 여행을 다니며 부르기 어려운 이름보다는 부르기 쉬운 성으로 이름을 대신했다. '문' 씨이다 보니 알기 쉽게 'Moon'이라고 소개했다. 여행에서 만난 사람들은 나를 영어로 'moon', 스페인어로 'luna', 혹은 남아메리카 토착민의 언어인 케추아어로 'killa'라고 불렀다. 그 호칭들로 인해 나를 의식하는 마음이 더욱 줄어들었다.

어떤 때에는 가족조차 생각나지 않았다. 나는 그저 '먹는 사람' '걷는 사람' '자는 사람'이 됐다. 행위가 있는 곳에 내 자아가 있을 뿐이었다.

처음에는 내가 나를 잊고 산다는 것이 당황스럽고 불편했다. 가족들까지 잊은 자신이 무책임하게 느껴졌고, 나를 잃어버릴 것 같은 느낌이 들기도 했다. 하지만 내가 나를 의식하는 마음이 줄어들자 내 행위 자체에 집중할 수 있었고, 내 눈앞에 존재하는 것들에 깊은 관심을 기울일 수 있었다. 그것은 내게 고요함과 잔잔한 행복감을 안겨주었다.

여행에서 느끼는 최고의 자유는 나로부터 벗어나는 것이 아닐까 싶다. 여행이 끝나고 책을 읽다가 이런 내 마음을 잘 표현한 문장을 만났다. 프랑스 작가 마그리트 뒤라스가 『이게 다예요』라는 일기에 쓴 글이다.

> 나는 가끔 한참 동안 텅 빈 상태가 돼.
> 아이덴티티가 없어지는 거야.
> 우선 좀 겁이 나지. 그러다가 행복한 느낌이 들어. 그리곤 멈추지.
> 행복은, 말하자면, 내가 있는 곳에서
> 잠깐 죽는 거, 없어지는 거야.

4장

나는 어떤 여행을
원하는가?

'취향'으로의 여행

Homo Viator

새벽의 찬 기운에 눈을 떴다. 한여름에 시작했던 여행이 이제 막바지에 이르렀다. 프랑스 파리에 머무를 날도 며칠 남지 않았다. 내일이면 렌터카를 반납하러 드골 공항에 가야 한다. 우리는 이 차를 '피카소'라고 불렀다. 그는 우리와 한 팀이었다. 함께한 지 두 달이 넘다보니 정이 들 대로 들었다. 마지막 날은 피카소와 좀 더 많은 시간을 보내고 싶었다.

아내와 상의한 끝에 빈센트 반 고흐가 죽기 전에 살았던 오베르 마을을 찾았다. 파리에서 북쪽으로 40킬로미터가량 떨어진 오베르에서 고흐는 70일쯤 살다가 세상을 떠났다. 그 짧은 기간에 약 80점의 작품을 그렸다고 하니 그저 놀라울 따름이다. 고흐의 명성에 비해 마을에는 관광객들이 보이지 않았다. 시든 해바라기들만이 여기가 고흐가 살던 곳임을 이야기해 주는 것 같았다.

우리는 마을을 한 바퀴 돌았다. 고흐가 머물렀던 여관 방을 둘러보고, 다섯 명의 마을 사람들을 그린 〈오베르의 계단〉의 실제 장소를 지나 오베르 교회를 찾았다. 그림 속 교회가 그대로 눈앞에 펼쳐졌다. 우리는 교회 앞 그늘에 자리를 깔고 앉아 빵과 과일을 먹었다.

나는 아이들에게 형 고흐와 동생 테오의 이야기를 들려줬다. 그리고 『반 고흐, 영혼의 편지』 전자책을 불러와 테오가 죽기 9개월 전인 1890년 4월 23일에 고흐에게 쓴 편지 일부분을 읽어줬다. 두 아이들이 고흐와 테오처럼 이 세상을 살면서 서로가 서로에게 힘이 돼주는 사이가 되기를 바라면서 글을 읽어 내려갔다.

> 형이 아무 소식이 없는 걸 보니 여전히 상태가 좋지 않다는 걸 알겠어.
> 사랑하는 형, 이 얘기는 꼭 전하고 싶어.
> 형이 아프다는 걸 알기 때문에 집사람과 나도 고통스럽다는 것 말이야.
> 우리가 형의 고통을 덜어줄 수만 있다면 얼마나 좋을까.
> 이렇게 멀리 떨어져 있지만 않으면 벌써 형을 보러 갔을 텐데.
> 언제라도 형이 내가 가길 바란다면 말해줘. 바로 달려갈 테니.
> 사랑하는 형, 형이 행복하고 건강하다는 사실을 들으면
> 세상의 그 무엇보다 큰 기쁨이 될 거라는 사실을 잊지 마.
> 형이 빨리 회복하기를 매일 기도하고 있어.

고흐에게 동생 테오가 없었거나 테오에게마저 외면당했다면 그는 어떻게 됐을까? 잘 상상이 가지 않는다. 영원한 후견인이었던 테오는 형이 세상을 떠나자 그를 따라서 6개월 뒤에 숨을 거두고

말았다. 그리고 죽어서도 고흐 곁을 지켰다. 고흐가 묻힌 오베르 묘지 바로 옆에 묻힌 것이다. 테오의 부인인 '조(Jo)'의 배려였다.

나는 가족들과 떨어져 명화 〈까마귀가 나는 밀밭〉의 배경을 찾았다. 고흐가 권총 방아쇠를 당긴 곳으로 알려진 장소다. 강렬한 볕에도 불구하고 추수가 끝난 밀밭은 스산하고 애잔한 느낌을 줬다. 평생 외로웠던 고흐를 생각하면서 걸으니 길 곳곳에서 처량함이 느껴졌다. 길 어디서인가 시커먼 까마귀들이 소리를 지르며 날아오를 것만 같았다.

밀밭에는 고흐의 그림과 함께 안내판이 세워져 있었다. 멈춰 서서 그림과 밀밭의 풍경을 번갈아 봤다. 나 자신이 그림 속에 들어온 듯 묘했다. 푸조 자동차를 타고 옛 파리를 여행하는 영화 〈미드나잇 인 파리〉처럼 나도 시간을 거슬러 고흐가 살던 그 시대로 되돌아간 듯했다. 이 길 어디에선가 고흐가 이젤을 놓고 그림을 그리고 있을 것만 같았다. 이내 가슴이 벅차오르고 잠시 현기증이 느껴졌다.

밀밭 길을 따라 걸어가다보니 하얀 벽의 공동묘지가 나왔다. 고흐와 테오의 무덤 앞에 이르자 그제야 현실감이 들었다. 나는 태양을 따라 도는 해바라기처럼 한동안 두 사람의 묘 주위를 빙글빙글 돌았다.

—2014년 10월 4일, 오베르 마을에서

스탕달 신드롬과
마크 트웨인 장애

"나는 너무 피곤했고, 당장이라도 실신할 것 같았어요. 머리와 심장은 불이 붙은 것 같았고요. 나는 햇빛이 비치는 밖으로 나왔고, 병원에서 진찰을 받아야겠다고 병에 걸린 게 틀림없다고 생각했죠."

미술사학자인 제임스 엘킨스의 책 『그림과 눈물』에 소개된 '프란츠'라는 한 공무원의 이야기다. 그는 피렌체의 우피치 미술관에서 카라바조의 작품 〈젊은 바쿠스〉를 보고 강렬한 신체적 이상 증세를 경험했다.

놀랍게도 미술관에서 갑작스럽게 정신적인 불안정감이나 신체적 이상 증세를 호소하는 일은 드물지 않게 일어난다. 1820년대부터 보고돼 오고 있으며 그 증상도 다양하다. 갑작스러운 울음, 구토, 발열, 호흡곤란, 심한 떨림…… 심지어 환각을 경험하거나 괴성을 지르고 기절까지 하는 일이 벌어지곤 한다.

작가 스탕달 역시 1817년 1월에 피렌체를 방문했을 때 유사한 증상을 겪었다. 스탕달은 여행기에 그 경험을 이렇게 기록했다.

"나는 예술과 열정적인 감정에서 비롯된 천상의 감각을 경험했다. 베를린 사람들이 중추라고 부르는 산타 크로체를 떠날 때 내 심장은 지나치게 빨리 뛰고 있었고, 몸에서 생기가 거의 다 빠져나가 버린 것 같았다."

스탕달이 방문했던 산타 크로체 교회에는 화가 조토의 작품뿐 아니라 치마부에, 도나텔로, 베네치아노 등 르네상스 대가들의 작품들이 많이 있었다. 이들 작품들이 장엄한 분위기를 풍기는 가운데 성 프란체스코의 생애를 다룬 조토의 프레스코화가 방아쇠를 당긴 것이다.

1979년 피렌체 산타 마리아 누오바 병원의 정신과 과장인 그라지엘라 마게리니(Graziella Magherini)는 관광객들의 이상 증세를 체계적으로 정리 및 기술하고, 이를 하나의 질병으로 분류해 '스탕달 신드롬(Stendhal syndrome)'이라고 이름 붙였다. 그의 관찰에 의하면 대부분의 스탕달 신드롬은 별다른 치료 없이 작품을 멀리하고 안정을 취하면 시간이 흐름에 따라 저절로 호전됐다고 한다.

흥미로운 사실은 마게리니가 보고한 107건의 임상 사례를 보면 이탈리아인은 단 한 명도 없었다는 것이다. 스탈당 신드롬을 호소한 사람은 모두가 외국인 관광객이었다. 유추하건데 낯선 곳으로의 여행 자체가 사람을 정서적으로 불안정하게 만들었고, 미술 작품이 가진 어떤 요소가 강렬한 자극이 돼 급성 심신 반응의 도화선이 됐다는 것이다. 지금도 피렌체에서는 매년 약 12명이 이런 증세를 보인다고 한다.

그렇다고 해도 왜 미술관일까? 그것도 수백 년 전의 작품이 왜 이렇게까지 강한 반응을 이끌어내는 것일까?

재미있는 사실은 사람들의 취향과 반응이 정말 다양하다는 것이다. 스탕달 신드롬을 겪은 사람들도 있지만 정반대의 사람들도 있다. 여행을 다니며 아무리 유명한 미술 작품 원본을 봐도, 세계적인 오케스트라의 클래식 공연을 봐도 아무런 느낌이 없다고 말하는 사람들도 있다. 그들은 너무 실망스러웠던 나머지 돈이 아까웠다고 말하기까지 한다.

어떤 사람은 그림 때문에 쓰러지고, 어떤 사람은 그림 앞에서 아무런 느낌도 받지 못한다면 누가 맞는 것일까?

《뉴욕 타임스》의 한 기자는 유명한 예술 작품 앞에서 아무것도 느끼지 못하는 것을 가리켜 '마크 트웨인 장애(Mark Twain Disorder)'라고 이름 붙였다. 마크 트웨인은 그 유명한 레오나르도 다빈치의 〈최후의 만찬〉을 보고 나서 크게 실망한 나머지 그 감상을 글로 남겨놓았다. 다음은 『그림과 눈물』에 소개된 감상의 일부분이다.

"그것은 사방에 흠집이 나고 망가져 있었다. 시간이 지나면서 그림은 더러워지고 색은 바랬으며, 그림 속 사도들은 반세기도 더 전에 그곳을 마구간 삼아 점거했던 나폴레옹의 말들에게 발길질을 당했다. 그러니 이제 한때 기적처럼 굉장했던 그림에 남은 것은 무엇인가? 시몬은 누추해 보이고, 요한은 아파 보이고, 흐릿하게 지워지고 손상된 나머지 절반의 사도들의 안색 역시 실망스럽기 그지없다. 우리처럼 지지리도 교양 없는 불한당들에게 그것은 도무지 그림이라고 부를 수 없는 물건이다."

세월에 마모돼 흐릿한 형태만 남은 그림을 보고 사람들의 평판에 휩쓸리기보다 자신의 실망을 그대로 드러낸 마크 트웨인의 솔직함을 엿볼 수 있는 글이다. 과연 이런 솔직함을 문제 삼을 수 있을까?

스탕달 신드롬과 마크 트웨인 장애는 그림 감상의 양극단을 상징적으로 나타내는 표현일 뿐이다. 이는 그림에만 국한되지 않는다. 거의 모든 취향에 적용될 수 있다. 어떤 사람들은 뉴스를 하루에도 몇 번씩 볼 정도로 좋아하지만 드라마는 싫어할 수도 있고 그 반대도 얼마든지 존재한다.

여행에서도 마찬가지다. 어떤 이들은 자연 속에서의 여행을 좋아하지만 어떤 이들은 번화한 도심지에서의 여행을 좋아한다. 어떤 이들은 레포츠와 함께하는 여행을 즐기지만 어떤 이들은 카페에서 조용히 책 읽기를 좋아한다. 어떤 이들은 혼자 떠나는 여행을 좋아하지만 어떤 이들은 가족이나 친구와 함께하는 여행을 좋아한다. 이처럼 양극은 늘 존재한다.

'사람이 여행을 하는 게 아니라 여행이 사람을 데리고 간다'

"꼭 그렇게까지 가야겠어?"

등 뒤에서 아내의 화난 목소리가 들렸다. 나는 뒤를 돌아보지 못하고 컴퓨터 모니터만을 들여다봤다. "내가 그렇게까지 말리는데 들어줄 수도 있는 거 아냐!" 뭐라고 대답을 해야 할지 몰라 가만히 있었다. 무거운 침묵이 흘렀다.

아무런 반응이 없자 아내는 내 곁에 앉았다. "나 좀 봐. 걱정돼서 그래. 히말라야 말고 딴 데를 가면 되잖아." 화난 목소리가 울먹거리는 목소리로 바뀌었다.

나는 더 움츠러들었다. 차라리 화를 내는 게 나았다. 죄 지은 사람처럼 아내와 눈도 마주치기 어려웠다. 아내 몰래 네팔행 항공권을 끊은 게 죄라면 죄였다.

2014년 10월 9일, 가족과 함께 유럽 여행을 마치고 돌아온 나는 별다른 계획이 없었다. 아이들은 다시 학교에 나갔고 아내도 원래의 일상으로 복귀했다. 하지만 하던 일을 정리한 나로서는 돌아갈 일상이 없었다.

나는 앞으로 어떻게 지낼지를 생각했다. 그럴 때마다 자꾸 알프스가 아른거렸다. 알프스 같은 대자연 속에서 더 시간을 보내고 싶었다. 전공과 관련된 단기 연수도 고려해 봤지만 그것은 머리에서 떠오른 생각일 뿐, 내 가슴은 여행을 원했다.

아이들이 학교에 다녀야 했기에 이번에는 나 혼자 떠나야 했다. 여행지를 선택하는 것은 어렵지 않았다. 산이 나를 부르고 있었고, 가장 먼저 히말라야가 떠올랐다. 곧 히말라야 트레킹을 알아봤다. 그중에서 안나푸르나 산군을 한 바퀴 도는 안나푸르나 라운딩이 가장 마음에 들었다. 아내도 흔쾌히 지지해 줬다.

그런데 문제가 생겼다. 10월 15일, 안나푸르나 지역에서 대형 눈사태가 발생해 트레킹을 하던 40여 명이 사망하는 사고가 일어난 것이다. 사고 소식을 들은 순간 덜컥 겁이 났다. 히말라야에서는 등정이 아닌 트레킹만으로도 생명을 잃을 수 있음을 그때서야 알았다.

아내의 태도는 180도 달라졌다. 네팔행을 극구 반대하며 다른 나라로 가야만 동의를 해주겠다는 것이었다. 평소 등산도 잘 가지 않던 사람이 혼자서 히말라야를 다녀온다니 걱정이 될 수밖에 없었을 것이다. 이래저래 마음이 많이 흔들렸다.

그런데 이상했다. 사고 소식을 듣고 '갈까, 말까?' 갈팡질팡하던 마음이 시간이 지날수록 가고 싶은 쪽으로 기울었다. 그런 내 모습이 생소했다. 겁도 많은 편인 데다 평소 그렇게까지 산을 좋아하지도 않았기 때문이다. 나조차도 내가 왜 그러는지 이해되지 않았다. 아무튼 날이 갈수록 히말라야는 더 강하게 나를 불렀다. 단언컨대 분명 그것은 나의 의식적인 선택이 아니었다. 알 수 없는 강한 힘이 나를 끌어당겼다. 나는 결국 아내의 반대를 무릅쓰고 항공권을 끊었다.

아내가 다시 물었다. "왜 그렇게 히말라야를 가려고 해? 히말라야가 뭔데?" 어떻게 설명해야 할지 막막했다. 순간 연어 생각이 났다. 연어는 물살을 거슬러 자기가 태어난 곳으로 회귀하지 않든가. 그것은 연어의 자유의지가 아니라 거스를 수 없는 귀소본능이다.

"나도 모르겠어. 어떤 본능적인 힘이 나를 이끄는 것만 같아. 히말라야를 한 번도 가본 적은 없지만 지금 꼭 다녀와야 할 고향처럼 느껴져." 나는 아내에게 안식년의 두 번째 여행을 '근원으로 떠나는 여행'이라고 이야기했다.

아내는 어이가 없어 할 말을 잃고 힘없이 일어섰다. 더 이상 말해도 먹히지 않을 것 같은 벽을 느낀 듯했다. 그저 미안할 따름이었다. 내 말이 잘 이해되지 않을 것임을 나도 잘 알고 있었다. 그 당시엔 나조차도 내가 잘 이해되지 않았으니까.

안식년 여행을 통해 나는 내 취향을 새롭게 이해하게 됐다. 그 전에는 내가 그 많은 시간 동안 자연 속에서 트레킹을 즐길 것이라고는 생각조차 못했다. 그런데 내가 알고 있는 것 이상으로 나는 자연을 원하고 있었다.

나는 여행의 시간 대부분을 자연 속에서 평화와 기쁨을 누리며 보냈다. 대자연의 품 안에서 잠들고 싶어 안달이 났고, 점점 더 때 묻지 않은 야생의 세계로 들어가고 싶었다. 지난 안식년은 문명의 껍질이 깨어지고 자연의 본능이 나를 지배한 시간이었다. 그래서 여행의 테마는 트레킹이 돼버렸다. 돌아보면 그것은 무의식적인 끌림이었다. 어디선가 '나를 부르는 북소리'를 따라 걸었을 뿐이다.

그런 점에서 여행은 사랑과도 비슷하다. 누군가를 사랑해야겠다고 결심한다고 해서 그를 사랑할 수 있는 것은 아니다. 왜 사랑하게 됐는지 합리적인 이유를 들어 설명할 수도 없다. 사랑의 열기가 식고 난 다음에야 겨우 설명할 수 있을지는 몰라도, 우리가 누군가를 사랑하게 되는 것은 무의식의 선택이다. 무의식은 늘 한 발 앞서 우리 삶을 이끈다.

여행지 또한 마찬가지다. 누군가는 드넓은 남태평양 바다에 매료되고, 누군가는 히말라야와 같은 고산에 이끌리고, 누군가는 메마른 사막 땅을 밟기를 원한다. 누군가는 번화한 도심을 선호하고, 누군가는 한가로운 농촌을 찾아가고, 누군가는 나무가 빽빽하게 들어선 삼림을 좋아한다. 이 많은 여행지 중에서 특정 장소를 우리가 선택했다고 확신할 수 있을까? 우리가 그 공간에게

어디선가 '나를 부르는 북소리'를 따라 걸었다.

스위스 체르마트의 마테호른 등산로 위에서.

선택당한 게 아닐까? 우리는 자신의 선택을 통해서 스스로를 더 이해할 수 있을 뿐이다.

"사람이 여행을 하는 게 아니라 여행이 사람을 데리고 간다." 나는 무엇엔가 홀린 듯 자연 속에서의 여행을 마치고 나서 비로소 미국 소설가 존 스타인벡의 말을 이해할 수 있었다.

여행에서 새로운 나를
발견하다

네덜란드에서 시작했던 유럽 여행의 마지막 국가는 프랑스였다. 우리는 프랑스 동북부의 스트라스부르에서 머물고 있었는데 아내와 나는 다음 행선지를 놓고 갈등을 겪었다.

나는 도시에서의 시간을 줄이고 프랑스 샤모니에서 캠핑과 트레킹을 더 하고 싶었던 반면에 아내는 파리에서 긴 시간을 보내고 싶어 했다. 마지막만큼은 큰 도시에서 편하게 지내고 싶다는 것이었다.

그럼에도 나는 계속 내 주장을 내세웠다. 아내에게는 그런 내가 배려심 없는 남편으로 보였을 것이다. 돌이켜보면 내가 흔쾌히 물러섰어야 했다. 여행 내내 아이들의 세 끼를 챙겨 먹이느라 늘 신경 쓰고, 난생처음 캠핑 여행을 하느라 고생한 아내를 생각했다면 말이다. 결국 아내 의견에 따라 파리로 갔지만 아내는 이미 속상할 대로 속상한 뒤였다.

사실 나는 파리에서 머무르고 싶었던 아내의 취향을 폄하했다. 어디로 여행을 가느냐는 취향의 문제일 뿐인데도 말이다. 이 책역시 자연으로의 여행에 중점을 두고 쓰고 있지만 도시와 자연은 모두 중요한 여행지다. 도시인은 자연을 그리워하지만 자연 속에서 살다보면 대부분은 다시 도시의 생활을 그리워한다.

생물학자 에드워드 윌슨이 『바이오필리아』에서 말한 것처럼 인간은 바이오필리아(biophilia, 생명애)의 면모만 가지고 있는 것은 아니다. 그는 모든 인류에게 살아 있는 생명을 사랑하고 자연을 체험하고 싶은 강렬한 충동이 있다고 했지만 나는 그의 주장에 절반만 동의한다.

우리는 자연에 대한 친화감 못지않게 자연을 두려워하는 마음도 가지고 있다. 인류의 조상에게 자연이란 태어나고 자라나고 생활을 영위하는 고향인 동시에 생존을 위협받는 전장과도 같은 곳이었기 때문이다.

우리는 자동차는 별로 무서워하지 않지만 본능적으로 뱀, 거미, 어둠, 천둥과 번개 등 자연을 두려워한다. 즉, 생명애(biophilia)만큼 생명공포(biophobia)를 가진 존재가 바로 인간이다. 두 가지 성향을 모두 가진 인간은 날것으로서의 자연을 그다지 선호하지 않는다. 어느 정도 다듬어진 즉, 관리된 자연을 좋아한다. 아마존

밀림보다는 잘 정비된 둘레길을 좋아하고, 사바나 초원보다는 집 근처의 공원을 더 선호하는 것이다.

중요한 것은 우리의 취향이 고정된 게 아니라는 사실이다. 우리의 취향은 언제 어디서 누구와 있느냐에 따라 영향을 받는다. 평소 예술에 관심이 없던 사람이라도 여행지에서는 예술적 감수성이 살아날 수 있다. 오히려 예술을 지식으로 알고 있는 사람들보다 더 깊은 감동과 영감을 받기도 한다. 미술이나 음악뿐만 아니라 건축, 무용 등 다양한 예술 분야는 물론 비예술 분야에서도 마찬가지다.

여행을 통해 평소에는 관심이 없었던 새로운 취향에 눈을 뜰 수도 있다. 이탈리아 베로나에서 야외 오페라 공연을 보고 감동을 받아 오페라의 세계에 눈을 뜨거나, 미술관에서 강렬하게 말을 걸어오는 어떤 작품을 보고는 그림에 깊은 관심을 가질 수도 있다. 남미 여행을 다녀와서 남미 역사를 공부하거나, 와이너리 투어 후에 와인에 깊이 빠져들거나, 해변에서 승마 투어를 한 뒤에 승마에 심취할 수도 있다.

나 역시 여행을 통해 새로운 취향이 생겼다. 아내 덕분에 파리에 오래 머물게 되면서 미술에 대한 관심이 커지기 시작했다. 사실 안식년 여행 전만 해도 미술에 특별한 관심은 없었다. 그때까지 미술관에 가본 적도 손에 꼽을 정도였다. 그런데 파리의 여러 미술관을 다닌 뒤로 미술에 관한 관심이 부쩍 커졌다. 남미 여행 중에도 시간을 내어 미술관을 찾았고, 뉴욕 미술관 여행을 다녀오기도 했다.

특히 남미 여행과 뉴욕 여행에서 무엇보다 좋았던 점은 아무런 부담 없이 온전히 그림을 감상하는 시간을 가졌다는 것이다. 미술에 대한 안목이나 지식이 부족한 것이 아쉽기도 했지만 머리가 아닌 가슴으로 그림을 감상할 수 있다는 이점도 있었다. 그저 미술관에 가서 가만히 그림을 바라보다가 유독 내게 말을 걸어오는 작품이 있으면 그 작품을 더 깊이 들여다보는 식으로 관람했다. 그림은 '마음이라는 호수에 던져진 돌멩이'와도 같았고 그림 감상 시간은 자유연상을 불러일으키는 짧은 정신분석의 시간과도 같았다.

열이 나고 눈물이 날 정도는 아니었지만 어떤 그림은 내게 오랫동안 긴 파문을 일으켰다. 어떤 그림은 색채의 강렬함만으로도 큰 감동을 줬고, 어떤 그림은 그 그림에 감춰진 의미와 상징이 깊은 울림을 자아냈다. 어떤 그림은 그 안에 내재된 이야기와 감정이 고스란히 느껴져서 힘이 들기도 했다.

부에노스아이레스 국립미술관에서 만난 에르네스토 까르코바의 〈빵도 없고, 일도 없고〉를 보면서는 실직 노동자의 절망과 분노가 고스란히 느껴져서 입술을 깨물었다. 오르세 미술관에서 만난 모네의 〈생 라자르 역〉을 필두로 한 인상주의 화가들의 작품들은 특유의 몽환적 느낌으로 나를 옛 추억에 잠기게 만들었다.

뉴욕 현대미술관에서 본 샤갈의 〈나와 마을〉 또한 인상 깊었다. 그림 속 염소와 사람의 눈을 잇는 가느다란 실을 보며 남미에서 자연과 하나로 연결됐던 그 일체감을 다시 한 번 느낄 수 있었다.

우리는 여행을 통해 새로운 세상과 만난다. 하지만 더 중요한 만남은, 내 안에 감추어진 또다른 나를 만나는 것이다. 여행은 밖으로 향한 만큼 다시 안으로 파고 들어오는 작용과 반작용이다. 그네를 타고 더 앞으로 날아오를수록 뒤로 더 멀어지듯이, 우리는 세상으로 더 멀리 나아갈수록 자신 안으로 더 깊이 파고들 수 있다. 때로는 한 번도 마주하지 못했던 색다른 나를 만날 수 있다.

많은 이들이 나 자신을 알라고 말한다. 어떻게 하면 나 자신을 알 수 있을까? 많은 사람들이 내면의 탐색을 강조하지만 사실 세상과 등지고 자신의 마음을 들여다본다고 해서 스스로를 더 잘 이해할 수 있는 것은 아니다.

오히려 구체적 상황, 관계, 환경에서 어떤 감정을 느끼고 어떤 결정을 내리고 어떻게 행동하느냐를 깊이 관찰하는 편이 훨씬 더 효과적이다. 그렇기에 나는 꿈을 분석하는 것보다 자신의 선택과 행동을 깊이 관찰하는 게 자기를 이해하는 데 있어 더 중요하다고 생각한다.

특히 익숙한 상황에서 습관적으로 행하는 일상의 선택이나 반응과는 달리, 여행 중에는 새로운 상황에서 사회적 압력이 약화된 가운데 선택과 반응을 하게 된다. 따라서 여행지에서의 수많은 선택과 행동을 통해 자신을 이해하고, 그 전까지 몰랐던 또다른 자신의 모습을 발견할 수 있다.

자신을 이러저러한 사람이라는 틀에 가두지 말고, 여행 중에 자신이 어떤 사소한 선택을 하는지 무엇에 이끌리는지 관찰해보자. 때론 당혹스럽겠지만 때론 무척 재미있는 일이 될 것이다.

서로의 취향이 다르다는 것

상담한 부부 중에 여행을 가면 크게 싸우는 커플이 있었다. 교사인 남편은 여행을 가면 유명 관광지보다는 유적지나 박물관에 방문하기를 즐긴다. 그는 여행을 떠나기 전부터 관련 책과 동영상을 보면서 공부를 한다. 아는 만큼 보인다고 믿기 때문이다. 그는 아침 일찍 일어나 여러 곳을 돌아다닐수록 좋은 여행이라고 느낀다. 그래서 가족들을 재촉해서 이곳저곳으로 끌고 다닌다.

반면 그의 아내는 여행을 육아와 가사 노동에서 벗어나 참된 휴식을 맛보는 시간이라고 생각한다. 그녀는 느긋하게 잠에서 깨어 천천히 식사를 하고 도심지나 공원 등을 한가롭게 산책하며 이야기 나누기를 좋아한다. 하지만 남편은 그런 아내가 답답하다. 그런 식의 생활은 집에서도 충분히 할 수 있다고 생각하기 때문이다.

그러니 두 사람이 함께 여행을 하면 아침에 눈뜨는 순간부터 밤에 잠들 때까지 부딪히기 일쑤였다. 여행에 대한 이야기는 늘 말싸움으로 이어졌고 서로의 입장 차이는 좁혀지지 않았다.

결국 남편의 해결책은 '따로따로'였다. 너는 너대로 여행하고 나는 나대로 여행하자는 것이었다. 이를테면 너는 짜장면 좋아하니까 중국집 가서 식사하고, 나는 탕을 좋아하니까 설렁탕집에서 식사한 다음 다시 만나자는 식이었다.

그렇게 여행을 다녀오면 둘의 마음은 불편하기만 했다. 자신의 취향에 맞는 여행도 중요하지만, 배우자와 일체감을 느끼고자 하는 욕구의 충족도 중요하기 때문이다.

과연 둘 중 누구의 여행 방식이 좋은 것일까? 이는 커피 중에 아메리카노가 좋은지, 카페라테가 좋은지를 묻는 것과 같다. 절대적으로 좋은 것은 없으며 무엇이 좋은지는 사람에 따라 다르다. 두 사람은 각자 취향이 다른 것이다.

'취향'이란 '무언가를 (선택)하고 싶은 마음이 생기는 방향'이란 뜻이다. 사람들에게 각자의 개성이 있다는 말은 자신만의 고유한 취향을 가지고 있다는 말이다. 식사 메뉴부터 배우자감까지 모든 사람은 자기가 끌리는 것을 선택하게 마련이다. 이는 의식적이라기보다 무의식적이다.

그렇다고 해서 취향이 선천적으로 정해져 있다는 뜻은 아니다.

많은 취향은 후천적인 환경에 의해 얼마든지 바뀌거나 새로 만들어진다. 예를 들어, 클래식 음악을 감상하는 그 자체에 기쁨을 느끼는 사람도 있겠지만, 부모의 영향으로 어릴 때부터 자주 듣다보니 익숙해진 사람도 있고, 교양을 갖추기 위한 의식적인 노력을 통해 취향이 된 사람도 있다.

취향의 형성 과정 역시 어떤 것이 더 좋다고 말하기 조심스럽다. 첫눈에 반해 열정적으로 불타오른 사랑만이 사랑은 아니다. 처음에는 별다른 감정 없이 만났지만 시간이 지날수록 이성의 감정을 느끼는 것도 사랑이지 않은가! 중요한 것은 우리는 각기 다른 취향을 가지고 있고, 기본적으로 상대의 취향을 존중해야 한다는 것이다.

유유상종이라지만 두 사람 이상이 만나면 우리는 서로의 차이를 바로 확인할 수 있다. 서로 취향이 다르면 어떤 결과가 생길까? 앞서 소개한 부부처럼 갈등이 일어날 것이라 생각하기 쉽다. 서로 취향이 다르기에 부딪힐 수밖에 없고 결국 누군가 희생해야 되지 않을까 생각한다.

과연 취향의 차이가 갈등과 싸움만을 낳을까? 우리는 흔히 이혼 사유로 성격 차이를 든다. 그렇다면 이혼하지 않는 부부는 성격이 아주 비슷한 사람들일까? 그렇지 않다. 부부 사이는 성격 차이의 정도가 아니라 성격 차이를 어떻게 보느냐에 달려 있다. 즉, 나와 다른 성격을 나쁘게 여기거나 안 좋게 느끼는 순간, 성격 차이는 갈등과 싸움으로 이어진다.

취향의 차이도 마찬가지다. 취향 차이가 갈등을 빚는 게 아니라 취향의 차이를 통해 서로를 구분 짓고 우위의 문제로 바라보는 순간 갈등이 생긴다.

반대로 취향 차이를 존중하고 이해하려고 노력하면 어떻게 될까? 취향의 심화나 확대로 이어진다. 내가 좋아하는 사람의 취향을 닮아가고 있다고 느낀 적이 있지 않은가?

인간은 자신이 좋아하는 사람의 취향을 닮는 법이다. 그 사람이 즐겨 듣는 음악을 함께 듣고, 그 사람이 좋아하는 음식을 맛있게 먹고, 그 사람이 좋아하는 운동을 같이 즐긴 적이 있을 것이다. 누군가를 좋아하고 가까이 지내면, 취향이 달라지거나 취향이 확대되는 경험을 하게 마련이다.

사람들 간의 우정과 사랑은 본질적으로 자기 세계의 축소가 아니라 확대를 의미한다. 우리가 혼자라면 결코 알 수 없었을 또 다른 세계를 상대를 통해 경험함으로써 우리의 세계는 그만큼 커지고 풍성해진다. 그것은 개인과 개인 간의 관계에서만이 아니라 지역과 지역, 나라와 나라, 문화와 문화 등 서로 다른 두 세계가 만났을 때 벌어지는 현상이다. 이질적인 대상들이 만나 서로 섞이는 것이다.

물론 접촉과 교류가 항상 긍정적이지는 않다. 서로 다른 두 세계가 만나 상호 발전을 이루려면 각자 건강한 자기 세계가 있어야만

한다. 그렇지 않으면 한쪽은 축소되거나 다른 쪽에 흡수되기 쉽다.

여행을 할 때도 마찬가지여서 함께 여행하는 상대를 통해 취향의 폭이 넓어질 수 있다. 상대가 타이 마사지를 좋아한다면 커플 마사지를 받아볼 수도 있고, 상대가 그림을 좋아한다면 함께 미술관에 가서 그림에 대한 이야기를 들어볼 수 있다. 상대가 와인을 좋아한다면 함께 와이너리 투어를 다녀옴으로써 상대의 취향을 이해할 수 있다.

물론 취향의 공유가 늘 좋은 느낌으로 이어지지는 않는다. 오히려 서로의 취향 차이를 명확하게 확인하는 계기가 될 수도 있다. 그럼에도 우리는 서로의 취향을 존중해야 한다. 내 취향은 고상하고 네 취향은 저급하다는 식의 가치판단을 하거나, 내 취향은 양보할 수 없지만 네 취향은 내게 맞춰야 한다는 식의 일방적 태도는 결국 갈등과 싸움을 불러일으킨다.

앞서 말한 부부의 경우, 여행 일정을 서로의 취향을 반반 섞어 정할 것까지는 없다. 여행의 모든 시간을 꼭 동행자와 함께할 필요도 없다. 서로의 취향이 너무나 다르다면 여행 중간중간 개별적인 일정을 끼워 넣는 식으로 여행해도 좋다. 단, 서로 거리감이나 단절감을 느끼지 않을 선에서 말이다.

인간은 어쩔 수 없이 자기중심적인 존재다. 자신의 감수성과 안목, 취향을 좋게 평가하고 상대방의 그것은 좋지 않게 바라보는 경향이 있다. 하지만 그러한 편향성을 직시하고 서로의 취향을 좀더 존중하는 데 이르면 우리의 취향은 더욱 발달하고 서로의 관계는 보다 깊어질 수 있다.

다음은 이명옥의 『인생, 그림 앞에 서다』에서 읽은 일본 소설가 나쓰메 소세키의 취향에 관한 철학이다.

자신의 취향은 동일한 취향과 접촉하기 때문에 함양하는 것이고, 또한 이질적인 취향과 만나서 계발되는 것이며, 높은 취향에 매료되기 때문에 향상심이 생기는 것이다. 세상 운명의 7할 이상은 이 취향의 발달로 인한 것이므로, 취향이 고립돼 말라죽게 된다면 세계의 진보는 멈추게 될 것이다.

나만의 테마가 있을 때
여행이 더욱 깊어진다

"사진 촬영 계획을 세우고 밖으로 나갔다가 너무 많은 사진거리에 현혹되어 방황만 하다가 마는 수가 있다. 그러나 하나의 주제를 염두에 두고 있다면 놀라운 일이 발생하기 시작한다. 무언가에 집중하고 있고, 방향을 가지고 있으며, 또 열광하고 있는 자신을 발견하게 될 것이다!"

사진작가 브라이언 피터슨이 쓴 『창조적으로 이미지를 보는 법』에 나오는 내용이다. 사진에 관심 있는 사람이라면 공감 가는 글이 아닐까 싶다.

오래전 시골에서 살았을 때, 취미로 사진을 찍으러 다닌 적이 있다. 처음엔 눈에 띄는 대로 사진을 찍다보니 별로 실력도 늘지 않고 사진 찍는 재미도 느낄 수 없었다. 그러다가 우연히 시골 오일장에서 사진을 찍은 뒤로는 한동안 장터를 찾아다니며 그 풍경을 담았다. '장터'라는 테마가 생기니 사진을 통해 하고 싶은 이야기가 생겨났고, 사진 자체에 대한 관심도 더욱 깊어졌다.

비단 사진에만 국한된 이야기가 아니다. 세상에는 우리를 현혹하는 자극과 정보가 너무 많다. 여행할 때도 마찬가지여서 제한된 시간 내에 보고 싶은 것도 많고 갈 곳도 많다. 어떤 것을 넣고 어떤 것을 빼야 할지 감이 잘 서지 않는다. 특히 자신의 기호와 취향이 불분명하면 타인의 이야기에 휩쓸리고 만다. 결국 무색무취의 여행을 하기 쉽다.

그러나 테마를 가지고 여행을 떠나면 여행의 느낌은 보다 달라진다. 여행의 시간 동안 우리는 무언가에 집중하고, 특정 방향을 향해 나아간다는 느낌을 받을 수 있다. 특정 주제에 심취해 가는 기쁨과 자신만의 여행 노하우를 만들어갈 수도 있다. 그래서 어떤 이들은 테마를 정하고 여행을 떠난다.

2006년 어느 날, 공연기획자 유경숙은 국내 유명 공연을 해외 시장에 진출시키는 업무를 맡았다. 당시만 해도 관련 경험이 없었던 터라 그쪽 분야의 국내 전문가를 먼저 찾아봤다. 그러나 전문가를 찾기가 어려웠다. 이 일을 계기로 그녀는 자신이 그러한 역할을 하고 싶다는 꿈을 가졌다.

이듬해에 그녀는 회사를 그만두고 1년간의 세계여행을 떠났다. 그동안 아껴둔 결혼 자금을 몽땅 털어 넣는 큰 투자를 한 것이다. 그녀는 1년 동안 41개국을 돌며 보고 싶었던 공연을 마음껏 관람했다. 300여 편의 공연을 관람하는 데 들어간 티켓 비용만도 약 1,200만 원이나 됐다. 공연여행은 그녀에게 여행의 즐거움을 느끼게 해줬을 뿐만 아니라 공연 분야에서 차별적인 전문성을 가질 수 있게 해줬다.

공연여행은 또다른 여행으로 이어졌다. 그녀의 공연여행은 세계 각국의 축제를 찾아 떠나는 축제여행으로 발전했다. 그녀가 다녀온 축제 현장만 해도 전 세계 74개국 380여 곳에 달했다. 그녀는 세계의 축제를 대륙별로 정리해 데이터베이스화했다. 이를 이용해 책을 펴고, 강의를 하고, 각종 지역축제의 자문위원 역할을 맡았다. 그리고 지금은 직접 설립한 '세계축제연구소'의 소장으로서 축제문화 연구를 하고 있다.

유경숙 소장은 취향을 바탕으로 한 테마에 따라 여행했다. 그녀의 사례는 여행이 꼭 일과 분리돼야 하는 것이 아니고, 여행이 단지 소비에 그치는 게 아니라 중요한 투자가 될 수도 있으며, 인생의 새로운 단계로 나아가는 디딤돌이 되기도 함을 깨닫게 해준다.

꼭 일과 관련된 테마를 정하지 않아도 괜찮다. 여행 테마는 무궁무진하다. 인상파 화가나 실존주의 문학가를 테마로 한 여행을 떠날 수도 있고, 이순신이나 체 게바라와 같은 역사적 인물의 발자취를 따라서 여행을 다닐 수도 있다. 커피나 와인 같은 음식을 테마로 한 여행을 다닐 수도 있고, 프랑스 보르도의 플럼 빌리지 같은 힐링 공간을 찾아 여행을 떠날 수도 있다. 서핑 하기에 좋은 해변을 찾아다니며 여행할 수도 있고, 자동차를 좋아한다면 자동차 회사를 견학하는 여행을 떠날 수도 있다.

그렇다면 뚜렷한 취향과 관심사를 갖지 못한 사람들은 테마 여행과는 가까워질 수 없을까? 그렇지는 않다. 처음에는 뚜렷한 테마가 없더라도 여행을 통해 자신의 취향이 점점 명료해지면 얼마든지 테마가 정해질 수 있다. 물론 여행에서 꼭 테마가 있어야 하는 건 아니다. 테마 여행 역시 여행을 제대로 즐기지 못하고 생산성이라는 덫에 갇힌 이들의 강박일지도 모른다. 하지만 취향이 깊어지면 테마는 자연스럽게 생긴다.

아무런 테마 없이 편하게 떠나는 여행도 필요하지만, 한 번씩 자신만의 테마를 가지고 여행을 떠나보는 것도 좋은 경험이 될 수 있다. 특히 점점 여행의 즐거움이 줄어들고 있다면 이제는 새로운 곳만을 찾아다닐 게 아니라 어떤 테마를 가지고 떠나는 여행도 고려해 봐야 한다. 여행에 깊이와 개성을 더하는 테마는, 여행 매너리즘을 깨뜨려줄 수 있다.

5장

마음의 상처가
아무는 시간

'치유'로의 여행

Homo Viator

따또 빠니의 노천탕에 몸을 담그니 저절로 눈이 감긴다. 피곤이 밀려왔다. 지난 보름간 트레킹을 했던 순간들이 파노라마처럼 지나갔다. 이렇게 건강하게 여행을 지속할 수 있음에 내 몸과 주위의 모든 것에 감사한 마음이 들었다. 물속에서 팔다리를 주무르며 '수고했어' '고마워' 하고 인사를 건넸다. 세찬 계곡물 소리가 몸 구석구석을 두드려주는 것만 같았다.

온천욕이 끝난 후 안나푸르나를 바라보며 네팔 맥주를 마시니 한층 기분이 고조됐다. 상쾌한 바람을 맞으며 계곡으로 향했다. 거대한 물줄기가 굽이치는 바위 위에 걸터앉았다. 흐르는 물소리를 듣고 눈 덮인 설산을 보면서 그렇게 한참을 앉아 있었다.

어린 시절부터 나는 어딘가에 우두커니 앉아 있곤 했다. 내 기억의 가장 오래된 시점에서부터 나는 종종 이렇게 홀로 앉아 있었다. 특히 외롭고 서글플 때나 집이 소란스러워 마음이 동요될 때는 나만의 은신처를 찾아다녔다.

순간 동네 교회 계단에 앉아 지나가던 사람들을 물끄러미 바라보던 모습, 학교가 끝난 후에 초등학교 등나무 벤치 밑에 앉아 있던 모습, 지붕 위로 올라가 우두커니 하늘을 올려다보던 모습, 강둑에서 흐르는 강물을 하염없이 바라보던 모습 등이 떠올랐다가 사라졌다. 때로는 오래된 물건들로 가득 차 있는 다락방에 혼자 있다가 쓰러져 잠들기도 했다.

종이배를 접어 냇물에 흘려 보내듯 자꾸만 떠오르는 어린 시절의 이미지들을 차곡차곡 접어 계곡물에 띄워 보냈다. 기억의 풍경이 저 멀리 흘러가며 순식간에 사라졌다.

나는 커서도 기분이 울적하거나 삶이 힘들다고 느낄 때면 어릴 적 습관처럼 혼자 있을 곳을 찾아 떠났다. 어쩌면 내가 떠났다기보다는 내가 세상 밖으로 튕겨져 나간 것에 가까웠다. 당시에는 그렇게라도 하는 게 스스로에게 해줄 수 있는 유일한 위로였다. 남들은 그것을 등산이나 여행이라고 불렀다.

저 멀리 바위 위에 지리산 백무동계곡이나 칠선계곡 바위에 하염없이 앉아 있던 대학 시절의 내가 있는 것만 같다. 이어 새벽안개 자욱한 북한강 강변에 앉아 있는 이십 대 후반의 나도 나타난다. 백령도 바위에 홀로 앉아 서해 바다를 하염없이 지켜보던 삼십 대 초반의 나도 나타난다.

그들이 다가와 내 옆에 앉는다. 그 젊은 날의 얼굴이 왠지 슬프고 외로워 보인다. 나는 가만히 그들의 어깨를 감싸고 토닥인다.

그때는 뭐가 그리 슬프고 외로웠을까? 갑자기 울컥하고 슬픔이 올라온다. 다 말랐던 게 아니었나? 아직 덜 마른 슬픔이 남아 있었던가 보다. 순간 가슴이 먹먹해졌다.

얼마나 시간이 흘렀을까? 그렇게 계곡을 바라보고 있으니 더이상 슬프지 않다. 아니, 점점 담백해지고 맑아지는 느낌이다. 먹먹했던 가슴이 이내 시원해진다. 슬픔에 고인 심장을 계곡물에 담가 씻어낸 것 같다. 묵은 슬픔이 떨어져 나간 느낌이 든다. 그렇게 또 한참을 앉아 있으니 계곡에 그늘이 드리워지면서 한기가 느껴진다. 나는 일어나서 숙소를 향해 걸었다. 괜히 길바닥의 돌멩이를 걷어차 보기도 하면서.

돌아보면 내 안의 슬픔 때문에 힘겨웠던 적이 많았다. 내게 젊은 날의 여행이란 슬픔의 무게를 견디지 못해 남몰래 낯선 곳에 찾아가 슬픔을 비우고 돌아오는 것이었다. 그러나 이내 비워낸 그 슬픔만큼 또 슬픔이 차올랐다. 마르지 않는 슬픔으로 인해 내 마음은 축축했다.

그 슬픔을 감당하지 못해서 정신과의사가 됐다. 그러나 그 슬픔이 있었기에 나는 내면으로 파고들 수 있었고, 다른 사람의 슬픔을 이해하고 위로할 수 있었다. 어찌 보면 슬픔이 밥벌이가 된 셈이다. 고마운 슬픔이다. 내 슬픔도 마경덕 시인이 산문 「슬픔의 힘」에서 말한 '잘 데워진 슬픔'이 된 것일까?

아직 눈물이 남아 있는 건 얼마나 행복한 일인가? 옥상에 올라 저녁 하늘을 바라보면 슬프고 행복하다. 맑은 밤하늘은 환하고 아득하다. 깊은 바다처럼 검푸르고 구름은 희디희고 저녁 새 한 마리 정처 없고, 나는 일엽편주가 되어 어디론가 떠가고 목덜미의 바람은 서늘하고, 그래서 행복하고 외따로 슬프다. 알맞은 슬픔, 잘 데워진 슬픔이 좋다. 버릴 데 없는 슬픔을 내 몸에 버린 지 오래, 쓸쓸해서 시를 쓴다. 그 힘으로 시를 쓴다.

—2014년 12월 1일, 안나푸르나 따또 빠니에서

고통은 우리를
길 위로 이끈다

아무리 상담을 하고 우울증 약을 복용해도 자살 충동이 가시지 않아 괴로워하던 한 여성이 있었다. 그녀는 학창 시절에 자신을 따돌리고 괴롭혔던 반 아이들을 잊지 못했다. 세상이 너무 싫어 죽는 것이 유일한 해결책이라고 믿었다.

1여 년에 걸친 상담에도 별다른 진척이 없자, 그녀에게는 상담을 더 받아야 할 동기가 사라졌다. 대신 수중에 있는 돈을 탈탈 털어 여행을 떠났다. 삶의 마지막 여행이라고 생각하면서 말이다.

인도와 티베트로 여행을 떠났던 그녀는 3개월 만에 돌아왔다. 그런데 얼굴 표정이 달라져 있었다. 얼굴을 덮고 있던 무거운 먹구름이 절반 이상 걷혀 있었다.

어떻게 해서 좋아졌느냐고 물어봤지만 그녀 자신도 그 이유를 설명하지 못했다. 그저 걷다보니 이렇게 됐다는 것이었다. 자신을 찌르던 날카로운 감정들이 한결 부드러워졌고 과거의 고통스러운 기억으로부터 빠져나오고 있다고 했다. 뇌의 해마 속에 단단히 박혀 있던 괴로운 기억의 파편들이 여행을 통해 조금씩 빠져나온 것이다.

아이러니하게도 정신과는 기억의 고통과 망각의 고통이 모두 존재하는 곳이다. 어떤 이들은 불행한 기억에서 한 발자국도 벗어나지 못해 괴로워한다. 반면 치매와 같은 인지장애를 겪는 이들은 잃어가는 기억 때문에 힘들어한다. 할 수만 있다면 두 사람의 고통을 바꿔주고 싶을 정도이다.

흔히 우리는 망각을 부정적으로 생각한다. 기억해야 할 것을 기억하지 못하기 때문이다. 하지만 기억하고 싶은 것을 기억하지 못하는 것보다 기억하고 싶지 않은 것을 계속 기억해야 하는 고통이 훨씬 크다.

어제 겪은 무섭고 괴로운 일이 오늘도 내일도 미래에도 생생하게 기억난다고 생각해 보라. 행복도 즐거움도 그 빛을 잃을 것이다. 과거와 현재와 미래라는 시간의 구분도 뒤엉켜버릴 것이다. 그 상태가 바로 트라우마다. 시간의 흐름이 뒤틀리고 망각 기능이 고장 나서 과거의 시간에서 삶이 멈춰버린 상태이다.

우리가 희망을 가지고서 오늘을 살아갈 수 있는 이유는 망각할 수 있어서다. 아이들이 늘 웃을 수 있는 것은 나쁜 일을 오랫동안 곱씹지도, 필요 이상으로 자책하지도 않기 때문이다. 아이들은 잘 잊을 수 있는 망각 능력 즉, '쾌망(快忘)'의 능력을 가지고 있다.

여행을 할 때 우리의 기억은 어떻게 될까? 놀랍게도 우리의 기억 기능과 망각 기능이 동시에 활성화된다. 즉, 여행 중에는 나쁜 일을 빨리 잊어버릴 수 있다. 반면 잊고 있던 추억이나 잊고 싶은 아픈 기억이 떠오르곤 한다. 그것도 전혀 예기치 못한 장소에서 말이다. 낯선 공간에서의 새로운 자극이 우리 안에 감춰둔 기억과 감정을 일깨우는 것이다.

우리는 여행을 하다가 부지불식간에 어린 시절의 나와 마주하기도 한다. 내 마음속에 웅크리고 있는 상처받은 어린아이나 오랫동안 가슴속에 감춰둔 응어리진 옛 감정을 만날 수 있다.

어떤 이들은 여행을 하다가 갑자기 눈물을 흘린다. 가슴 졸이며 힘든 여정을 보내고 난 뒤에 흘리는 안도의 눈물인 경우도 있고, 묵은 옛 감정 때문에 눈물을 흘리는 경우도 많다. 어떤 울음이든 걱정하거나 피할 필요는 없다. 무언가 떠오른다면 그 기억을 더 들춰도 된다. 여행은 응어리진 감정을 풀고 다독일 수 있는 힘을 주기 때문이다. 상처 자체가 없어지는 것은 아니지만 상처의 독이 빠진다.

상처받은 기억은 일반적인 기억과 다르다. 마치 물이 뚝뚝 떨어지는 젖은 빨래와도 같다. 그러므로 치유란 젖은 기억을 다시 꺼내 잘 빨아서 말리는 과정이다.

놀랍게도 여행은 우리 안에 감춰둔 상처를 꺼내 이를 떠나보낼 수 있도록 도와준다. 이국의 새로운 공기와 들판의 바람과 여행지의 햇살은 젖은 빨래와 같은 마음의 상처가 잘 마를 수 있도록 구석구석 어루만져 준다.

그렇다고 자연 속의 여행만을 고집할 필요는 없다. 공간의 이동 그 자체만으로도 충분한 치유의 힘이 있다. 안 좋은 일이 벌어진 특정 공간이나 갈등 관계에 있는 어떤 사람 곁을 떠나는 것 자체가 더 이상 상처를 받지 않게 할뿐더러 앞으로 나아갈 힘을 준다. 공간의 변화는 망각의 시간을 단축시킨다. 시간이 지나야만 잊힐 수 있는 일이 공간의 변화만으로 잊히는 것이다.

우리는 여행에 치유의 힘이 있다는 사실을 모를 수 있다. 하지만 우리의 무의식은 이를 잘 안다. 그래서 상처와 고통을 받으면 무의식이 우리를 여행으로 이끌기도 한다. 여행지에는 새로움과 모험을 좋아하는 사람들만큼이나 외롭고 상처 입은 사람들이 많다.

나 역시 지난 여행에서 상처받은 사람들을 많이 만났다. 사랑하는 이를 떠나보낸 사람들, 삶의 중간에 어디로 가야 할지 길을 잃은 사람들, 아무 준비 없이 직장에서 쫓겨난 사람들, 누군가에게 배신을 당한 사람들, 실패로 인해 좌절한 사람들, 번 아웃된 사람들…….

여행자라는 이름으로 다 같이 여행을 하고 있는 사람들 중에는 도망치듯 혹은 떠밀리듯 여행을 떠나온 이들이 많았다. 하지만 여행이 끝날 무렵에 이들은 상처의 질감이 달라졌음을 느끼고, 다시 세상 속으로 들어갈 힘을 얻었다.

걷기는
천연 항우울제

여행이 가지고 있는 치유 효과를 설명할 때 '걷기'가 빠질 수는 없다. 1999년에 듀크대학교 메디컬스쿨에서 유산소 운동의 효과를 연구한 바가 있다. 우울증 환자 156명을 세 그룹으로 나눴는데 A그룹은 주 3회 자전거 타기나 걷기를 했고, B그룹은 매일 항우울제인 설트랄린(Sertraline)을 복용했고, C그룹은 운동과 항우울제 복용을 모두 했다.

4개월 동안 시행한 결과는 어땠을까? 세 그룹 모두 4개월이 지나자 50퍼센트 전후가 우울증에서 회복됐다. 결과는 별 차이가 없었다. 그런데 그로부터 6개월 후에 중요한 차이가 나타났다. 회복된 사람들을 대상으로 재발률을 조사했더니 B그룹은 38퍼센트, C그룹은 31퍼센트가 재발한 데 비해 A그룹은 8퍼센트만이 재발 증상을 보인 것이다. 유산소 운동만 한 경우가 가장 효과가 좋았던 것이다.

이는 2000년 9월 22일자 《듀크 투데이》에 실린 '운동이 우울증에 미치는 장기적 효능(Exercise Has Long-Lasting Effect on Depression)'이라는 기사를 요약한 내용이다. 걷기는 천연 항우울제인 셈이다.

걷는 동안 우리에게는 어떤 일이 벌어질까? 걷기는 우리 마음에 감정과 생각의 배수구를 만들어준다. 도시에서 우리 마음은 진흙밭과도 같다. 비가 쏟아지면 진창길이 돼버린다. 스트레스로 유발된 나쁜 생각과 불쾌한 감정에 빠져 헤어 나오기 힘들다. 그런데 걷다보면 감정과 생각의 배수구가 만들어진다. 몸을 움직이고 걷는 순간 우리 뇌에서는 감정을 순화시켜 주는 신경호르몬들이 분비된다. 즐거움을 느끼게 하는 도파민과 마음을 평화롭게 하는 세로토닌 등이 분비돼 마음을 잔잔하게 해준다.

망각의 기능을 활성화시키는 것 역시 걷기와 관련이 깊다. 트라우마 치료법 중에 'EMDR(Eye Movement Desensitization and Reprocessing)'이라는 게 있다. 우리말로는 '안구운동을 통한 민감 소실 및 재처리 훈련'이라고 번역한다.

EMDR은 트라우마 치료에 가장 효과적인 방법으로, 트라우마와 같은 고통스러운 기억을 떠올리면서 눈동자를 좌우로 움직이는 것이다. 즉, 양측성 안구운동을 하면서 고통스러운 기억을 떠올리게 되면 그 기억과 연관된 이미지, 부정적 감각과 감정 그리고 안 좋은 생각이 약해진다. 망각의 기능이 활성화되는 것이다.

안구운동뿐만이 아니라 양손으로 무릎을 번갈아 두드리기와 같은 '양측성 자극' 또한 효과적이다. 걷기도 마찬가지다. 좌우의 팔과 다리를 교차해서 계속 움직이는 양측성 운동이 안구운동과 비슷한 효과를 가져다준다. 그렇기에 걸으면서 옛 상처를 떠올리는 것은 치유의 효과가 있다. 고통스러운 기억은 피하려 한다고 없어지는 것이 아니다. 오히려 충분히 경험하고 이해해야 망각이 이뤄진다.

또한 걷기는 뇌의 균형을 잡아준다. 걷기와 같은 운동을 하면 복잡한 생각이 줄어들기 시작한다. 뇌가 본래적 기능인 외부의 정보를 받아들이고 처리하는 데 활용되기 때문이다. 즉, 움직이면서 감각기관들이 활성화되고 다양한 신체감각적인 정보들이 입력되기 때문에 자연스럽게 생각은 줄어든다.

여행하면서 우리는 매일 걷는다. 그러는 동안 우리의 뇌는 감정 과잉이나 사고 과잉처럼 한쪽에 치우친 상태에서 벗어나 전체적인 균형을 이룬다. 〈SBS 스페셜〉 '걷기의 시크릿' 편에서 하루 30분씩 걷기 운동을 하고 난 뒤에 뇌파 측정을 해본 결과 참가자들에게는 긍정적인 변화들이 나타났다. 인지 속도가 증가하고, 좌뇌와 우뇌의 불균형이 개선되고, 무언가에 집중하고 몰입할 때 뇌에서 발생하는 SMR파가 증가했다.

여행의 시간은 생각보다 단순하다. 걷고, 보고, 먹고, 자는 아주 단순한 생활이 반복된다. 일정이 정해져 있지 않은 자유여행이라면 더욱 그렇다. 생활이 단조로우면 생각도 단순해진다. '오

여행은 걸으면서 하는 명상이자 행선(行禪)이다.

이탈리아 토스카나 지방의 몬테풀치아노를 지나는 길에.

늘 어디를 갈지, 오늘 무엇을 먹을지, 오늘 어디서 잘지, 다음 날은 어디로 갈지' 이 네 가지 외에는 별로 생각할 게 없다. 불필요한 생각이나 고민을 위한 고민에 빠질 틈이 없다.

여행을 통해 우리는 머리가 아닌 몸으로 현실과 맞선다. 문제를 고민해서 해결하기보다는 직접 부딪쳐서 해결하게 된다. 여행의 시간 동안 우리의 생각은 단순해지고 외부의 세계는 보다 명료하게 보이며 우리는 이 순간에 머무른다.

그런 의미에서 여행은 또 하나의 명상이다. 명상을 꼭 앉아서 할 필요는 없다. 생각을 가라앉혀 주고 지금 이 순간에 머무를 수 있게 하는 것은 모두 명상이다. 여행은 걸으면서 하는 명상이자 행선(行禪)이다.

여행자와
방랑자

엘 칼라파테에서 빙하 트레킹을 마치고 호스텔로 돌아온 날이었다. 식당에서 왠지 뒷모습이 낯익은 동양 여성이 수프를 끓이고 있었다. '어디서 봤더라?' 생각해 보니 부에노스아이레스의 숙소에서 만난 적이 있는 한국 여성이었다.

우리는 함께 식사를 하고 커피를 마시면서 이야기를 나눴다.

알고 보니 그녀의 여행 경력은 보통이 아니었다. 삼십 대 초반인데도 안 가본 곳이 거의 없을 정도였다. 남미 여행만 벌써 두 번째라고 했다.

어떻게 하면 그렇게 여행을 자주 할 수 있느냐고 묻자 그녀는 자신도 모르겠다고 했다. 그냥 자기는 집시 같은 운명을 타고났고, 대학 시절부터 방랑벽이 시작됐다고 했다. 태생적으로 자신의 핏속엔 '참을 수 없는 다른 세계에 대한 그리움'이 있는 것 같다고 했다. 그녀는 사람들 속에 있을 때가 오히려 더 외롭고 혼자 여행을 다닐 때 더 편안함을 느낀다고 했다.

그녀의 이야기를 들으며 문득 궁금해졌다. '그녀는 여행이 좋아서 다니는 것일까? 아니면 떠나지 않으면 안 될 만큼 외로워서 여행을 다니는 것일까?'

길 위에서 나는 많은 여행자들을 만났다. 그들 중에는 여행자보다 방랑자라는 호칭이 더 어울릴 것 같은 이들도 있었다. 여행과 방랑은 무엇이 다를까?

여행은 본디 처음 출발한 곳으로 다시 돌아오는 귀환을 목적으로 한다. 그렇기에 떠나는 길과 돌아오는 길이 있게 마련이다. 하지만 방랑자는 돌아갈 곳이 없거나 돌아갈 마음이 없는 사람들이다. 그렇기에 이들은 여행이 아니라 정처 없는 방랑을 한다.

여행자들은 홀로 떠난 여행 중에도 별로 외로워하지 않는다. 누군가와 심리적으로 연결돼 있으며 언제라도 여행을 끝내고 자신을 환영해 주는 누군가에게 돌아갈 수 있다고 생각하기에 고독의 시간을 즐긴다.

반면 방랑자들은 누군가와 연결돼 있다는 느낌이 없으며, 여행이 끝나도 자신을 진심으로 환영해 줄 그 누군가 혹은 그 어딘가가 없다. 당연히 방랑자는 여행 중에도 종종 외로움의 고통에 시달린다. 다만 환경이 낯설고 다른 여행자들과 어울리게 되면서 내면보다 외부로 의식이 옮겨 가기 때문에 외로움과 고통을 덜 느낄 뿐이다.

어떤 방랑자들은 여행이 좋아서가 아니라 현실이 고통스러워서 여행을 떠난다. 이들에게 있어 현실은 유배지와도 같다. 다른 사람들은 다 잘 사는 것 같은데 혼자만 못 사는 것 같은 이질감을 떨치지 못한다.

왜 어떤 사람들은 방랑자가 될까? 태생적으로 새로움 유전자를 가지고 있어 모험가나 방랑자처럼 살아가는 이들도 있다. 혹은 애착손상으로 인한 심리적 원인을 가진 사람들도 있다. 예술가들 중에 이러한 유형의 방랑자가 많다. 시인 보들레르가 대표적인 예다.

보들레르는 1821년 파리에서 태어났다. 그는 다섯 살에 아버지를 잃었으며, 어머니는 1년 뒤 그가 싫어하는 남자와 재혼했다. 어머니보다 무려 서른네 살이나 많은 남자였다. 보들레르는 기숙사 학교에 들어갔지만 가는 곳마다 반항한다는 이유로 퇴학을 당하기 일쑤였다. 그는 일기에 가정이 따뜻한 곳이 아니라 두려운 곳이었고, 아주 어렸을 때부터 외로움으로 인해 영원히 고독한 삶을 살 운명이라는 느낌에 지배당했다고 적었다.

보들레르는 늘 고향을 잊을 수 있는 먼 곳으로 떠나는 꿈을 꿨다. 그는 일찍부터 여행을 다녔다. 여행지에서 그의 마음은 어땠을까?

어디를 가든 그의 슬픔과 외로움은 계속 그를 쫓아다녔다. 그는 스스로를 '저주받은 시인'이라고 불렀다. 자신을 어느 이름 없는 별에서 태어나 지구로 유배된 시인이라고 여기며 살았다. 그는 46세의 나이로 생을 마감할 때까지 현실에 뿌리를 내리지 못했고 늘 다른 세상을 꿈꿨다.

나는 알랭 드 보통의 『여행의 기술』에서 보들레르의 심정을 압축해 놓은 문장을 발견했다. "늘 여기가 아닌 곳에서는 잘살 것 같은 느낌이다. 어딘가로 옮겨 가는 것을 내 영혼은 언제나 환영해 마지않는다."

프랑스 시인 랭보도 빠뜨릴 수 없다. 그는 어려서부터 가출했고, 37세의 나이로 단명하기까지 평생을 길 위에서 지냈다. 오죽하면 별명이 '바람구두를 신은 사나이'였을까.

랭보의 어머니는 고집불통에다가 명예욕에 사로잡힌 인물이었다고 알려져 있다. 그녀는 랭보의 행동을 끊임없이 간섭하고 자신의 틀 안에 가두려 했다. 그리고 그것이 모성애라고 여겼다.

예민한 랭보는 어머니를 견딜 수 없었다. 그는 열다섯 살부터 가출했다. 그는 압생트, 대마초 등의 힘을 빌리고 또 계속되는 여행을 통해 마음속 분노를 떨쳐내고자 안간힘을 썼다. 그는 여행이 좋아서 길을 떠났다기보다는 떠나지 않으면 견딜 수가 없어서 길을 떠난 것이다.

이렇게 깊은 애착손상을 가진 이들은 겉보기에만 여행하는 것처럼 보일 뿐, 사실은 도망치거나 방황하는 것에 가깝다. 다른 이들에게 여행은 재충전이지만 방랑자에게 여행이란 끝도 없이 이어지는 분노와 슬픔을 달래는 자구책이다. 랭보의 여행 역시 행복과는 거리가 멀었으며, 단지 현실보다 덜 외롭고 덜 고통스러운 것에 불과할 때가 많았다.

'애착(愛着)'이란 말 그대로 '사랑으로 붙는 것'을 말한다. 애착은 '삶과 관계의 뿌리'라고 할 수 있다. 애착 경험을 가진 이들은 심리적 뿌리를 가지고 있어 다른 사람과 안정적으로 연결되고 현실에 뿌리를 내릴 수가 있다. 하지만 큰 애착손상을 겪은 이들은 심리적 뿌리가 없어 타인과 관계를 맺고 현실에 뿌리를 내리기가 힘들다.

애착 문제는 어린 시절에만 영향을 미치는 것이 아니다. 일생을 통해 삶의 방식과 인간관계에 무수히 많은 영향을 미친다. 여행과 애착은 상당한 연관이 있다. 여행이란 새로운 세상에 대한 탐색 행동이기 때문이다. 애착이 형성되면 아이의 발달에 가장 중요한 과제는 탐색이 된다. 안전이 확보됐으니 이제 새로운 세상을 알고 싶은 것이다.

그런데 어떤 애착을 가졌느냐에 따라 탐색의 양상은 달라진다. 안정애착을 가진 아이들은 위험으로부터 보호를 받으면서 자신의 호기심에 기초한 탐색을 할 수 있다. 뒤에서 자신을 응원해 주는 든든한 부모가 있고, 언제라도 자신이 되돌아갈 수 있는 안전기지가 있기 때문이다. 하지만 불안정애착을 가진 아이들은 실제 위험과 내적 불안을 잘 구분하지 못하고, 자신의 호기심에 기초한 자연스러운 탐색 행동을 발달시킬 수 없다.

불안정애착을 가진 아동의 탐색 행동은 그의 기질에 따라 대략 세 가지로 나눌 수 있다. 첫 번째 부류의 아이들은 부모가 자신을 지켜줄 것이라는 믿음이 없기 때문에 부모를 붙잡고 있는 데만 급급하다. 이들은 기본적으로 과도한 불안에 휩싸여 있기에 장난감이나 주변 환경에 관심을 보일 수 없고, 부모의 반응에 지나치게 신경을 쓰며 부모 곁을 떠나지 못한다.

이들은 성인이 돼서도 안전에 대해 강박적으로 집착하기에 익숙한 세계를 벗어나는 것을 크게 두려워한다. 여행을 잘 가지 않거나 가더라도 필요 이상으로 안전을 따진다.

두 번째 부류의 아이들은 부모에 대한 신뢰가 부족하지만 조심스럽게 탐색을 시작한다. 하지만 불안정애착으로 인해 자신의 호기심에 기초한 탐색을 하지 못하고 자꾸만 부모의 눈치를 살핀다.

결국 부모가 원하는 탐색을 하며 이를 자신의 호기심 또는 욕구에 의한 것이라 생각한다.

이들은 성인이 돼서도 타인의 평가와 인정에 급급해 하며 세상을 살아가기 쉽다. 여행을 가더라도 유행을 따르기 쉬우며 자신의 취향을 찾지 못해 자기 방식의 여행을 만들어가지 못한다.

마지막으로 세 번째 부류의 아이들은 애착을 맺지 못한 부모에게 거듭 좌절하고 분노하며 무분별한 탐색을 한다. 하지만 이러한 탐색은 자신의 호기심에 기초한 것도 아니고, 부모의 기대에 부응하지도 않는다. 그저 '벗어나는 데' 급급한 것이다.

같이 있을 때 안정감을 느끼기보다 오히려 고통을 느끼기에 이들은 부모를 신경 쓰지 않고 무분별하게 돌아다닌다. 결국 위험에 처하기 쉽다. 이들은 성인이 돼서도 자유와 질서의 균형을 잡지 못하고 무분별한 탐색으로 불안정한 삶을 살아가기 쉽다.

이 세 번째 불안정애착 유형에 속한 아이들이 커서 방랑자가될 가능성이 높다. 이들의 여행은 방랑에 가깝고 여행을 가더라도 충만함을 느끼기보다 끝없이 따라다니는 공허함에서 벗어나기 힘들다.

자연은
최고의 치유자

물론 방랑 욕구는 상처받은 사람만의 전유물이 아니다. 인류의 역사는 끊임없는 방랑의 역사였다. 『성경』만 보더라도 인류의 조상인 아담과 이브, 그들의 아들 카인까지 낙원에서 쫓겨나 평생 방랑하며 살아야 하지 않았는가! 그것은 『성경』에 나오는 인물들의 운명이 아니라 인간 전체에 대한 이야기다.

낙원을 잃어버린 우리는 평생 낙원을 그리워할 운명을 타고났다. 이는 출생의 과정과 궤를 같이한다. 어머니의 자궁은 아이에게 낙원을 의미하며, 출생이란 어머니와의 완전한 합일 상태가 갑작스럽게 단절되는 인간 최초의 트라우마다. 출생도 인류의 역사처럼 '삶의 시작'인 동시에 '낙원으로부터의 추방'이다. 그렇기에 모든 인간은 낙원으로 돌아가기를 꿈꾼다. '이 세상'을 살면서 늘 '저 세상'을 그리워하는 것이다.

그러나 낙원으로 돌아갈 수 없는 인간은 평생 '먼 곳'에 대한 동경을 품고 살아간다. 헤르만 헤세는 『헤세의 여행』에서 인간 심연의 동경을 다음과 같이 표현했다.

"가까운 고향은 내게 너무 서늘하고 너무 딱딱하며 분명하게 안개나 비밀도 없는 것으로 생각되었다. 그리고 저 건너편에는 모든 것이 무척 부드러운 색조를 띠고 있었고 듣기 좋은 음향, 수수께끼,

유혹으로 넘쳐흘렀다. (중략) 그리고 내가 행복이라 부르는 것은 저 건너 쪽으로 마음이 기울어지는 일, 저 멀리 푸른 저녁 하늘을 바라보는 일, 가까운 서늘한 곳을 몇 시간 동안 잊는 일이다."

우리는 먼 곳에 대한 동경을 감출 수 없으며 더 큰 존재와의 합일을 그리워하는 상처받은 존재들이다. 현실에 지치고 사람들에게 상처받으면 그 동경심은 더욱 커진다. 무언가를 그리워하고 어딘가로 떠나고 싶어진다.

가장 대표적인 공간이 바로 자연이다. 자연이란 모든 인간 아니, 모든 생명의 어머니이기 때문이다. '모성(maternity)'을 가진 모든 존재는 치유적이며 그중에 자연은 최고의 치유자다. 우리는 자연으로의 여행을 통해 추억이 깃든 고향에 온 것 같은 깊은 위로와 안식을 느낄 수 있다.

30여 년간 기자 생활을 한 베르나르 올리비에(Bernard Olivier)라는 프랑스인이 있다. 그는 퇴직, 아내와의 사별, 자녀들의 독립 등을 한꺼번에 겪으면서 심한 우울증에 빠졌다. 급기야는 자살을 시도했다가 실패했다.

그는 답답한 마음에 파리에서 스페인의 산티아고 데 콤포스텔라까지 1,300킬로미터를 걸었다. 그런데 그 과정에서 신기하게도 우울감이 옅어지고 때로 행복감을 경험했다. 그 여행을 통해 에너지를 회복한 올리비에는 이후 4년 여에 걸쳐 1만 2,000킬로미터의 실크로드로 도보여행을 떠났다.

올리비에는 여행하는 동안 우울함과 어둠으로부터 완전히 해방된 것은 물론, 그 결과물인 『나는 걷는다』라는 책을 통해 세계적인 여행 작가가 됐다. 여행이 그를 구원한 셈이다. 그것이 끝이 아니었다. 그는 비행 청소년들을 위해 걷기를 통한 교화 프로그램을 만들었다. 바로 '쇠이유(SEUIL)'다.

쇠이유는 프랑스어로 문턱을 뜻하는 단어로, 교화 프로그램을 통해 비행 청소년들이 삶의 문턱을 넘어 사회에 편입되길 바라는 마음이 깃들어 있다. 절도, 폭행 등의 범죄를 저지른 청소년들은 교도소에 수감되는 대신 이 프로그램을 선택한다.

그러나 프로그램을 이수하는 과정은 만만치 않다. 100일 동안 낯선 어른들과 함께 하루 25킬로미터씩 총 2,000킬로미터에 가까운 거리를 걸어야 한다. 그들은 100일 동안 걸으며 자신의 삶을 돌아보고 미래를 계획한다. 긴 여정을 통해 스스로 해냈다는 성취감과 자기 존엄성을 회복한다.

한 청소년은 여정을 마친 감회를 이렇게 이야기했다. "내가 떠날 때는 건달이었고, 걸을 때도 나의 가치는 제로였지만 돌아와서 보니 영웅이 돼 있었다."

이 걷기 프로그램의 교화 효과는 어느 정도였을까? 보통 수감자들의 재범률은 85퍼센트에 이르지만 쇠이유에 참여했던 청소년들의 재범률은 15퍼센트로 떨어졌다. 다수의 청소년들이 스스로 문턱을 넘어선 것이다. 이 프로그램은 그 효과를 인정받아 프랑스 인근 국가들에서도 시행되고 있다. 이렇듯 자연에서의 걷기는 병든 마음을 치유하고 거친 심성을 순화시켜준다. 그뿐만이 아니다. 자연은 신체적인 질병 또한 호전시켜준다.

예부터 순례의 여정에서는 과학적으로 설명하기 힘든 기적이 펼쳐져 왔다. 기적의 샘물로 유명한 프랑스 루르드 대성당이 대표적인 예다. 다발성경화증, 염증성 장 질환, 류머티즘과 같은 난치성 자가면역질환이나 암 혹은 심장병에 걸린 이들이 이곳을 다녀온 이후로 치유된 사례들이 종종 보고되고 있다.

치유의 원인을 정확히 밝힐 수 없지만 의학자들은 자연과의 어울림, 강렬한 감정적 체험, 치유에 대한 믿음 등이 복합적으로 작용해 면역력이 크게 좋아진 것이라고 해석한다. 여행이 약이 된 것이다. 그것도 우리 안에 내재된 치유력을 끌어올리는 약 말이다.

한자로 약을 뜻하는 '藥'은 '즐거움(樂)을 주는 풀(艸)'을 말한다. 진짜 약이란 단순히 고통을 덜어주는 게 아니라 고통에서 벗어나게 해주고 즐거움을 주는 것이라는 의미다. 치유란 단지 고통의 경감이 아니라 즐거움을 되찾는 것이다.

그런 의미에서 여행은 정말 좋은 치유가 아닐 수 없다. 특히 자연으로의 여행은 우리에게 즐거움과 건강을 되찾을 수 있는 힘을 준다. 몸과 마음이 병들면 햇볕과 공기가 좋은 시골이나 온천으로 가는 것은 이유가 있다. 모든 휴양지가 자연 속에 위치한 것 또한 결코 우연이 아니다.

낭만파 시인 윌리엄 워즈워스는 "자연은 도시의 삶으로 인한 심리적 피해를 치료하는 불가결한 약"이라고 말한 바 있다. 그는 여덟 살 때 어머니를, 열세 살 때 아버지를 잃었지만 자연으로부터 늘 위안을 받았고 깊은 연결감을 느꼈다. 그의 나이 스물여덟 살 때는 웨일스의 와이 강 유역을 따라 산책을 하다가 자연의 치유력을 깨닫는 강렬한 체험을 했다. 그리고 그 깨달음은 평생 그의 시를 통해서 울려 퍼졌다.

워즈워스의 시는 상처받은 이들에게 자연의 복원력을 전달해주는 약물과도 같았다. 워즈워스는 자연이 도시 생활에서 비롯된 비틀린 충동들을 진정시키고 바람직하고 선한 것을 추구하게 한다고 말했다. 다음은 알랭 드 보통의 『여행의 기술』에서 본 워즈워스의 '자연 찬양'이다.

나는 위대하거나 아름다운 것들을 통해서

인간을 처음으로 보았고,

그러한 것들의 도움을 받아

처음으로 인간과 교감했다.

그리하여 우리가 사는 보통 세상의

모든 곳에서 들끓고 있는

비열함, 이기적 관심,

거친 행동거지, 그리고 천한 욕정에 대한

확실한 안전판과 방호벽이 세워졌다.

몇 년 전에 폴 고갱 전시회에 갔다가 〈우리는 어디에서 왔는가? 우리는 누구인가? 우리는 어디로 갈 것인가?〉라는 작품을 보았다. 당시에는 고갱의 질문에 잘 답할 수 없었다. 그러나 안식년 여행을 통해 그 답을 찾았다. 바로 자연이다.

우리는 자연에서 태어나 자연으로 돌아간다. 자연 속에서 지내는 동안 우리는 근원적인 연결감을 회복하고 일체감을 느낀다. 나 자신이 홀로 동떨어진 존재가 아니라 나보다 더 큰 존재와 연결돼 있다는 느낌을 갖는다. 이 느낌이 바로 애착이며 치유의 핵심이다.

6장

다가갈 것인가
피할 것인가

'도전'으로의 여행

Homo Viator

　알람이 울렸다. 새벽 4시다. 긴장해서인지 알람이 울리자마자 잠에서 깨어났다. 침낭 밖으로 나오는 순간 한기가 밀려왔다. 오늘은 드디어 틸리초 호수로 가는 날이다. 새벽부터 서둘러야 했다. 전체 안나푸르나 라운드 코스 중에서 가장 많이 걸어야 하는 날이다. 숙소가 있는 틸리초 베이스캠프에서 출발해 해발 5,000미터에 위치한 틸리초 호수를 갔다가 다시 베이스캠프를 지나 쉬르카르카 마을까지 걸어가야 한다.

　동이 트려면 한참 멀었다. 사위가 칠흑같이 어둡다. 4,000미터를 넘어서면서 전기가 들어오지 않는 곳이 많다. 앞이 보이지 않으니 청각과 촉각이 예민해진다. 벌레 기어가는 소리까지 들릴 것만 같다. 헤드램프를 켜고 옷을 입었다. 고도 때문에 옷을 빨리 입는 동작만으로도 숨이 차다.

　아침도 못 먹고 길을 나섰다. 컨디션이 별로 좋지 않다. 감기 때문에 목이 아프다. 희미한 달빛에 눈 덮인 길이 희끄무레하게 보인다. 그늘진 곳은 길이 온통 얼어 있다. 미끄러지지 않으려고 다리에 잔뜩 힘이 들어간다. 다행히 바람이 잔잔해서 추위가 덜하지만 감기 때문인지 숨은 더 가쁘다. 가다 서다를 반복한다. 앞서 가는 가이드 어속(Ashok)도 힘이 드는지 아무 말이 없다. 나도 묵묵히 걷고 또 걸을 따름이다.

어느덧 여명이 밝아온다. 아침으로 준비해 온 빵과 계란을 꺼냈지만 입맛이 없고 추워서 반도 채 먹지 못했다. 계속 걷는다. 고도가 높아질수록 길은 좁아지고 지반은 불안정하다. 흙이 아니라 작은 돌과 모래로 이뤄진 길이다. 한 발 한 발 내딛을 때마다 길이 허물어진다.

이제 길은 더 좁아져 한 명만 겨우 지나갈 수 있을 정도다. 사진으로 봤던 것보다 더 험해 보인다. 멀리서 보면 가느다란 줄 하나가 놓여 있는 것 같다. 그마저도 돌무더기 길이라서 계속 무너져 내린다. 걸으면서 길이 허물어지고, 다시 발로 다져서 길을 만들어 걷는다. 가슴이 콩닥거리기 시작한다. 자칫 미끄러지기라도 하면 낭떠러지 아래로 굴러떨어질 것 같아 오싹하다.

경사진 산 위에 언제라도 쏟아져 내릴 것 같은 바위들이 잔뜩 쌓여 있다. 크고 작은 돌들이 굴러떨어진다. 아찔하다. 이 구간을 2시간이나 더 가야 호수가 나온다. 긴장을 늦출 수 없다. 눈에 힘이 들어가고 침이 바짝 마른다. 콩팥 옆에 있는 부신에서 스트레스 호르몬인 코티졸이 팡팡 쏟아지는 것 같다. 덕분에 정신을 차릴 수 있어 다행이다.

얼마나 걸었을까? 랜드 슬라이드 지역을 거쳐 가슴까지 쌓인 눈길을 헤치고 나아가자 드디어 푸른 호수가 그 모습을 드러냈다. "와!" 나도 모르게 환호성이 터져 나왔다. 곳곳에 얼음이 얼었지만 호수 중앙은 눈이 시리도록 푸르렀다. 안내 표지판을 보니 수질에 대해 'pure fresh'라고 적혀 있다. 얼음만 얼지 않았다면 마음껏 호수 물을 마시고 싶었다.

호수를 마주하자 긴장이 풀리기 시작했다. 마음이 평화로워졌다. 호수의 자태가 더욱 아름답게 느껴졌다. 고개를 돌려 호수를 둘러싼 설산들을 빙 둘러봤다. 마치 거대한 반지를 보는 듯했다. 호수를 둘러싼 안나푸르나 봉우리들이 반지의 링이라면 틸리초 호수는 사파이어였다. 지옥 같은 험난한 길을 지나 천국에 와 있는 느낌이 들었다. 호수를 떠나고 싶지 않았다. 하나도 춥지 않았다. 나는 호수 앞 눈밭에 배낭을 던지고 대자로 누워버렸다.

─2014년 11월 26일, 안나푸르나 틸리초 호수에서

'한계를 넘어', 도전과 모험이라는 거부할 수 없는 본능

안나푸르나 라운딩을 시작한 지 3일째 되는 날이었다. '탈'이라는 마을에서 시작해 21.3킬로미터 떨어진 '차메'라는 마을까지 걷고 있었다. 그때 저 앞쪽에서 비틀거리며 걷는 한 사람이 눈에 띄었다. 그가 넘어지지 않을까 걱정이 됐다. '어디가 아픈가?' 아직 3,000미터가 채 되지 않았지만 이 정도 높이에서도 고산병이 오는 경우가 있다고 들었기에 예사롭지 않게 보였다.

가만히 보니 그 옆에서 약간 거리를 두고 걸어가는 또다른 사람이 보였다. 정확하지는 않았지만 동행자로 보였다. 그런데 의아하게도 비틀거리는 옆 사람에게 별로 도움을 주지 않았다. '부축이라도 좀 해주지.'

나와 가이드 어속은 어찌 된 일인지 궁금했다. 우리는 속도를 내어 그들 곁으로 다가가 물었다. 비틀거리는 남성은 독일에서 온

오십 대의 트레커였다. 그 옆의 동행자는 네팔인 가이드라고 했다. 사연을 들어보니 높은 산에 와서 아픈 게 아니라 이미 1년 전에 중풍으로 인해 몸 한쪽이 마비됐다는 것이었다.

그는 중풍으로 쓰러지고 나서 건강을 잃었지만 자신의 삶에서 무엇이 중요한지를 깨달았다고 했다. 그리고 중풍에서 어느 정도 회복되자 살면서 하고 싶었던 일을 먼저 하기로 결심했다고 한다. 그중에 하나가 바로 히말라야 트레킹이었다. 그는 위험하다고 만류하는 가족과 주변 사람들을 겨우 설득하고 히말라야로 왔다고 했다.

그에게는 완주를 할 수 있느냐, 혹은 얼마나 높이 올라가느냐가 중요해 보이지 않았다. 도전을 통해 자신이 살아 숨 쉬고 있음을 느끼는 것 자체가 중요한 듯했다. 그는 최소한의 도움을 받으며 가능한 한 자신의 발로 가고 싶어 했다. 그래서 가이드에게도 자신이 요청하기 전까지는 일체의 도움을 주지 말라고 신신당부하고 걷고 있었던 것이다.

불편한 몸으로 한 걸음 한 걸음 내딛는 그의 모습에서 위엄이 느껴졌다. 잠시나마 동정심 어린 시선으로 그를 봤던 게 미안했다. 그의 용기와 도전에 마음속으로 큰 박수를 보냈다.

무엇이 그를 이곳으로 이끌었을까? 왜 인간은 자신의 한계를 넘어서고자 끊임없이 노력할까? 왜 나는 아내의 반대를 뿌리치고 이 길을 걷고 있을까? 그를 보면서 여러 가지 생각이 들었다.

미국 심리학자 고든 올포트(Gordon Allport)는 프로이트보다 훨씬 더 낙관적으로 인간의 본성을 바라봤다. 그도 그럴 것이 올포트는 환자가 아닌 일반인을 대상으로 성격 연구를 진행했기 때문이다.

올포트는 신경증적인 사람은 성인이 돼서도 어린 시절의 갈등과 경험에 지배당하는 반면 건강한 사람은 현재와 미래에 대한 기대와 의욕으로 자신의 행동을 결정한다고 봤다. 또한 신경증적인 사람은 스트레스와 긴장을 피하려고 하지만 건강한 사람은 "판에 박힌 것들을 버리고 새로운 감동과 도전을 위해 기꺼이 더 많은 스트레스와 긴장을 선택"한다고 주장했다. 자신의 한계를 넘어서고자 하는 도전이야말로 가장 인간적인 특성이라고 본 것이다.

영국 탐험가 어니스트 섀클턴은 1914년 남극 대륙을 가로지르는 원정에 나서기로 했다. 그는 원정을 떠나기 위해 구인광고를 냈다. '위험한 여행을 함께할 남자들 구함'이라는 제목 아래 간단명료한 설명을 덧붙였다.

"급료 적음, 매서운 추위, 수개월간의 암흑, 끊임없는 위험, 안전한 귀환 보장 못함, 성공한 경우에는 명예와 인정을 받음."

이 무시무시한 구인광고를 보고 과연 몇 명이나 지원했을까? 놀랍게도 수백 명이 지원했고, 섀클턴은 정예 멤버들로 원정대를 꾸릴 수 있었다.

섀클턴이 남극원정대 구인광고를 낸 지 99년이 지난 2013년에는 더 위험천만한 구인광고가 등장했다. 네덜란드의 비영리단체 '마스 원(Mars One)'에서 '돌아오지 못하는 화성 이주민'을 모집한 것이다. 2024년부터 4명씩 모두 24명을 화성으로 영구히 보낸다는 계획으로, 만일 이주민에 선발되면 화성에서 생을 마감하게 된다.

지구로 다시 돌아올 수 없는 이 화성 이주 프로젝트에 몇 명이 지원했을까? 놀랍게도 지원자는 140개국의 20만 2,586명에 이르렀다.

마스 원은 2015년 2월에 2차 심사까지 마치고 후보 100명을 발표했다. 현재 이 프로젝트는 재원 확보의 어려움으로 전체 일정이 2년씩 연기된 상태다.

왜 그토록 많은 사람들이 영영 돌아올 수 없는 우주의 먼 곳으로 떠나기를 원할까? 물론 그들 중에는 현실에서 도피하고 싶은 사람들도 있을 것이다. 하지만 그것이 주된 이유는 아니다. 우리 안에는 '미지의 세계를 모험하고자 하는 근원적 속성'이 있기 때문이다.

본래 인간에게는 삶이 곧 여행이었다. 인류의 탄생 과정이 그러했다. 학자들은 80만 년 전부터 20만 년 전까지 지구상에는 긴 가뭄과 우기, 빙하의 팽창, 화산 폭발 등으로 인한 급격한 환경 변화가 이어졌다고 추측한다.

20만 년 전, 현생인류의 직접 조상인 호모 사피엔스는 그러한 들끓는 변화 속에서 출현했다. 같은 시대를 살았던 네안데르탈인, 호모 에렉투스, 호모 플로레시엔시스 등은 왜 멸종했을까? 그들은 변화를 꺼리고 특정한 환경에서 살아가기를 고집해 멸종한 반면 호모 사피엔스는 낯선 땅을 마다하지 않았기 때문에 살아남았을 것이라고 추정된다.

호모 사피엔스는 새로운 변화에 능동적으로 적응했다. 그들은 아프리카에서 유럽과 중동, 아시아로 이동했고, 시베리아와 알래스카를 잇는 베링 해협을 건너 아메리카 땅으로 건너갔다. 전 세계 구석구석까지 퍼져 나간 것이다.

인류사는 이동의 역사였고, 우리의 조상들은 일상 자체가 모험이었다. 우리는 조상들의 유전적 특성을 고스란히 물려받았다. 극지방과 대륙의 최고봉, 원시 밀림, 심해 등 인간의 발이 닿지 않은 미지의 땅을 그냥 남겨두고는 못 배겼다.

미지의 세계에 대한 호기심과 도전 정신은 급기야 우주로 향했다. 1957년 10월 4일, 소련이 '스푸트니크 1호'라는 인공위성을 쏘아 올림으로써 우주시대가 열린 것이다.

인간이라는 종이 지구상에 남아 있는 한 미지의 세계를 탐험하려는 노력은 결코 멈추지 않을 것이다. 앞으로도 인간의 활동 무대는 끝없이 넓어질 것이다. 우리 안에는 미지의 세계를 탐험하고 새로운 세계로 나아가고자 하는 절대적인 동기가 있기 때문이다.

뛰어넘으라,
장애물은 당신의 생각만큼 높지 않다

인터넷에는 여행 정보가 넘쳐난다. 내가 가고 싶은 여행지를 다루는 수많은 인터넷 카페가 있고, 그곳에는 이미 여행을 다녀온 사람들의 따끈따끈한 정보가 가득하다. 여행 책자가 따로 필요 없을 정도다.

여행 카페에 들어가면 '사건 사고' 게시판이 따로 있는 경우가 많다. 물론 예방 차원에서 쓴 글이겠지만, 게시판의 글을 읽다보면 정말이지 여행하고 싶은 마음이 뚝 떨어진다. 다른 사람들이 겪은 사건 사고가 여행을 떠나면 내가 겪게 될 이야기처럼 생생하게 느껴진다. 여행을 시작하기도 전에 겁부터 난다.

하지만 곰곰이 생각해 보면 이것은 신문의 사건 사고란과 다를게 없다. 대다수의 일상은 별다른 문제없이 흘러가고 예외적인 경우가 신문에 실리듯이 대부분의 여행자들은 큰 사건 사고 없이 여행을 다녀온다.

그렇다고 해서 사건 사고가 일어나지 않는다는 말은 아니다. 다만 어느 정도는 예방할 수 있으며, 물론 예방할 수 없는 문제도 드물게 일어나지만 그것은 사람의 힘으로는 어쩔 수 없다. 여행을 떠나지 않고 일상을 살아간다고 해도 비슷한 사건 사고는 충분히 벌어질 수 있다.

처음 유럽 가족여행을 준비할 때 이동 수단이 고민이었다. 네 식구가 기차로 이동하기에는 여러모로 번거로워 자동차여행을 계획했다. 그런데 관련 카페에 들어가서 보니 자동차와 관련된 사건 사고가 너무 많았다. 유럽 곳곳에서 렌터카 유리창을 깨고 짐을 훔쳐 가는 도난 범죄가 일어나고 있었다. 어느 지역도 안전하지 않았다.

글을 하나하나 읽을수록 점점 자신감이 없어졌다. 하지만 반대로 어떻게 해야 안전할지를 조금씩 알게 됐다. 아내와 나는 자동차여행을 할 때 벌어질 수 있는 최악의 상황인 교통사고와 도난 범죄를 당한다면 어떻게 될지를 상상했다.

그 상황을 우리가 감당할 수 있을지도 따져봤다. 우리는 교통사고와 도난 범죄가 일상생활에서도 벌어질 수 있는 일이며, 자동차여행을 포기할 만큼 감당 못할 일은 아니라고 판단했다. 그리고 그런 일이 벌어지지 않도록 가능한 한 모든 노력을 다하고 나머지는 운에 맡기기로 했다.

나는 안전 운전을 위해 관련 정보를 미리 찾아봤고, 도난 범죄를 방지하기 위한 대비책을 마련했다. 우리는 렌터카에 가짜 블랙박스를 달고 CCTV 카메라가 그려진 스티커를 붙이고 다녔다. 그리고 자동차여행을 다녀온 사람들이 공통적으로 강조하는 철칙을 꼭 지켰다. 차에서 내릴 때는 차 안에 소지품을 두지 않았고, 무엇보다 돈이 더 들더라도 실내 주차장을 이용했다. 덕분에 무사히 자동차여행을 마칠 수 있었다.

이후 여행을 하면서 운 나쁘게도 강도를 당하거나 소지품을 통째로 잃어버린 사람들을 만났다. 그런데 피해자라고 할 수 있는 그들은 나쁜 일을 당한 지 얼마 지나지 않았음에도 불구하고 비교적 담담하게 당시를 회상했다. 그 또한 여행 중에 겪은 인상적인 일 중 하나처럼 기억하고 있는 것 같았다.

물론 그들 역시 처음에는 당황하고 그 일로 인해 여행 자체가 엉망이 됐다고 느꼈을 것이다. 하지만 이내 사태를 수습하고 남은 여행에 집중하고 있었다. 그것이 바로 여행의 힘이다.

우리는 두려움 속에 갇힐 게 아니라 두려움을 직면하고 이를 타개해 나가야 한다. 그리고 그 두려움 뒤에 감춰진 아름다움과 대면할 필요가 있다. 시인 라이너 마리아 릴케는 『젊은 시인에게 보내는 편지』를 통해 우리를 이렇게 격려했다.

우리는 우리의 세계를 불신할 아무런 이유가 없습니다. 왜냐하면 우리의 세계는 우리에게 적대적이지 않기 때문입니다. 그러므로 이 세계가 공포를 지녔다면, 그것은 우리의 경악이요, 이 세계가 심연들을 갖고 있다면 그 심연들은 마땅히 우리의 것이며, 이 세계 속에 위험들이 존재한다면 우리는 그것들을 사랑하려고 노력해야 합니다. (중략) 우리가 어찌 모든 민족들의 역사의 첫머리를 장식한 그 오래된 신화, 최후의 순간에 공주들로 변했다는 용들에 대한 그 신화를 잊을 수 있겠습니까. 그러므로 우리의 생의 모든 용들은 언젠가 우리들의 아름답고 용기 있는 모습을 보고자 애타게 기다리고 있는 공주들인지도 모릅니다. 모든 무서운 것들은 그 가장 깊은 본질에 있어서는 우리로부터 도움을 필요로 하는, 난관에 빠진 존재들인지도 모릅니다.

발리 사람들은 아기가 태어나면 '칸다 움팟(Kanda Umpat)'이라는 보호신이 같이 태어난다고 믿는다. 다만 보호신은 인간의 눈에는 보이지 않는다. 사내아이라면 4명의 형제가, 여자아이라면 4명의 자매가 동시에 태어나 아이의 곁에 머무른다고 한다. 그리고 그 아이가 위험에 맞닥뜨리거나 고난에 처하면 눈에 보이지 않게 도와준다고 믿는다.

나도 몰랐던 4명의 수호 형제가 있다는 것은 생각만 해도 흐뭇하고 기분 좋은 이야기다. 우리는 여행에서 우리를 돕는 어떤 힘을 느낄 수 있다. 내 안의 용기와 지혜를 발견하고, 두려움과 맞설 수 있는 힘이 더 자랐음을 느낀다.

나는 안나푸르나 라운딩을 떠나기 전에 틸리초 호수에 가야 할지를 고민했다. 코스 바깥에 있는 곳이라서 굳이 가지 않아도 문제될 일은 없었다. 다만 아름다운 만큼 그곳으로 가는 길이 험하다고 해서 망설였다.

지나고 보니 틸리초 호수를 갈지 말지를 미리 결정할 필요는 없었다. 그날의 날씨와 내 컨디션을 감안해 결정하면 되는 문제였다.

다행히 트레킹 당일은 날씨도 좋았고 내 컨디션도 좋았다. 게다가 든든한 가이드 어속과 함께였다. 더 이상 망설일 이유가 없었다.

조심히 위험 구간을 통과해 무척이나 아름다운 풍경을 감상할 수 있었다. 릴케의 글에서처럼 용이 공주로 변하는 광경을 지켜본 것이다. 호수로 가는 길에서는 입이 바짝 마를 정도로 긴장했지만 그 긴장으로 인해 내가 살아 숨 쉬고 있다는 삶의 절정감을 맛볼 수 있었다. 도전이 있어서 아름다웠고, 모험이 있어서 살아 있음을 느꼈던 하루였다.

그렇다고 모두 극지로의 여행을 떠나는 모험가가 되자는 뜻은 아니다. 준비 없이 위험 속으로 뛰어들자는 말은 더더욱 아니다. 다만 자신의 한계를 넘어서는 작은 도전과 준비된 모험은 여행을 더욱 빛나게 해준다는 것이다.

우리는 무모한 위험이 아닌 계산된 위험으로 걸어 들어갈 필요가 있다. 계산된 위험의 정점까지 도달하면 두려움은 오히려 힘을 잃기 시작한다. 놀랍게도 긴장은 두려움이 아니라 에너지가 돼 여행자에게 생기를 불어넣어 준다.

여행에서뿐만이 아니다. 계산된 위험으로 걸어 들어가는 것 그리고 그 턱을 한 번 넘어서는 것. 그것은 불안과 두려움으로부터 벗어나는 핵심이며 자신의 한계를 넘어서는 도전의 책략이다.

만일 당신이 두려움 때문에 여행을 떠나지 못하고 있다면 나는 조셉 캠벨의 『신화와 인생』에 나오는 이야기를 들려주고 싶다.

"삶의 길을 가다보면 커다란 구멍을 보게 될 것이다. 뛰어넘으라.
네가 생각하는 것만큼 넓진 않으리라."
아르헨티나 엘 칼라파테, 모레노 빙하 트레킹 중에.

책에는 어느 아메리카 인디언 소년이 입문 제의에서 받은 조언이 나온다.

"삶의 길을 가다보면 커다란 구멍을 보게 될 것이다. 뛰어넘으라. 네가 생각하는 것만큼 넓진 않으리라."

그렇다. 우리가 느끼는 두려움은 부풀려진 것이다. 나는 당신에게 이렇게 이야기하고 싶다. 여행을 떠나면 당신은 종종 커다란 장애물과 마주할 것이다. 뛰어넘으라. 그 장애물들은 당신이 생각하는 것만큼 높진 않다. 아니, 당신은 당신이 생각하는 것 이상 높이 뛰어오를 것이다. 우리는 우리가 생각하는 것보다 더 용기 있는 존재들이기 때문이다.

두려움은
기쁨에 없어서는 안 될 양념

흔히 우리는 즐거움을 쫓고 두려움을 피하는 게 인간의 본능이라고 생각하기 쉽다. 과연 그럴까? 가만 보면 사람들은 두렵다고 하면서도 오히려 두려움을 즐기는 경우가 많다. 서커스를 보러 가서도 가장 위험해 보이는 공중그네 시간을 손꼽아 기다리고, 등골이 오싹한 피 튀기는 공포영화를 즐겨 본다.

그것뿐인가? 분쟁 지역이나 범죄율이 높아서 위험하다고 알려진 여행지를 겁도 없이 가는 이들도 많다. 여행지에서는 또 어떤가? 아찔하게 높은 다리 위에서 번지점프를 하고, 급류에서 래프팅을 하고, 스카이다이빙에 도전하고, 사막에서 샌드 보드를 타고, 위험한 암벽을 오르는 등 기꺼이 두려운 일을 경험하려고 한다.

왜 그럴까? 인간이 두려움을 피하는 존재라면 말이 되지 않는다. 그렇다면 인간은 두려움을 좋아하는 존재일까? 그렇지 않다. 인간은 알면 알수록 아이러니하고 양면성이 있는 존재다.

인간은 두려움을 회피하도록 만들어진 동시에 두려움 속에 뛰어들 때 가장 큰 쾌감을 느끼도록 만들어졌다. 인간이 삶의 매순간마다 딜레마에 빠질 수밖에 없는 것은 이 때문이다. '다가갈 것인가? 피할 것인가? 이것이 문제로다!'

사실 인간은 두려움 자체를 좋아한다기보다 스스로 두려움을 선택하고 이를 넘어설 때 가장 큰 즐거움을 느낀다. 위험이 클수록 수익이 큰 것처럼 두려움이 클수록 기쁨도 크다.

옛날로 돌아가 보자. 사냥감이 클수록 위험하지만 그 보상은 크다. 그것은 단지 먹을 것이 많다는 물질적인 이유 때문만은 아니다. 희열감, 성취감, 자부심 등의 정신적 보상 역시 크다.

우리의 생각과는 달리 두려움과 즐거움은 정반대의 감정이 아니라 아주 가까운 감정이다. 미국 캘리포니아대학교의 에두아르드 안드레이드(Eduard Andrade) 교수와 플로리다대학교의 조엘 코헨(Joel Cohen) 교수는 기존의 학자들과 달리 사람은 유쾌한 감정과 불쾌한 감정을 동시에 느낀다는 연구 발표를 한 바 있다. 연구 결과에 의하면 두 교수는 "특정 사건 가운데서 기쁨이 최고조에 이르는 순간은 두려움을 가장 크게 느낄 때"라고 말한다.

사실 두려움이나 스트레스가 없는 순수한 즐거움은 김빠진 맥주와 다를 바가 없다. 두려움과 스트레스는 기쁨을 방해하는 것이 아니라 기쁨에 없어서는 안 될 양념이며, 우리는 두려움 속에서만 큰 기쁨을 느낄 수 있는 존재다. 내가 극도의 긴장감 속에 틸리초 호수를 만났을 때 그 기쁨을 말로 다 표현할 수 없었던 것처럼.

특히 젊은이들은 두려운 상황으로 스스로를 몰아간다. 그리고 그 두려움에 정면으로 맞서고 이를 넘어선다. 두려움을 넘어선 순간의 특별한 기분은 말로 다 표현할 수 없다. 꼭 자신의 한계를 넘어선 느낌이라고나 할까. 그것이야말로 순수한 자신감이다. 마치 아이가 천신만고 끝에 혼자 일어서서 위험한 세상으로 발걸음을 내딛을 때와 비슷할 것이다.

왜 아이에게 두려움이 없겠는가. 하지만 아이는 수없이 넘어져도 다시 일어서서 낯선 세상을 향해 불안한 발걸음을 내딛어 우뚝 서고 만다. 그때 아이의 득의양양한 표정을 보라. 아이는 세상을 다 가진 듯 자기만족의 극치를 느낀다. '천상천하유아독존'의 상태다.

모험가들은 어쩌면 유년기의 그 환희와 희열을 가슴속에 잊지 않고 저장해 뒀는지도 모른다. 그리고 그 기분을 다시 맛보기 위해 안달이 난 사람들처럼 스스로를 점점 더 큰 두려움으로 끌고 간다. 이는 심할 경우 아드레날린 중독으로 이어지기도 한다.

극한 상황에서는 스트레스 호르몬인 아드레날린이 급증하고 고통이 심해지면 이를 완화하기 위해 행복감을 유발하는 엔도르핀이 분비된다. 정확히 말하면 엔도르핀은 행복해서 분비되는 것이 아니라 고통스럽거나 강한 스트레스를 받을 때 이를 이겨내도록 분비되는 것이다.

마라토너들이 느끼는 '러너스 하이(Runner's High)'나 등정가들이 느끼는 '클라이머스 하이(Climber's High)'가 바로 엔도르핀이 분비되는 순간이다. 엔도르핀은 가벼운 운동을 할 때는 분비되지 않으며, 곧 호흡이 멎고 쓰러질 것 같은 한계점 즉, '사점(dead point)'에서 분비된다.

엔도르핀 등이 분비되면 고통이 줄어들고, 호흡이 편해지며, 운동을 계속할 의욕이 다시 솟고 말로 표현하기 힘든 행복감을 느낄 수 있다. 이 상태를 세컨드 윈드(second wind)라고 한다. 이는 인간이 왜 자신의 한계를 넘어 도전하고, 도전을 통해 더욱 강해질 수 있는지를 설명해 준다.

우리 모두는 두려움 속으로 들어가 이를 넘어서려고 하는 본능적인 프로그램을 가지고 태어났다. 우리는 오직 한계 밖으로 나가는 경험을 통해서만 자신에게 감춰진 더 큰 힘을 찾아낼 수 있으며 이를 통해 가장 큰 기쁨을 느끼도록 설계되어 있다. 여행이 우리에게 즐거움을 주는 것은 그래서다.

A. 랑가네 등이 쓴 책 『인간에 관한 가장 아름다운 이야기』를 보면, 인간의 위험 추구 행동을 연구하는 베레나 구겐베르거와 엘리자베스 샤이트라이터는 이렇게 말한다.

"행동연구를 통해서 알아낸 바에 의하면 인간은 긴장하고 싸우고 모험하며, 위험을 무릅쓰고 전력투구를 하도록 프로그램돼 있다. 그러므로 많은 젊은이들이 자신의 신체적 한계에 도전하는 것은 놀랄 일이 아니다. 자신의 불안에 정면으로 맞서려 하고, 어떤 경우에는 의도적으로 불안을 찾기도 한다. 그런 다음 이 불안을 극복하고 나면 그 특별한 기분에서 벗어나는 일은 아주 어렵다. '나를 극복했다'는 기분, '내가 최고'라는 기분에서 헤어나기란 쉽지 않다."

이제 더 이상 여행은 모험이 아니다. 하지만 여행이 편안한 일상의 한 부분이 된 오늘날에도 여행에는 모험의 요소가 있다. 큰 두려움을 느끼거나 주저앉고 싶을 정도로 힘든 순간도 있다. 그러나 우리에게는 고비를 헤쳐 나갈 힘이 있다. 그리고 그 고비를 넘기면서 강한 희열을 느낀다. 양극단의 감정이 우리의 심장을 파도치듯 지나가면 잊지 못할 기억이 만들어진다.

여행은 도전이며 건강한 스트레스다. 우리는 여행을 통해 기쁨은 순수한 즐거움이 아니라 스트레스와 즐거움이 버무려진 '칵테일 감정'임을 깨닫는다.

우리는 결코 두려움을 떨칠 수 없고 스트레스를 피할 수 없다. 가치 있는 삶은 대가를 필요로 한다. 불편을 거쳐야 만족은 깊어지고, 두려움 앞에 마주 서야 즐거움은 빛나게 마련이다.

두려움이 없는 게 용기가 아니라 두려움보다 더 가치 있는 것을 위해 두려움 속으로 들어가는 것이 용기다. 두려움과 맞설 때 당신은 자신이 생각했던 것보다 더 용기 있는 사람이라는 사실을 발견할 것이다.

위대한
성장의 발판

여행에서 만난 사람들의 나이는 다양했지만 그중에서도 이십 대가 가장 많았다. 젊은이들이 여행을 많이 떠나는 것은 단지 여유 시간이 많아서일까?

역사상 많은 문화권에서 성년식이라는 통과의례가 치러져 왔다. 우리나라에도 이미 삼한 시대에 소년들이 밧줄로 한 길 남짓한 통나무를 끌고, 자신들이 훈련받을 집을 짓는 성년식이 있었다고 한다.

북아메리카 인디언들의 성년식은 더욱 치열했다. 소년들은 먹을 것도 없이 홀로 뗏목을 타고 떠나야 했고, 맹수가 도사리고 있는 추운 산속으로 들어가기도 했다. 단식이나 절식을 하거나, 야생에서 식량을 스스로 구해야 했다.

어떤 문화권에는 스스로 손가락을 절단하거나, 등 근육 밑에 뾰쪽한 쐐기를 집어넣어 무거운 짐을 끌게 함으로써 근막을 찢는 가학적인 의식도 있었다. 아프리카의 원시부족 역시 마찬가지였다. 소년들은 마을을 떠나 스스로 맹수를 사냥함으로써 어른이 됐음을 입증해야 했다.

공통적으로 보면 고난의 여정 속에서 갖가지 위험과 시련을 견뎌내야만 비로소 성년으로서 그리고 전사로서 인정받을 수 있었다. 고난의 여행을 통해 스스로 살아갈 수 있음을 입증해 낸 것이다.

현대사회에서는 성년식이 거의 치러지지 않는다. 우리 사회에서는 특히 그렇다. 어른이 된다는 게 무슨 뜻인지도 모른 채 시간의 흐름에 따라 몸만 어른으로 살아가게 된다.

그러나 젊은이들은 본능적으로 안다. 때가 되면 둥지 안 새가 둥지를 박차고 나가 제 힘으로 세상을 살아가듯이, 이제 더 넓은 세상으로 나아갈 때가 됐음을 말이다. 젊은이들은 여행을 통해 이제 자신의 힘으로 살아갈 수 있는지를 확인하고 싶어 한다. 그렇기에 여행은 자신의 한계에 대한 도전이고, 홀로서기 연습이며, 어른으로 성장하기 위한 훈련의 장이 된다.

172

배낭여행을 다녀온 젊은이들은 한목소리로 용기와 자립심을 얻었다고 말한다. 그럴 수밖에 없는 것이 여행 자체가 선택의 연속이고 그 선택에 대한 책임을 스스로 지지 않으면 안 되기 때문이다.

특히 혼자 떠난 자유여행이라면 여행의 시작부터 끝까지 스스로 모든 것을 알아보고 결정하고 행동해야 한다. 여행의 시간 동안 온전히 책임의 주체가 되는 것이다. 그것은 건강한 어른이 되어가는 성장 과정이다.

정신분석학자 카렌 호나이는 『내가 나를 치유한다』에서 자기 책임의 중요성을 이렇게 이야기했다.

"신경증을 극복하고 진실한 나를 찾아서 성장하려면 공상의 세계에서 빠져나와 고단한 현실에 직면해야 한다. 인간은 참다운 의미에서 자기 자신을 책임의 주체로 가정할 경우에만 성장할 수 있다."

안타깝게도 많은 사람들은 고단한 현실과 직면하지 않고 새로운 도전을 피한다. 둥지를 떠나지 않으려는 새끼 새처럼 안전지대에 머무르려고 한다. 바깥으로 나가보지도 않고 자신의 한계를 설정한다.

자신의 한계를 가장 잘 알 수 있는 유일한 방법은 '한계 바깥으로 나가보는 것' 즉, 도전이다. 그리고 우리는 한계 바깥에 나아가는 순간 우리가 생각해 왔던 한계가 사실이 아니었음을 깨닫게 된다. 그것은 관념적인 한계였을 뿐이다. 그리고 자신 안에 있었으나 발휘하지 못했던 또다른 힘을 발견할 수 있다.

여행은 자신의 한계와 가능성을 체험해 보는 상대적으로 '안전한' 경험이다. 안전하다는 것은 실패의 위험이 별로 없다는 뜻이다. 여행에서 실패랄 게 뭐가 있겠는가.

바깥세상으로의 외출을 통해 우리는 자신의 한계와 가능성에 대한 새로운 인식을 가질 수 있다. 오스트리아의 유명 여행 칼럼니스트인 카트린 지타는 『내가 혼자 여행하는 이유』에서 이렇게 이야기했다.

"대학에 입학한 후 난 이제 어른이 됐다고 생각했지만, 제대로 자립한 상태는 아니었다. 큰 결정을 내릴 때나 문제가 생길 때마다 부모님에게 의지했고 대신 내 문제를 해결해 주길 바랐다. 그러나 이 여행은 시작부터 모든 순간순간이 선택의 연속이었다. 그때마다 놀랍게도 평소와는 다른 내가 튀어나왔다. 그녀는 좀더 용기 있고 결단력 있는 사람이었다. 혼자 여행을 가게 만들었고 겁먹고 우물쭈물할 때마다 일단 부딪쳐본 다음에 결정해도 늦지 않다고 말해 주었다. 나는 나에게 그런 모습이 있었다는 걸 이 여행이 아니었다면 끝내 알지 못했을 것이다."

진짜 그렇다. 우리는 여행 중에 여행을 떠나지 않으면 결코 알지 못했을 많은 것들을 깨닫게 된다. 『헨젤과 그레텔』 이야기에는 '여행이란 도전을 통한 성장'이라는 메시지가 담겨 있다. 계모에 의해 숲 속에 버려진 남매는 예쁜 새를 따라가다가 과자로 만든 집을 발견한다. 배가 고팠던 남매는 그 집을 정신없이 뜯어 먹는다.

그런데 이 집은 마귀할멈이 놓은 덫이었다. 마귀할멈은 헨젤을 잡아먹기 위해 우리에 가두고 그레텔에게는 요리와 집안일을 시켰다. 헨젤과 그레텔은 꾀를 낸다. 헨젤은 살이 쪘는지를 확인하는 마귀할멈에게 팔 대신 뼈다귀를 내밀어 위기를 모면하고, 그레텔은 마귀할멈을 오븐으로 유인해 가둬버린다. 『헨젤과 그레텔』은 마귀할멈을 처치한 남매가 과자 집에 있던 보석을 가지고 집에 돌아와 아버지와 행복하게 산다는 결말로 끝이 난다.

나는 이 이야기가 도전으로서의 여행에 대한 좋은 비유라고 생각한다. 이야기 속의 마귀할멈은 여행에서 우리가 만나게 되는 위험과 난관을 의미한다. 그리고 아이들이 집으로 가지고 온 보석은 여행자들이 위험과 난관을 헤쳐 나가면서 발견한 자신 안의 지혜와 용기라고 할 수 있다. 헨젤과 그레텔은 여행을 통해 어른이 된 것이다. 우리는 시련과 난관이 있는 낯선 세상 속에 내던져졌을 때 비로소 지혜와 용기의 보석을 발견할 수 있다.

세상의 모든 이야기는 비슷한 얼개를 가지고 있다. 크게 보면 이야기는 '떠남, 시련의 여정, 귀환'이라는 세 부분으로 이뤄진다. 주인공들은 삶 속에서 길을 떠나야 할 어떤 계기를 만난다. 어떤 계시나 불행과 같은 내외부적인 사건을 통해 스스로 길 위에 서거나 길에 내동댕이쳐진다.

그러나 주인공들은 길 위에 서는 것이 고통스럽고 불행하다고

만 느끼지 않는다. 다른 세계로 나아가는 새로운 문으로 받아들이고 운명처럼 길 위에 선다. 길 위에는 수많은 고난과 위험이 주인공을 기다리고 있다. 하지만 주인공은 고난과 위험을 헤쳐 나가면서 자신 안에 감춰진 삶의 지혜와 용기를 발견한다. 그것은 주인공 혼자만의 힘으로는 불가능하다.

주인공은 길 위에서 만난 수많은 인연의 도움을 받는다. 신, 동물, 타인과의 협력을 통해 지혜를 얻고 위기를 극복한다. 결국 시련의 여정 속에서 주인공은 떠나기 전보다 훨씬 더 성장한다.

『헨젤과 그레텔』『서유기』『십오 소년 표류기』『바리데기』『보물섬』『피터팬』『재크와 콩나무』『심청전』『주먹이 이야기』『구렁덩덩 신선비』 등 세계 곳곳의 이야기는 길 위에서 펼쳐지고 주인공은 그 길 위에서 성장한다. 〈스타워즈〉나 〈반지의 제왕〉 같은 영화 역시 공간적 배경은 다르지만 비슷한 이야기의 구조를 담고 있다.

우리가 여행을 갈망하는 것은 단지 쉬고 싶고 놀고 싶어서가 아니다. 우리는 도전을 통해 더 성장하기 위해 여행을 떠난다. 성장의 본능이 우리를 여행으로 이끄는 것이다.

7장

혼자 갈까? 함께 갈까?

'연결'로의 여행

Homo Viator

"헹님!" 푼힐 전망대에서 일출을 보고 내려오는 길에 가이드 어속이 나를 불렀다. "나…… 많이 아파요." 얼굴이 울상이었다. 이미 며칠 전부터 조짐이 있었다. 걸을 때마다 항문 근처가 너무 아프다는 것이었다. 확인해 보니 항문 바로 옆에 방울토마토만 한 농양이 생겨 땡땡하게 부어 있었다. 급한 대로 가지고 있던 진통 소염제를 주고 온수로 좌욕할 것을 권했다.

그러나 부기와 통증은 좀처럼 가라앉지 않았다. 어속은 걸을 때도 점점 더 힘들어했고, 앉을 때도 엉거주춤했다. 환부를 다시 봤다. 더 이상 함께 갈 수 있는 상태가 아니었다. 며칠 전보다 더 빨갛게 부어올라 외과적인 절개가 필요해 보였다.

다행히 우리가 있는 '고레파니'라는 곳은 차량이 다니는 마을까지 멀지 않았다. 결단을 내려야 했다. 여기서 트레킹을 중단하고 마을로 내려갈지 아니면 트레킹을 계속할지를. 어속은 많이 망설였다.

어속을 처음 만난 것은 카트만두에 도착한 날이었다. 한 여행사를 통해 가이드 겸 포터로 그를 소개받았다. 처음에 그를 본 순간 실망이 이만저만이 아니었다. 처음 가는 고산 트레킹에 잔뜩 불안했던 나는 여행사에 경험 많은 가이드를 소개시켜 달라고 신신당부를 했다. 그런데 내 눈앞에 고등학생 정도로 보이는 앳된 청년이 나타난 게 아닌가. 게다가 그는 너무 마르고 유약해 보였다.

트레킹을 하루 앞두고 온갖 걱정에 빠져 있던 나는 더욱 심난해졌다. 여행사 쪽에서는 가이드와 포터 두 역할을 모두 잘 해낼 수 있는 사람이라는데, 이 어린 친구가 둘 중 하나라도 제대로 할 수 있을지 도무지 신뢰할 수 없었다. 게다가 한국어도 무척 서툴렀다.

나는 여행사 사장에게 따졌다. 그러나 연신 미안하다고만 할 뿐, 이 친구 외에는 사람이 없다는 것이었다. 어속은 그런 나를 설득하기 시작했다. 여행사 사장도 그와 같이 갔던 사람들이 만족했다며 옆에서 거들었다.

나는 잠시 고민했다. '이 친구와 가야 하나? 아니면 다른 사람을 알아볼까?' 당장 내일 트레킹을 시작할 계획인데 다른 여행사를 찾아간다는 게 엄두가 나지 않았다. 일단 이 어린 친구를 믿어보는 수밖에 없었다.

다음 날부터 우리는 24시간 함께 생활했다. 그는 성실했고 눈치가 빨랐다. 나의 페이스를 살피면서 속도를 조절해 줬고, 걸으면서 힘내라고 세계 각국의 음악을 들려줬다. 보름 정도 함께하는 동안 우리는 많은 이야기를 나눴다.

그는 한국어능력시험인 EPS-TOPIK에서 좋은 성적을 거둬 한국에서 취업하고 싶어 했다. 그리고 한국에서 돈을 모아 미국이나 호주에서 경영학을 공부하고 싶다고 했다. 장차 네팔에 협동조합 은행을 만들어 조국을 가난에서 벗어나게 하는 데 기여하는 게 그의 꿈이었다.

그런 꿈이 있어서일까? 그는 산에서 만난 다른 가이드나 포터와 달랐다. 산행이 끝나는 밤이면 롯지 식당에 모여 술을 마시거나 카드 게임을 하는 다른 가이드들과 달리 그는 한국어 공부를 했다. 그리고 낮에는 즐겁게 일했다. 그에게 가이드 겸 포터란 평생 벗어날 수 없는 고역이 아니라 하고 싶은 일을 이루기 위한 디딤돌인 셈이었다. 그와의 첫 만남은 실망으로 시작했지만 시간이 갈수록 믿음이 갔다.

그런 어속이 갑작스럽게 떠난다고 생각하니 섭섭했지만 일단 내려보내야 했다. 발길이 잘 떨어지지 않는 듯 그는 연신 뒤돌아보며 손을 흔들었다. 나도 그가 시야에서 사라질 때까지 지켜봤다.

나는 여행사 직원과 전화로 상의한 끝에 급하게 다른 가이드를 소개받기로 했다. 새로운 가이드가 올라오는 데는 하루 정도가 걸린다고 했다. 고레파니에서 하루 더 머무는 수밖에 없었다.

나는 천천히 마을을 돌았다. 뒷짐을 지고 마을 사람들보다 더 천천히 걸었다. 뜨거운 물에 샤워도 했다. 괜히 빨랫감을 만들어 빨래도 했다. 안나푸르나 산군이 쫙 펼쳐진 양지바른 곳에 앉아서 책도 읽었다. 난롯가의 고양이처럼 따뜻한 볕에 취해 잠이 들기도 했다.

그러나 시간은 너무나 천천히 흘렀다. 오늘 새벽까지만 해도 그렇게 장엄해 보이던 히말라야 풍경도 시들했다. 책도 잘 눈에 들어오지 않았다. 뭘 해도 재미가 없고 지루했다. 이내 내가 느끼는 감정이 지루함이 아니라 허전함임을 알아차렸다. 열 몇 시간만 지나면 다른 가이드가 온다는 사실을 잘 알고 있었지만 허전함은 가시지 않았다.

그동안 알게 모르게 나는 어속에게 많이 의지하고 있었다. 부모 손을 꼭 잡고 따라다니는 아이같이 그를 보호자처럼 여기고 있었던 것이다. 나는 시장통에서 엄마 손을 놓친 아이처럼 하루 종일 안절부절못했다.

그러다가 불현듯 연락도 잘되지 않는 곳에 남편을 떠나보내고 혼자 아이들을 돌보고 있을 아내 생각이 났다. 병원 문을 닫으면서 불가피하게 치료와 상담을 끝내야 했던 분들도 생각났다. 오늘 어속을 떠나보내고 나서야 의지했던 누군가를 떠나보내며 혼자 남겨진 사람들의 심정을 조금은 알 것 같았다. 무엇을 해도 채워지지 않는 그 헛헛한 마음을 안고 하루를 보냈다.

—2014년 12월 4일, 네팔 고레파니에서

낯선 존재에게
다가가기

H를 만난 것은 칠레의 해변도시 비냐 델 마르에 있는 한 호스텔의 12인실에서였다. 늦은 오후에 체크인을 마친 나는 짐을 풀자마자 출출함을 달래려고 라면을 챙겨 들었다. 그때 한 여성이 방으로 들어오면서 "신라면?" 하고 물었다. 나는 반가움에 반사적으로 "와! 한국 사람?"이라고 되물었다.

알고 보니 그녀는 한국인이 아니라 칠레 산티아고에 사는 대만인이었다. 평소 한국 음식과 문화에 관심이 많았던 터라 라면도 아니고 신라면을 알아본 것이다. 그녀도 출출했던지 부엌에 내려와 스파게티를 끓였다. 우리는 라면과 스파게티를 나눠 먹으며 여행에 대한 이야기를 나눴다. 그 호스텔에 묵고 있는 단 2명의 동양인이라는 이유 하나만으로도 우리는 가까워질 수 있었다.

마땅히 다른 계획이 없었던 우리는 호스텔 바로 옆의 바로 자리를 옮겼다. 바텐더는 칠레의 젊은이들이 좋아한다는 '피스콜라'라는 칵테일을 추천했다. 피스콜라는 포도 브랜디인 피스코에 콜라를 섞은 칵테일이었다. 술이 한 잔 들어가자 이야기는 점점 깊어져 갔다. 한국 음악 이야기, 칠레로 유학을 온 사연, 대만의 정치 상황, 남미 여행 이야기 등. 나 역시 안식년을 갖고 여행을 하게 된 과정을 더듬더듬 이야기했다.

서툰 영어로 인해 대화는 수시로 끊겼지만 소통에는 문제가 없었다. 오히려 서툰 언어가 소통을 더 잘되게 해주는 것만 같았다. 어떤 말을 하고 싶어 하는지 알아들으려면 더 집중해서 대화를 나눠야 했고, 띄엄띄엄 이야기해도 잘 통하는 느낌이 들었다. 상대의 눈을 보는 것만으로도 이 사람이 내 말을 잘 듣고 이해한다는 것을 느낄 수 있었다. 불과 몇 시간의 만남이었지만 오래전부터 알고 지낸 것 같은 친밀함이 느껴졌다.

우리는 숙소 바로 앞 해변으로 나갔다. 드넓게 펼쳐진 해변의 곡선이 달빛처럼 갸름하고 부드러웠다. 출렁이는 바다에는 달빛이 넘실거렸고 파도가 칠 때마다 모래사장 안까지 달빛이 흘러들어왔다. '비냐 델 마르(바다의 포도밭)'라는 도시 이름 때문이었을까? 바닷바람에서 와인 향이 나는 것만 같았다.

우리는 와인 한 병을 사 가지고 숙소에 들어와 늦은 시간까지 이야기를 이어갔다. 그리고 동틀 무렵이 다 돼서야 열 명이 잠들어 있는 12인실로 살금살금 들어가 잠이 들었다.

다음 날 오전에 우리는 헤어졌다. 만난 지 만 하루도 안 됐는데 깊은 아쉬움이 느껴졌다.

흔히 어릴 때 만난 사이일수록 더 친밀하다고 말한다. 왜 그럴까? 단지 만난 시간이 길어서일까? 내 생각엔 이해관계를 떠나 순수한 마음으로 만났기 때문이 아닐까 싶다. 다른 목적 없이 순수하게 함께 놀았기 때문에 가장 친할 수 있었던 것이다. 관계의 깊이는 결코 시간에 비례하지 않는다.

여행에서의 만남도 마찬가지다. 여행은 우리의 마음을 열고 관계에 깊이를 더해주는 시간이다. 굳이 잘 보일 필요도 없고, 무언가를 꾸미거나 감출 필요도 없다. 어떤 경우에는 성별, 나이, 문화, 언어의 차이도 별로 중요하지 않다. 우리는 여행을 통해 서로의 차이를 구분하는 습관에서 벗어나 보편적 인간으로서의 동질감을 회복한다.

반면 도시에서의 일상적 만남은 일면적이고 계산적이다. 이해관계에 따라 사람을 사귈 가능성이 높고 자신의 좋은 모습만 돋보이게 하려고 노력한다. 누군가를 만나면 내게 얼마나 도움이 될지를 따져보고 무엇을 얻고 있는지를 계산한다. 관계란 교류가 아니라 거래가 되기 쉽고 갈등과 충돌로 점철되기 쉽다. 될 수 있는 한 손해를 보지 않으려고 애쓰고, 타인의 인정과 평판에 지나치게 신경을 쓰게 된다.

그러다 보면 인간관계가 즐거움을 주기는커녕 오히려 스트레스를 주거나 에너지를 빼앗기 쉽다. 관계 스트레스를 많이 받다보면 결국 상대에게 관심을 갖지 않고 마음을 주지 않게 된다. 상대를 사물화하는 것이다. 기대도 하지 않고 관심도 주고받지 않으므로 상처받을 일도 없다.

그러나 여행에서 우리는 종종 그 사람 자체에 대한 관심을 갖게 된다. 이익을 따져보는 것이 아니라 '저 사람은 어디에서 왔고 어디로 가는 걸까?' '그는 왜 여행을 떠나왔을까?' '저 사람은 무슨 일을 할까?' '그는 이 여행에서 무엇을 느끼고 있을까?' 등 그 사람 자체에 대한 호기심이 피어난다.

우리는 타인을 사물화하는 것에서 벗어나 타인을 목적으로 대하게 된다. 유대인 철학자 마틴 부버(Martin Buber)의 표현을 빌자면 '나와 그것'의 관계에서 '나와 너'의 관계를 회복하는 것이다. 그래서인지 여행에서 만난 이들은 유독 오래 기억에 남는다. 여행은 단절된 혹은 연약한 관계의 끈을 회복시켜 주곤 한다. 사람에게 받은 상처를 사람으로 인해 아물게 할 수 있는 기회를 준다.

나는 낯가림이 심한 편이었지만 여행의 시간 동안 점점 사람들과 잘 어울리게 됐고, 나중에는 내가 먼저 다른 사람에게 다가가기도 했다. 처음에는 1인실 숙소를 쓰다가 점차 다인실 숙소를 이용했고 나중에는 스스럼없이 혼성 다인실에서 묵곤 했다. 여행을 통해 자아의 경계가 낮추어지고 틈이 생겼다. 그 틈을 통해 마음이 오갔다. 대부분 일회적이고 스쳐 지나가는 사람들이었지만 짧은 시간 동안에 인간적인 감정을 주고받은 이들도 있었다. 때로는 약하게 때로는 강렬하게!

특히 대자연에서 트레킹을 함께했던 이들과는 더욱 그러했다. 자연이 경계를 허물고 교류하는 데 강력한 촉매 작용을 한 것이다. 자연 속에서 누군가를 만나면 자아의 투과성은 더욱 높아지고 낯섦에 대한 경계는 더욱 약해진다. 왜 산에 오를 때 우리는 낯선 사람들에게도 쉽게 웃음을 건네고 인사를 하지 않는가.

우리의 자아 경계는 여행을 할 때 느슨해진다. 여행은 자아 밖으로 우리를 이끌어 새로운 사람, 자연, 문화 등과의 연결을 만들어낸다. 『체 게바라 어록』에는 왜 여행을 할 때 낯선 존재에게 먼저 다가갈 수 있게 되는지를 짐작할 수 있는 대목이 나온다.

낯선 존재에게 말을 거는 용기는 아마도 자연이 가르쳐준 것이리라. 자연의 존재들은 끊임없이 낯선 존재에게 말을 건넨다. 바람은 나뭇잎과 가지에게, 곤충은 꽃에게, 하늘은 땅에게, 모든 존재들은 나에게 말을 건넨다. 그런 자연에는 절대 고독이란 없다.

그는 혁명가 이전에 여행자 혹은 시인의 피를 지닌 사람임에 틀림없다. 나는 지금도 달빛이 아주 좋은 날이면 비냐 델 마르의 주황색 밤바다와 검붉은 와인 그리고 피스콜라가 생각난다. 그리고 몽테뉴가 이야기한 여행의 정의를 떠올린다. "여행은 우리의 뇌를 다른 이들의 뇌에 문질러 다듬는 것이다."

누군가와
함께 여행한다는 것

유럽에서 아이들과 함께 자동차여행을 다니다 보니 불편한 것이 화장실 문제였다. 두 아이가 서로 다른 시간대에 수시로 화장실을 가고 싶어 하는 바람에 차 안에서 용변을 봐야 할 때도 있었다. 아이스티를 좋아하는 아이들 때문에 늘 아이스티 통이 있었기에 우리는 그것을 소변기 대용으로 사용했다. 문제는 소변을 보고 나면 이것이 아이스티인지 소변인지 헷갈린다는 것이었다. 결국 이로 인해 웃지 못할 해프닝이 벌어졌다.

가족여행 초기, 독일 라인 강변에 위치한 오버베젤 마을에 도착했을 때였다. 누군가가 차에서 내리면서 남은 음료수라고 생각하고 아이스티 통을 들고 와서 숙소 냉장고에 넣어뒀다. 다음 날 새벽에 잠이 깬 나는 무심결에 냉장고 문을 열고 음료수 병을 꺼내 벌컥벌컥 마셨다. 순간 참을 수 없이 역겨운 맛이 났다. 내가 마신 것은 아이스티가 아니라 둘째 녀석의 소변이었다.

나는 화장실로 뛰어들어 수도 없이 이를 닦아야 했다. 아무리 닦아도 역겨운 맛은 없어지지 않았다. 화가 났지만 그렇다고 화를 내기도 뭐했다. 아이들은 처음에는 당황해서 어쩔 줄 몰라 하다가 이내 배꼽을 잡고 웃기 시작했다. 나도 덩달아 웃음이 터졌다. 그 해프닝은 여행 내내 두고두고 이야깃거리가 됐다.

나는 여행을 다녀온 뒤로 아이스티 소변 사건 외에 무엇이 가장 기억에 남는지 아이들에게 물어보았다. 아이들은 캠핑을 가장 오랫동안 기억했다. 캠핑의 어떤 면이 재미있었느냐는 질문에 아이들은 이렇게 대답했다. "다 같이 자고, 함께 불 피우고, 함께 먹고, 함께 다니고, 함께 일하고…… 그런 게 좋았지."

아마 먼 옛날 사람들의 생활이 그러했을 것이다. 각자 생활이 따로 있는 게 아니라 모든 것을 함께했을 것이다. 어렸을 때부터 부모와 같이 사냥터에 나가거나 채집을 하고, 집을 고치거나 무기를 손질하고, 땔감을 마련해 같이 불을 피우고 고기를 구웠을 것이다.

여행의 기간 동안 우리 가족도 그렇게 지냈다. 우리는 모든 것을 함께했다. 초등학교에 다니는 아이들은 일방적인 보살핌을 받는 입장에서 벗어나 작은 일이라도 나눠 맡았다. 아이들은 차 안에서 우리가 도착할 도시의 정보를 읽어줬고, 숙소에 도착하면 함께 짐을 옮겼다. 캠핑할 때는 다 같이 텐트를 펼치고 말뚝을 박았다. 아내와 내가 식사를 준비하면 아이들은 그사이에 텐트 안에 매트를 깔고 짐을 정리했다. 식사가 끝나면 설거지는 세 남자의 몫이었다.

보살핌을 받아야만 하는 어린아이들이라고만 생각했는데 여행하는 동안 아이들은 적극적으로 제 몫을 다했다. 어떤 때는 아이들이 더 길을 잘 찾았고, 숙소의 시설을 더 잘 이용했다. 트레킹할 때는 앞장서서 아내와 나를 안내하기도 했다. 그 모든 것을 귀찮은 일이 아니라 가족의 일원으로서 마땅히 해야 할 일로 받아들였고, 일하는 동안 자신들도 공동체의 엄연한 일원이라는 소속감을 더 강하게 느끼게 됐다. 여행하는 동안 아이들이 한 뼘 더 자란 것 같았다.

그러나 가족이라 해도 늘 붙어 다니는 것이 서로를 친밀하게 해주는 것만은 아니었다. 불가피하게 갈등이 생기고 싸움이 벌어지기도 했다. 늘 만장일치가 될 수는 없기에 결정에서 배제된 누군가를 달래느라 애를 먹기도 했다.

가족이 이럴진대 친구와의 여행에서는 더한 갈등이 빚어질 수밖에 없다. 예상하지 못한 아주 사소한 문제로도 다툼이 일어나고 사이가 벌어진다. 딸기잼을 살지 사과잼을 살지를 가지고도 속이 상할 수 있다. 자기 생각밖에 하지 않는 것 같아 상대가 너무 얄밉게 여겨질 수도 있다. 심한 경우 동반자 때문에 여행을 망친 기분이 들 수도 있고 급기야는 여행 중에 동반자와 헤어지기도 한다.

그러나 어떤 식으로든 대화를 통해 서로의 생각과 주장을 이해하고 조율할 수 있다면 그 갈등이 서로를 더 친밀하게 해줄 수도 있다. 우리 가족은 의견 조율을 하느라 많은 시간을 허비하기도 했고, 의견 충돌로 결국 아무것도 못한 적도 있었다.

190

돌이켜보면 그런 일들은 가족 공동체 생활을 하는 데 필요한 좋은 훈련이 되었다. 아이들은 서로의 입장이나 취향이 다름을 이해하고 양보와 규칙이 필요함을 더 잘 이해하게 됐다. 때로는 자기주장을 내세우기보다 가족이라는 팀을 위해 양보하는 모습도 보여줬다. 우리는 한 배를 탄 운명 공동체로 일상의 고락을 함께했다. 각자 가고 싶은 곳이나 먹고 싶은 것이 다를 때는 서로의 차이를 인정하고 팀을 나눠 여행하기도 했다.

이렇게 가족여행을 하면서 초등학교 운동회의 이인삼각 경기가 떠올랐다. 24시간 누군가와 함께하는 여행을 하는 동안 우리는 자기만의 공간을 잃게 된다. 그것은 이인삼각처럼 서로의 발을 묶어놓은 것과 같은 답답함이나 불편함을 준다. 참고 걸어봐도 처음에는 자기 생각만 하거나 호흡이 맞지 않아 자주 넘어진다. 나만 더 노력하고 상대방은 별로 신경 쓰지 않는다고 불만을 가질 수도 있다. 짜증이 나서 이럴 바에야 바로 끈을 풀어버리고 싶은 마음이 들기도 한다.

하지만 호흡을 맞추기 전에 걸리고 넘어지는 것은 당연한 일이다. 다른 누군가와 함께 여행을 한다면, 처음엔 서툴러서 넘어지는 게 당연하다.

여기서 중요한 것은 시간이 지날수록 호흡을 점점 맞춰가는 것이다. 그렇게 생각하면 우리는 넘어졌다고 상대를 비난하거나 미워할 이유가 없다. 성급히 끈을 풀지 않아도 된다. 시간이 지날수록

"여행은 우리의 뇌를
다른 이들의 뇌에 문질러 다듬는 것이다."

파타고니아 토레스 델 파이네 트레킹 중, 그레이 산장에서.

점점 호흡을 맞춰 걸어갈 수 있고 나중에는 숫자를 붙여가며 뛸 수도 있다. 점점 호흡이 맞아 뛰어갈 수 있게 됐을 때의 그 즐거움은 말로 표현할 수 없다. 갈등을 부드럽게 해결해 나가면서 상대를 이해하고 상대와 더 가까워진 느낌이 들 것이다.

유럽 가족여행을 다녀온 지 벌써 2년이 다 돼가지만 지금도 우리는 함께 여행의 추억을 떠올리며 에피소드를 나누곤 한다. 그 동고동락의 시간을 잊을 수 없어서다.

혼자 떠나도
외롭지 않은 이유

아르헨티나 남부 엘 찰텐에서의 피츠로이 트레킹은 연일 감탄을 자아내게 했다. 산수의 풍경이 빼어난 데다 맑은 날씨까지 더해지니 정신을 차릴 수가 없었다. 몇 걸음 걷고 탄성을 뱉고 또 몇 걸음 걷고 탄성을 뱉고를 반복했다. 안데스 트레킹을 가야겠다고 결심한 계기도 피츠로이 사진이었다. 그 사진을 보고 나는 '그래, 저 산을 보며 초원 위에서 잠들고 싶다!'라는 강한 이끌림에 사로잡혔다. 그랬던 내가 사진 속 풍경에 들어와 있는 것이다.

나는 마을에서 출발해 오후에 피츠로이 봉우리들이 올려다보이는 캠핑장에 도착했다. 원래는 이튿날 새벽에 일출을 보러 피츠로이 봉우리 바로 아래에 있는 트레스 호수까지 올라갈 계획이었다. 캠핑장에서 호수까지의 길은 경사가 가팔라서 시간이 꽤 걸린다고 들었다. 그러나 캠핑장에서 피츠로이를 바라보고 있자니 참을 수가 없었다. 내일은 내일대로 보더라도 오늘 트레스 호수로 가서 피츠로이를 좀더 가까이 보고 싶었다.

나는 한걸음에 달려갔다. 그리고 한참 동안 호수에 비친 피츠로이 봉우리를 바라보다 내려왔다. 그 자태가 너무 아름다워 그리스 신화에 나오는 나르키소스가 생각났다. 만약 피츠로이가 사람이나 신이었다면 호수에 비친 자기 모습에 반해 호수로 뛰어들었을 것만 같았다.

어둑해질 무렵 캠핑장으로 내려온 나는 부리나케 밥을 해 먹었다. 초원과 숲의 언저리에 걸쳐 있는 드넓은 캠핑장엔 겨우 텐트 몇 동만이 펼쳐져 있었다. 그중에서 혼자 캠핑하는 사람은 나뿐이었다. 나는 일찌감치 텐트에 누웠다. 바깥에서 도란도란 말소리와 기분 좋은 웃음소리가 들려왔다. 그러나 나는 외롭지 않았다. 외롭기는커녕 충만했다. 나는 홀로 있는 게 아니라 피츠로이의 품에 안겨 누워 있는 것 같았다.

다음 날 새벽에 저절로 눈이 떠졌다. 또 한 번 피츠로이를 보고 싶어 피곤한 줄도 모르고 벌떡 일어났다. 2시간쯤 걸리는 트레스 호수까지 또 한 번 내달렸다. 새벽 햇살을 받아 빨갛게 물든 피츠로이는 또 한 번 나를 감탄하게 만들었다.

나는 떨어지지 않는 발을 겨우 떼어 다음 목적지인 트레 호수로 향했다. 가을빛이 가득한 그 길에는 크고 작은 호수들이 연이어 있었다. 그곳에서 세상은 쌍으로 존재했다. 물에 비친 세상과 물 위의 세상!

나는 길을 걷다가 호숫가에 멈춰 섰다. 호수에 비친 산의 반영들을 바라봤다. 너무 맑은 거울이었다. 그 거울 위를 물새들이 미끄러지듯 날아올랐다. 그 순간 내 온몸이 열렸다. 낮은 탄식이 흘러나왔다. 나와 세상의 경계가 사라졌다. 평원의 빛과 공기와 바람이 그대로 내 몸속을 드나들었다. 내 마음 또한 호수처럼 투명해졌다. 나와 나를 제외한 세계가 존재하는 것이 아니라 나와 세계가 그대로 하나가 됨을 느꼈다.

나는 하염없이 그 호숫가에 서 있었다. 불어오는 바람에 나는 모래 알갱이처럼 흩어졌다. 나는 낱낱이 흩어져 호수의 수면 위로 떨어지기도 하고, 숲으로 날아가 나무 위에 내려앉기도 하고, 검은 땅 아래로 스며들기도 했다.

남미 여행 동안 많은 시간을 혼자 있었지만 나는 외롭지 않았다. 오히려 자유로웠고 행복했다. 왜 그랬을까? 그 첫 번째 이유는 홀로 떠나는 여행을 스스로 선택했기 때문이었다. 즉, 내가 원해서 여행을 떠났고, 내가 원할 때 여행을 끝낼 수 있었다.

우리가 두려워하는 것은 혼자 있는 게 아니라 혼자 남겨지는 것이다. 사람들로부터 버려지거나 배제돼 내가 원할 때조차 같이

할 수 없는 단절된 상태로 남는 것을 두려워한다. 그러나 여행의 기간 동안 나는 중요한 사람들과 심리적으로 연결돼 있었고, 언제라도 여행이 끝나면 나를 환영해 줄 사람들이 있음을 믿었기에 외롭지 않았다.

두 번째 이유는 새로운 사람들과의 연결 덕분이었다. 홀로 떠난 여행이었지만 나는 혼자이면서 또 혼자가 아니었다. 여행지 곳곳에서 새로운 사람들과 만났고 종종 팀을 이뤄 같이 여행을 다녔다. 소통의 어려움은 있었지만 굳이 많은 이야기를 나누지 않아도 괜찮았다. 우리는 함께 고생하고 즐거움을 나누며 자연스럽게 가까워졌다. 단지 같은 길 위에 서 있고, 같은 방에서 잠든다는 것 자체가 위안을 주고 연대감을 형성했다. 내가 걷는 길 앞뒤로 누군가 걸어가고 있다는 것 자체만으로도 '함께한다'는 느낌을 받았다.

특히 안나푸르나의 쏘롱 고개를 넘을 때나, 토레스 델 파이네의 가드너 패스를 넘을 때처럼 힘든 순간에는 앞뒤에 누군가 있다는 것이 큰 힘이 됐다. 내가 가는 이 길이 맞는지 틀린지 알 수 없는 상황에서 누군가를 발견했을 때의 기쁨과 안도감은 특별했다.

때로는 아무도 보이지 않았지만, 그 길에 남은 수많은 흔적만으로도 위로를 받았다. 페루 산타크루즈 트레킹에서 혼자 먼저 내려오다 길을 잃어 막막했을 때는 땅에 떨어진 과자 봉지 하나가 큰 위안을 줬다. 어떤 때는 주인을 잃은 개가 나와 함께해 줬다.

세 번째 이유는 나와 함께하는 여행이기 때문이었다. 많은 시간 동안 혼자 여행한 덕분에 나 자신과 더 깊게 만날 수 있었고, 나의 또다른 면을 발견할 수 있었으며, 지난 삶을 돌아보며 앞으로의 삶을 그려보기도 했다. 온전히 내가 내 안에 머무를 수 있는 시간이었기에, 혼자 여행하는 것이라기보다는 나와 함께하는 여행이라는 느낌을 받곤 했다.

나는 지난 여행을 통해 고독과 외로움의 확연한 차이를 알게 되었다. 물론 둘 다 홀로 있는 것이지만 '고독(solitude)'이 스스로 관계에서 물러나 자신을 벗 삼고 있는 시간이라면 '외로움(loneliness)'은 다른 사람과 단절되고 자신도 의지가 되지 않는 공허의 시간이다. 여행은 자신과 함께하는 고독의 시간이다.

네 번째 이유는 여행지 특히 자연과의 연결감 때문이었다. 이것이 홀로 여행하면서도 외롭지 않고 평화로울 수 있었던 가장 큰 이유였다. 자연은 내게 끊임없이 말을 걸고 고향처럼 감싸줬다. 나는 여행하면서 종종 자연의 일부가 됐고, 어느 순간에는 자연과 하나가 됐다. 들판에 혼자 잠들어도 외롭지 않았다.

꼭 자연뿐만이 아니었다. 이탈리아의 아시시, 네팔의 박타푸르, 독일의 고슬라르 같은 옛 유적이 가득한 도시에 있을 때면 공간 자체가 나를 안온하게 감싸주는 느낌을 받았다. 그 공간에 머물러 있다는 사실만으로도 충만감을 느꼈다.

결국 나는 혼자 여행을 다니는 시간에도 혼자가 아니었다. 내게 중요한 사람들 그리고 새로운 사람들과 연결돼 있었고, 여행의 공간과 연결돼 있었다. 함께 떠난 여행은 그 여행대로 좋았고, 혼자 떠난 여행 또한 그 여행대로 좋았다. 모든 여행의 시간 동안 나의 연결은 더욱 넓고 깊어졌다.

씻은 손과 숟가락 중
어느 것이 더 깨끗할까

네팔 여행 초반에 곤혹스러웠던 점 중의 하나는 어디를 가더라도 길에 똥이 널려 있다는 것이었다. 마을 근처의 길은 더욱 심했다. 거의 발 디딜 곳이 없을 만큼 똥이 많았다. 소, 말, 야크, 닭, 오리, 돼지, 당나귀, 개, 양 등 다양한 동물들의 똥이 있었다. 처음에는 위생이 불결하다는 생각이 들었다. 그러나 시간이 지나자 가축들을 방목하다시피 키우고 있으니 어찌 보면 당연한 일이라고 생각됐다.

놀라운 사실은 그다음 날 트레킹을 하러 길을 나서면 마을의 그 많은 똥이 다 사라지고 없다는 것이었다. 과연 그 많던 똥은 다 어디로 갔을까? 환경미화원이 따로 있는 것도 아닌데 말이다. 알고 보니 그곳 사람들이 아침 일찍 일어나 자기 집 앞의 길을 깨끗이 치웠기 때문이었다. 그 모습을 보고 한국과 네팔 두 나라 중에 어느 나라가 더 위생적이고 시민 의식이 높은지 다시 생각해 보게 됐다.

손으로 음식을 먹는 문화도 마찬가지다. 처음에는 많은 네팔인들이 손으로 음식을 먹는 것을 보고 비위생적이라는 느낌을 받았다. 그런데 가만히 보니 식사 전에 늘 비누로 손을 잘 씻는 것이었다. 나는 의문이 들었다. '씻은 손이 더 깨끗할까? 씻은 숟가락과 젓가락이 더 깨끗할까?'

여행을 하다보면 문화 차이를 느낄 때가 많다. 자기중심적인 우리로서는 자동적으로 자신이 속한 문화의 관점에서 그 차이를 바라보게 된다. 그리고 너무나 쉽게 '비위생적, 야만적, 비윤리적, 몰상식한, 나쁜'이라는 꼬리표를 붙이고 만다. 하지만 문화적 차이란 우열의 문제가 아니다. 우리로서는 잠시 스쳐 지나가는 여행지일 뿐이지만, 그곳의 문화는 거주민들이 만들어왔고 앞으로도 영위할 것이기 때문이다.

아르노 그륀의 『평화는 총구에서 나오지 않는다』에서 읽은 이야기다. 17세기에 르 죈이라는 프랑스 예수회 소속의 신부가 있었다. 그는 신앙을 전파하기 위해 캐나다의 몽타네-나스카피 원주민과 여러 해 동안 함께 생활했다. 이 부족은 평화로웠고 서로 나누며 만족스러운 삶을 살고 있었다. 그는 여러 가지 문화적 차이를 야만이라고 여기지 않고 존중했기에 부족원들과 원만한 관계를 유지할 수 있었다.

그러나 신부로서 도저히 그냥 지나칠 수 없는 문제가 하나 있었다. 일부일처제를 지키지 않고 혼교(混交)가 이뤄지는 성문화였다. 그곳 아이들은 아버지가 누구인지도 모른 채 태어났다.

그 신부는 일부일처제를 가르치는 것이 자신의 책임이라고 느꼈다. 그는 원주민들에게 누구와 성관계를 가졌는지 정확히 할 것을 요구했다. 그러지 않았을 때 나타나는 여러 가지 문제점을 지적하면서 말이다. 그러자 원주민 족장은 일부일처제를 강요하지 말라며 이렇게 말했다고 한다.

"당신은 잘 모르시는군요. 당신네 프랑스 사람들은 자기 자식만을 사랑하는지 모르겠지만, 우리는 우리 부족의 모든 아이를 사랑합니다."

공동육아를 하는 그 부족에게는 모두가 부모이고, 모두가 자녀였다. 물론 여기에는 얼마든지 반론이 따를 수 있다. 하지만 여행자들은 여행지에 사는 사람들의 생각, 언어, 풍습, 예절 등을 존중하고 이해할 필요가 있다.

나는 네팔에서 만났던 스위스인 트레커를 잊지 못한다. 그는 네팔 현지인처럼 매끼 손으로 밥을 먹었고, 배낭을 어깨에 메지 않고 머리에 끈을 매어 지고 가곤 했다. 좋아서 그렇게 한 것도 합리적인 이유가 있어서 그렇게 한 것도 아니었다. 그들처럼 생각하고 그들처럼 생활해 보고 싶은 마음 때문이었다. 그는 일과가 끝나고 롯지 난롯가에서 트레커들끼리 이야기를 나눌 때면 네팔어를 공부했다. 새로운 네팔어를 하나하나 배워가는 것을 크게 기뻐했다.

그 스위스인 트레커를 보고 있자니 정신과 전공의 시절에 같이 수련을 받았던 동료 정신과의사가 떠올랐다. 그는 약물 부작용 때문에 투약을 싫어하는 환자들의 마음을 이해하고 싶어 스스로 부작용이 큰 정신과 약물을 복용하기도 했고, 심지어 전기충격요법을 직접 받아보기도 했다.

물론 모든 정신과의사가 그래야 한다거나 모든 여행자가 스위스 트레커처럼 여행해야 한다는 말은 아니다. 다만 역지사지의 마음과 내부자 관점을 취하려는 노력이 중요하다는 것을 이야기하고 싶다. 그것이 공감과 공존의 기초이기 때문이다. 여행에서 우리의 호기심은 커지고 공감 능력은 향상된다. 여행은 다른 사람의 입장이 돼보고, 다른 사람의 입장에서 나를 바라보는 공감의 시간이다.

여성 탐험가 프레야 스타크는 유럽인의 발자국이 극히 드문 중동을 주로 여행했다. 84세의 고령임에도 불구하고 유프라테스 강을 따라 뗏목여행을 다녀온 그녀는 여행을 다닐 때면 늘 배우는 자세로 임했다. 여행지의 역사, 지리, 종교, 문화 등에 관한 책을 섭렵하는 것은 물론 아랍어와 그 지역의 고대 문자까지 공부했다고 한다.

그녀는 자신의 여행 이야기를 어머니 플로라에게 자주 편지로 알렸다. 1938년에는 자신이 생각한 '여행가가 갖춰야 할 일곱 가지 항목'을 편지에 남겼다. 그녀가 첫 번째로 꼽은 항목은 무엇이었을까? 그것은 바로 "자신의 기준과 맞지 않는 기준을 인정하고, 자신의 가치관과 다른 가치관이 있다는 것을 인정할 것"이다.

8장

내가 살아
숨 쉬고 있구나!

'행복'으로의 여행

Homo Viator

얼마나 더 걸어야 할까? 새벽 4시부터 걷기 시작한 게 어느덧 열두 시간을 넘어섰다. 발걸음이 질질 끌렸다. '더는 못 걷겠다'라는 소리가 입 밖으로 나오려던 참에 마을이 눈에 들어왔다. 틸리초 베이스캠프에서 출발해 틸리초 호수를 거쳐 해발 4,070미터에 위치한 쉬르카르카까지 장장 열세 시간이나 걸렸다.

숙소에 도착하자 마지막 남은 1퍼센트의 에너지가 사라지고 내 몸의 전원이 꺼졌다. 숙소 식당에 앉으니 몸이 자꾸 고꾸라졌다. 그래도 난로 앞에서 따뜻한 음식을 먹으니 살 것 같다.

당장이라도 쓰러져 자고 싶지만 방으로 들어가고 싶지는 않다. 추위 때문이다. 100미터 올라갈수록 0.7도가 떨어진다고 보면 이곳은 평지보다 20~30도가량 낮다. 요 며칠간은 방에서도 입김이 나왔다. 그러다 보니 방을 잡을 때도 제일 작은 방을 달라고 한다. 큰 방에서 자면 체온만 더 빼앗길 뿐이다.

날씨가 추워질수록 숙소의 구심점은 식당의 난로가 된다. 그러나 야속하게도 고지대로 올라갈수록 난롯불 꺼지는 시간도 빨라진다. 땔감이 부족하기 때문이다. 오늘은 8시 전에 난롯불이 꺼진다. 자는 수밖에 없다.

서둘러 방 안에 들어서지만 밖과 온도 차이가 없다. 소름이 돋고 오한이 든다. 낮에도 얼음이 어는 이곳에서 1,800그램의 충전재가 든 침낭도 별수 없다. 발열 내의를 입어도 소용이 없다.

그래도 구세주는 있다. '따또 빠니' 한 통이면 버틸 수 있다. 아니 버티는 게 아니라 행복해진다. 소름 돋는 차가운 침낭 속에서 뜨거운 물 한 통을 갖고 들어가 요리조리 굴려가며 몸을 덥히면 말할 수 없이 행복해진다.

오늘은 추워서 따또 빠니 두 통을 얻어 왔다. 꽉 짠 빨래를 침낭 아래에 놓고 침낭 속으로 들어갔다. 뜨거운 물 한 통은 발밑에 붙박이로 두고, 또다른 한 통은 이곳저곳으로 굴려 보낸다. 몸 여기저기에서 만족의 기운이 넘쳐난다. 더 이상 바랄 게 없다. 뜨거운 물 두 통으로 세상에서 제일 큰 부자가 된 기분이다.

금세 침낭 안이 후끈거린다. 다섯 겹의 옷으로 꽁꽁 싸매고 침낭에 들어갔던 나는 두 겹의 허물을 침낭 밖으로 벗어던졌다. 정말로 달콤한 밤이다. 어제는 물 한 통에 행복했다면 오늘은 물 두 통에 황홀하다.

—2014년 11월 29일, 안나푸르나 쉬르카르카에서

여행은 온전히
'지금-여기'에 머무르는 것

고도 3,660미터에 위치한 안나푸르나의 나왈에서 있었던 일이
다. 나왈의 집들은 흙으로 만들어져서 멀리서 보면 마을의 형태
가 잘 보이지 않는다. 길과 집의 빛깔이 비슷해서다. 집들이 풀잎
에 매달린 나뭇잎 색 곤충처럼 보호색을 띤 것 같다.

나는 마을에서 가장 높은 곳에 위치한 전망 좋은 숙소를 잡았
다. 배낭을 내려놓자마자 오후의 햇살을 즐기고 싶어 옥상으로
올라갔다. 멀리 설산을 제외하면 나무 한 그루 보이지 않는 황량
한 풍경이 펼쳐져 있다.

따뜻한 햇볕을 즐길 틈도 없이 이내 강한 바람이 불기 시작한
다. 그 강한 바람이 도대체 어디에 숨어 있었던 걸까? 댐의 수문
이 열리자마자 쏟아지는 물줄기처럼 거친 바람이 휘몰아쳤다. 햇
볕까지 다 날려버릴 기세다. 바람에 맞설 생각일랑 할 수 없다.

나는 방으로 쫓겨 들어갔다.

침대 위에 침낭을 펼쳐놓고 그 위에 앉았다. 창문 너머에 설산이 걸려 있다. 안나푸르나 세 번째 봉우리가 바로 보인다. 그 자체로 한 폭의 그림이다. 몇 시부터였을까? 나는 우두커니 안나푸르나만을 쳐다봤다. 움직이는 것도 없는 정지 화면 같은 풍경임에도 마냥 좋았다.

얼마나 시간이 흘렀을까? 문득 안나푸르나 3봉 옆에서 빛나는 초록색 구름이 보였다. 한낮에 작은 오로라가 펼쳐진 것 같았다. 구름 속 얼음 결정이 빛을 산란시켜 녹색으로 보이는 게 아닐까?

나는 시간 가는 줄도 모르고 창밖의 풍경을 보고 있었다. 마치 우주비행사가 된 것 같았다. 창문 바깥으로 보이는 안나푸르나의 풍경이 우주비행사가 우주선 바깥으로 지구를 바라볼 때의 풍경과 다르지 않을 것만 같았다.

식사하라는 주인의 노크 소리가 들릴 때까지 나는 그렇게 넋을 잃고 창밖을 바라봤다. 시계를 보니 세 시간이 넘게 흘러 있었다. 입김이 서리는 방에 홀로 있었지만 더할 나위 없이 충만했고 풍요로웠고 행복했다. 주인장의 노크 소리가 아쉬울 따름이었다. 잠시 시간이 멈춘 영원의 한가운데 머물다 나온 것만 같았다.

여행에서 시간은 어떻게 흘러갈까? 여행의 시간 동안 나는 이국의 풍경에 매료됐고 그럴 때마다 시간은 아주 천천히 흐르거나 멈춘 듯했다. 크리스토퍼 듀드니는 『세상의 혼』에서 세상에는 두 개의 영원(永遠)이 있다고 말했다.

하나는 끝없이 지속되는 영원이고, 또 하나는 미래도 과거도 사라진 오직 현재만 있는 특별한 상태를 영원이라고 했다. 찰나의 시간을 살아가는 인간이 무한한 시간으로서의 영원을 경험할 수는 없겠지만 '지금-여기'에 머무를 수 있다면 그 또한 영원을 체험하는 것이라고 듀드니는 말했다.

다비드 르 브르통은 『걷기예찬』에서 "더 이상 시간을 지킬 필요가 없이 보내는 삶"을 영원이라고 불렀다. 그렇게 본다면 우리는 여행에서 영원을 체험할 수 있다.

여행에서 우리는 시간표에 길들여진 삶에서 벗어난다. 새로운 공기와 낯선 풍경은 감각의 문을 두드린다. 감각의 문이 서서히 열리면 우리의 지각은 보다 분명해진다.

우리는 여행지에서 눈에 보이는 것뿐만 아니라 보이지 않는 것까지 보고, 귀에 와 닿지 않는 소리까지 듣게 된다. 생각은 자꾸 우리를 과거와 미래로 끌고 가지만 감각은 우리를 현재에 머무르게 해준다. 감각이 살아나기에 우리는 점점 '지금-여기'에 존재할 수 있다. 시간은 천천히 흐르고 우리는 점점 시간을 의식하지 않게 된다. '나'라는 존재는 더 큰 세상으로 들어가는 통로가 된다. 우리의 영혼에 영원이 깃드는 것이다.

우리가 영원으로 들어간 것을 어떻게 알 수 있을까? 그 시간 동안 생각과 판단이 중지되면서 우리의 의식은 경험으로 꽉 차고 특별한 이유 없이 행복감을 느낄 수 있다.

찰나에서 영원을 맛본다는 것은 정말이지 황홀하지 않은가! 여행은 현실을 떠나 현재에 머무르는 시간이며 영원으로 들어가는 통로다. 방랑 시인 아르튀르 랭보는 불과 열아홉 살에 「영원 (*L'Eternitè*)」이라는 시를 썼다. 어떤 바닷가에서 그의 영혼에 영원이 깃든 것이다.

나는 그것을 다시 찾았다!
무엇을? 영원을.
그것은 태양과
함께 간 바다.

영혼의 박동 소리가
다시 들릴 때

안나푸르나 라운딩의 마지막 날이었다. 안나푸르나 베이스캠프에서 내려와 촘롱이라는 마을에서 하루를 묵고 아침 일찍 길을 나섰다. 오늘 밤에는 라운딩을 마치고 따뜻한 물에 샤워를 하고 편안히 잘 수 있을 것이라 생각하니 발걸음이 가벼웠다. 나는 바람같이 휘달렸다. 거의 쉬지 않고 라운딩의 종착점인 오스트레일리안 캠프에 도달했다. 3주간의 여정이 끝나는 순간이었다.

안나푸르나 봉우리들이 한눈에 펼쳐진 풀밭에 앉아 기념으로 맥주를 마셨다. 저 멀리 그림처럼 설산이 펼쳐져 있고 바로 눈앞에는 형형색색의 패러글라이더가 창공을 누비고 있었다. 나는 언덕 위에 있었지만 나 또한 창공 위를 누비는 것 같은 떨림과 희열을 느꼈다. 모든 게 감사했고 세상이 사랑스러웠다.

여행을 떠나온 것이 너무나도 잘한 일이라고 생각됐다. 영혼의 세찬 박동 소리가 들리는 듯했다. '그래, 안식년을 갖고 내가 찾고 싶었던 게 바로 이거였어!' 나의 모든 얼굴 세포에서 웃음이 새어 나왔다.

4년 전쯤으로 기억한다. 정신과의사 모임에서 누군가가 돌아가며 행복점수를 물어봤다. 내가 첫 번째로 대답했는데, 나는 100점을 줬다. 사람들은 놀라 물었다. 어떻게 100점 만점을 줄 수 있느냐고 말이다. 당시 나는 그만큼 내가 의미 있는 삶을 살고 있다는 자신감에 차 있었다.

그로부터 1년쯤 지나 안식년을 가질 것인지를 고민하던 무렵에는 강한 의문이 들었다. '그때 난 정말 행복했을까?' '과연 행복의 핵심이 의미에 있을까?'

그런 고민을 하던 시기에 행복을 주제로 대중 강연을 했다. 나는 그 강연에서 행복을 가로막는 가장 큰 장애물은 바로 우리

자신이라며, 지금 바로 스스로에게 행복을 허락해 주라고 권했다. 그 강연은 인터넷에서도 볼 수 있었는데, 누군가 이런 댓글을 달았다. "행복을 이야기하는 사람의 얼굴에서 왜 행복이 느껴지지 않을까요?" 그 글을 보는 순간 강연할 때 다소 긴장을 해서 그렇게 보일 뿐이라고 반박하고 싶었다.

그러나 돌이켜보면 4년 전의 내가 행복했는지 자신할 수 없다. 지난 여행을 통해서야 나는 비로소 행복이 무엇인지를 느꼈기 때문이다. 이전의 나는 행복을 이야기하는 사람이었고, 행복하다고 생각했던 사람이었지 사실 행복한 사람은 아니었다. 나는 여행의 시간을 통해 행복에는 의미 이상의 무언가가 있음을 체감했다.

어쩌면 삶의 의미를 찾는 사람들이야말로 삶이 불행하다고 느끼거나 삶이 그다지 행복하지 않다고 느끼고 있는지도 모른다. 그들은 의미를 찾고 의미를 부여해야만 삶을 살아갈 수 있기 때문이다. 하지만 삶이 행복한 사람들에게는 굳이 의미의 영역이 필요 없다. 이미 기쁘고 행복한데 애써 의미를 찾을 필요가 뭐가 있겠는가. 아이들이 신나게 뛰어놀고 있을 때 과연 놀이에 무슨 의미가 있는지를 고민할까?

나는 오스트레일리안 캠프에서 맥주를 마시다가 더할 나위 없는 행복을 느꼈다. 그 순간, 조셉 캠벨이 『신화의 힘』에서 했던 말을 비로소 이해할 수 있었다.

우리 모두가 추구하는 것이 삶의 의미라는 주장이 있다. 하지만 내 생각에 우리가 진정으로 추구하는 것은 그것이 아니다. 우리가 진정으로 추구하는 것은 살아 숨 쉬는 것을 경험하는 것이다.

내가 안식년 동안 얻고 싶었던 게 바로 이것이었다. 오스트레일리안 캠프에서 아니, 지난 여행에서 느꼈던 행복은 다름 아닌 살아 있는 느낌이었고 존재감이었다. 나는 더 바랄 나위 없이, 어떤 의미도 필요 없이 그 자체로 행복했다. 원하는 것을 이미 얻었고 나머지는 덤이었다.

나는 여행에서 진짜 웃음을 되찾았다. 스스로 이렇게 잘 웃는 사람임을 새삼 느꼈다. 특별히 무슨 일이 있어서가 아니라 그냥 웃음이 번져 나왔다. 무언가를 더하거나 무언가를 뺄 필요가 없었다. 아무 조건 없이 지금 이대로 행복했고 내가 살아 숨 쉬고 있음을 느꼈다.

그렇다. 우리에게는 삶의 의미를 넘어서는 삶의 체험이 필요하다. 살아 있다는 느낌이 필요하다. 심장의 두근거림과 가슴의 떨림이 필요하다. 여행은 우리에게 그런 느낌을 준다. 그렇기에 삶이 말라간다고 느낄 때, 죽지 못해 살아간다고 느낄 때, 뜨거웠던 피가 식었다고 느낄 때, 자기를 잃어버렸다고 느낄 때 우리는 여행을 떠난다. 내 영혼의 박동을 듣기 위해서. 내가 진짜 살아 있다는 것을 느끼기 위해서.

삶의 절정 경험을
하고 있는가

여행하는 동안 종종 내 삶의 절정에 달하는 느낌이 들곤 했다. 나는 여행의 시간에 온전히 빠져들었다. 그래서 그 느낌을 뭐라고 불러야 할지 생각해 봤다. 먼저 심리학자 미하이 칙센트미하이가 말한 '몰입(flow)'이라는 단어가 떠올랐다. 그는 『몰입의 즐거움』에서 이렇게 이야기했다.

"몰입은 삶이 고조되는 순간에 물 흐르듯 행동이 자연스럽게 이루어지는 느낌을 표현하는 말이다. 이러한 순간의 공통점은 의식이 경험으로 꽉 차 있다는 것이다. 그 순간에는 느끼는 것, 바라는 것, 생각하는 것이 하나로 어우러진다."

그러나 칙센트미하이가 말한 몰입이 여행의 느낌을 설명하는 데 있어 제한적이라는 생각이 들었다. 그는 몰입을 설명할 때 일, 공부, 훈련, 창작에 초점을 두고 '일련의 명확한 목표나 과제 앞에서 자신의 실력을 온통 쏟아부을 때' 나타나기 쉽다고 말했다.

여행은 목표나 과제, 일과는 상관없는 시간이다. 오히려 여행은 어떠한 목표도 없는 놀이의 시간과 유사하다. 무엇을 이루거나 향상돼서가 아니라 그 자체로 즐거운 것이다. 그런 의미에서 보면 여행에의 몰입감은 과제에의 몰입감보다 더 순수하다.

나는 다른 표현을 찾다가 심리학자 아브라함 H. 매슬로가 말한 '절정 경험(peak experience)'을 떠올렸다. 그는 『존재의 심리학』에서 이렇게 설명했다.

"절정 경험이란 부모가 되는 경험, 신비 또는 광활함에 대한 경험, 자연에 대한 경험, 미학적 지각, 창조적 순간, 치료적 또는 지적 통찰력, 오르가슴의 경험, 특정 운동에서의 성취 등을 맛보는 순간 등이 있다. 이처럼 최상의 완성감을 느끼는 순간에 기본적으로 나타나는 인지적 현상들을 절정 경험이라 부르며 일상생활에서 이를 얼마나 많이 경험하는지가 자기실현 정도의 척도가 된다."

즉, 절정 경험이란 창조적 경험, 통찰과 자각의 순간, 무한한 사랑, 생명의 탄생과 같은 삶의 신비, 세상이나 우주와의 일체감과 같은 강력한 연결감 등과 연관된 보다 폭넓은 경험이다.

절정 경험은 살면서 누구나 할 수 있다. 새해 첫날의 일출을 보면서, 혹은 흩날리는 벚꽃 잎이 너무나 아름다워 잠시 넋이 나간 순간에도 할 수 있다. 자신의 심정을 그대로 드러내주는 어떤 글귀를 만났을 때, 흥에 겨워 음악에 몸을 맡길 때, 자신이 좋아하는 노래를 따라 부를 때, 갑자기 시상이 떠올라 정신없이 시를 써내려가는 순간에도 절정 경험을 할 수 있다. 아이가 비틀거리며 일어나 첫발을 내딛은 순간, 연인과 첫사랑을 나눈 뒤 서로 하나가 된 것 같은 일체감을 느낄 때도 마찬가지다.

절정 경험은 얼마나 많은 것을 알고 있는지, 얼마나 많은 것을 해냈는지 등과는 상관이 없다. 오히려 얼마나 많이 열려 있고 지금 이 순간에 충실할 수 있느냐가 중요하다.

심리학에서는 자기실현을 인격 발달의 궁극적 방향이라고 본다. 그렇다면 우리는 스스로가 자기실현에 얼마나 도달하고 있는지를 어떻게 알 수 있을까? 매슬로는 삶의 절정 경험을 얼마나 자주 느끼느냐가 바로 자기실현의 척도라고 했다. 그리고 이러한 절정 경험이 안정적으로 지속되는 것을 '고원(plateau)' 상태라고 불렀다.

우리는 살면서 얼마나 자주 절정 경험을 하고 있는가? 많은 현대인들은 과도한 스트레스로 인해 성적으로 불감증을 겪고 있다. 그런데 육체의 불감증보다 더 큰 문제는 존재의 불감증이다. '내가 살아 있음을 느껴본 적이 언제였던가?'

나는 여행을 통해서 절정 경험을 하고 나서야 내가 안식년 여행을 떠나기 전에 존재의 불감증을 겪어왔음을 깨달았다. 여행은 존재의 불감증에서 벗어날 수 있는 존재의 시간이다. 그것은 꼭 이국의 풍경이 아름답고 신비해서가 아니다. 여행이 우리의 오감을 더욱 강렬하게 만들기 때문이다.

여행은 우리의 생각과 감정을 순화시키고 감각을 풍부하게 만들어준다. 우리는 여행지에서 더 생생하게 느끼거나 듣게 되고, 더 뚜렷하게 바라보고, 더 주의 깊게 맛보거나 만져보게 된다.

여행지는 현지인들이 살아가는 일상적인 풍경에 불과하지만 여행자의 예민해진 감각을 거치면서 새로워지고 때로는 신비로워진다. 낯선 땅의 여행자는 그 새로움을 깊이 받아들인다. 사랑에 빠진 연인이 상대의 작은 몸짓에도 뜨거워지듯이 여행자는 얼마든지 절정에 오를 준비가 되어 있다.

나는 많은 시간이 흘렀음에도 여행에서 내 몸 깊이 스며들었던 그 감각적인 기억들을 몸에 지니고 있다. 네팔 묵티나스의 힌두교 사원을 가득 채우던 향 내음, 아르헨티나 바릴로체의 숲에서 만져봤던 야라야네스 나무의 미끄러운 감촉, 고도 4,000미터의 칠레 살라데 타라에서 엄습했던 두통과 메슥거림, 토레스 델 파이네의 가드너 패스를 넘을 때 만났던 파타고니아의 바람, 육즙 가득했던 아르헨티나 소고기의 식감, 오스트리아의 동물원에서 아이들과 맨발로 걸었던 물기 찬 낙엽 길. 이것들은 지울 수 없는 문신처럼 내 감각세포에 새겨져 있다.

이렇듯 여행지에서 우리의 몸과 마음은 깨어난다. 우리의 에너지는 머리를 벗어나 온몸으로 흘러 들어간다. 심장은 힘차게 박동하고, 감각기관의 세포는 하나하나 열리고, 감춰진 몸의 더듬이는 말미잘의 촉수처럼 뻗어 나와 풍경의 채집자가 된다. '깨어 있는 몸', 그것이야말로 모든 것과 교감할 준비가 돼 있는 여행자의 몸이다.

내가 살아 있음을 느껴본 적이 언제였던가?

아르헨티나 엘 찰텐의 피츠로이 트레킹 중
포인세노트 캠핑장에서 트레 호수 올라가는 길에.

세상이 다
내 것 같아!

파타고니아 토레스 델 파이네 코스의 이튿날이었다. 칠레노 산장에서 세론 산장으로 넘어가는 길이었다. 길에는 좀처럼 사람이 보이지 않았다. 여름에서 가을로 넘어가는 시기라 그런지 햇볕이 강렬했다.

여행하면서 나는 인상파 화가들처럼 빛에 매료되곤 했는데 이 날 또한 그랬다. 파타고니아 들판 위의 태양은 바람만큼이나 강렬했다. 빛이 곧 색채였다. 빛의 세례를 받은 세상은 고유색 그대로를 드러냈다.

황금색 들풀들이 반짝거리는 거대한 들판 사이로 빙하가 녹아 흐르는 푸른 물줄기가 굽이쳐 흘렀다. 들판 사이로 흐르는 강물의 모습이 너무나 조용하고 단아해 마치 고운 한복을 입은 여인이 사뿐사뿐 내딛는 걸음 같았다. 강물은 빛을 한 줌씩 싣고 숨죽이며 흘렀고, 바람이 일 때마다 들판의 풀은 부드럽게 일렁거렸다. 들판도 반짝이고 물결도 반짝였다. 세계는 빛으로 충만했고 만물은 그 빛으로 영롱했다.

바람은 부드러워 마치 소리를 꺼놓은 TV처럼 침묵이 흘렀다. 거대한 침묵의 공허를 빛만이 가득 채우고 있었다. 그 침묵은 공허함 대신 충만함을, 엄숙함 대신 행복감을 줬다. 침묵은 질적으로 다른 차원의 강렬한 자극이었다. SF 영화에 등장하는 우주의 침묵이 알 수 없는 두려움과 그 공허한 적막감으로 우리를 집어삼킬 것만 같았다면, 남미 대자연에서의 침묵은 한없이 부드러웠고 따뜻한 공기로 충만했다.

나는 가다가 멈추기를 반복했다. 온몸의 감각이 곤두섰다. 멈춰 서서 눈을 감았다. 보이지 않는 것들이 보이고, 들리지 않는 소리가 들리기 시작했다. 내 뺨을 만지듯 스쳐 가는 바람의 부드러운 손길이 보이고, 강가의 나무들이 있는 힘껏 물을 빨아올리는 소리와 윗물결과 아랫물결이 부딪히는 소리가 들렸다.

완전히 내 세상 같았다. 이 풍경과 세상이 나와 만나기 위해 기다려준 것 같았고, 나를 위해 존재하는 것 같았다. 눈에 보이는 아름다운 풍경은 내 것이 됐다. 내게는 소유욕도, 집착도, 독점욕도 없었다. 다만 나와 풍경이 하나인 것 같은 일체감을 느꼈다. 그 무엇도 더 바라지 않았으며 오히려 나의 소유감을 누군가와 나누고 싶었다.

고(故) 정기용 건축가가 쓴 『서울 이야기』에는 이런 대목이 나온다. "나는 '집' 안에 있을 때만 거주하는 것이 아니라 집 밖에서도 거주하는 법을 스스로 터득하였다. 따라서 내가 현재 주소지로 두고 있는 집에 있어서 안팎의 경계는 무의미하다. 내 의지로 이동하고 머무는 곳이 나의 집이고 나의 삶이다. 그 영역이 대체로 50만~100만 평 정도가 되므로 나는 혼자서 너무 과다한 영토를 사용하고 있다는 생각이 들 때가 많다. 사람들이 내가 사는 집이 몇 평이냐고 물을 때 나는 늘 자신만만하게 대답할 준비가 되어 있음을 아주 기쁘게 생각한다. 내가 스스로 나의 삶을 조직하는 공간이 나의 집이기 때문이다."

그는 자신의 집이 100만 평이라고 느끼고 살았다. 세 들어 사는 주소지의 집만이 아니라 자신이 숨 쉬고 살아가는 삶의 영역 모두가 자신의 집이라고 느꼈다. 나 역시 내가 여행하는 곳 모두가 내 소유 같았다. 스스로 길을 찾아 여행하는 모든 곳이 내 공간인 것만 같았다. 실제로 내가 소유권을 행사할 수 있는 물리적인 공간은 한 뼘도 없었지만 놀랍게도 그 모든 것이 다 내 것 같은 느낌이 들었다.

익스트림 스포츠를 즐기는 사람들도 종종 그런 느낌을 받는다고 한다. 예를 들어, 패러글라이딩이나 스카이다이빙을 하는 사람들의 이야기를 들으면 창공을 날 때 세상이 다 내 것처럼 느껴진다고 한다. 나는 이를 '완전한 소유'라고 표현하고 싶다.

이는 일종의 형용모순이다. 물질의 세계에서 우리가 무언가를 소유하는 순간, 우리 욕망의 그릇은 그만큼 더욱 커져 소유는 늘 불완전할 따름이다. 완전한 소유가 있을 수 없다. 그러나 정신적 세계에서는 다르다. 의식이 경험으로 꽉 채워진 순간, 우리는 그 무엇도 더할 필요가 없는 완전한 소유감을 느낄 수 있다.

완전한 소유의 좋은 점은 나 이외의 다른 사람과 소유한 것을 나눈다고 해서 나의 소유감이 줄어들지는 않는다는 것이다. 오히려 함께 나눌 때 더욱 완전한 소유감을 느낄 수 있다. 이는 돈을 주고 살 수 없고 누군가에게 빌려줄 수도 없다. 중요한 것은 무엇을 얼마나 가지고 있느냐가 아니라 얼마나 살아 있음을 느끼면서 살아가느냐다.

여행을 하는 동안 나는 시간부자였고 마음부자였다. 여행하는 동안 경험하고 느낀 모든 것은 다 내 것이 됐다. 12인실의 삐걱거리는 이층침대에서 잠이 들든, 물이 없어 씻을 수도 없는 고산에서 지내든, 비가 섞인 수프를 떠먹은 초원에서든 나는 부자였다.

나는 길 위에서 나도 모르게 노래를 흥얼거리곤 했다. 지금껏 행복과 관련된 노래를 별로 불러본 적이 없었는데, 여행 중에는 아무렇지도 않게 노래가 내 입에서 흘러나왔다.

여행의 시간 동안만큼은 프레데리크 그로의 『걷기, 두 발로 사유하는 철학』에서 읽은 길 위의 철학자 에픽테토스의 말을 이해할 수 있을 것 같았다.

날 보세요. 난 집도 없고 고향도 없고 재산도 없고 시중 들어주는 사람도 없습니다. 잠은 땅바닥에서 잡니다. 나는 오직 땅과 하늘, 낡은 외투를 가지고 있을 뿐, 아내도 없고 자식도 없고 넓은 집도 없습니다. 하지만 도대체 내게 부족한 것이 뭐가 있단 말입니까? 난 슬프지도 않고 두렵지도 않습니다. 그러하니 나야말로 자유롭지 않습니까?

당신은 언제 더 바랄 게 없을 만큼 충만한 순간을 경험했는가? 지금의 삶을 앞으로도 계속 이어간다면 그러한 순간을 맞이할 것이라고 생각하는가? 이 질문에 대해 긍정적인 답변을 할 수 없다면 나는 살면서 언젠가 긴 여행을 떠나보라고 권하고 싶다. 여행의 시간은 의식을 경험으로 꽉 채우며, 그 충만한 경험은 더할 나위 없는 기쁨을 줄 것이다.

소설가 파울로 코엘료는 『알레프』에서 이렇게 말하지 않았던가! "산다는 것은 경험하는 것이지 삶의 의미에 대해 생각하고 앉아 있는 것이 아니다."

9장

불확실성을 즐길 때
삶은 열린다

'유연함'으로의 여행

Homo Viator

산의 날씨는 참 알 수가 없다. 오전까지만 해도 맑았는데 오후가 되자 바람이 거세지면서 구름이 몰려오기 시작했다. 결국 빗방울이 떨어졌다. 빗방울은 이내 앞이 보이지 않을 정도의 폭우로 바뀌었다. 우비를 걸쳤지만 비바람이 몰아치니 그저 종잇장에 불과했다. 옷이 젖고 시야가 흐려지니 내딛는 발걸음이 더 무거워진다. 고도 4,000미터를 넘어서부터는 숨까지 차올라서 누군가 배낭 위에 바윗돌을 얹어놓은 느낌이다.

이제 비는 눈으로 바뀌었다. 어제만 해도 반팔 옷만 입고 걸었는데 지금은 한겨울 날씨다. 스틱을 쥔 손이 너무 시렸다. 숨이 턱에 차올라 쉬고 싶지만 너무 추워서 그럴 수도 없다. 바닥만 보고 꾸역꾸역 올라갈 뿐이다.

페루 산타크루즈 트레킹의 최고점인 4,750미터의 푼타 유니온에 드디어 올라섰다. 하지만 구름에 가려 보이는 것도 없고, 날씨가 추우니 숙소에 들어가고 싶은 마음뿐이었다. 야생의 북부 안데스를 깊이 느끼고 싶다는 호기는 순식간에 사라졌고 얼마 전까지 느꼈던 대자연과의 일체감은 기억조차 나지 않았다.

3일 전에 나는 와라즈에 도착하자마자 산타크루즈 트레킹 일정을 알아봤다. 바로 다음 날 출발하는 일정과 3일 뒤에 출발하는 일정이 있었다. 나는 여유롭게 움직이고 싶어 3일 뒤에 출발하는 일정을 택했다. 나는 그때의 선택이 너무나 후회스러웠다. 이틀 전에 출발했다면 정말 멋진 트레킹이었을 것만 같은 아쉬움이 파도치듯 밀려왔다. 먼저 트레킹을 떠난 사람들은 날씨가 끝내줬다고 하지 않았던가.

아쉬움과 후회 속에서 걷다보니 풍경은 하나도 들어오지 않았다. 화난 사람처럼 말없이 걷기만 했다. 나와 영국 출신의 피에르와 파비안이 가장 먼저 야영지에 도착했다. 아침 일찍 당나귀를 끌고 출발한 여행사 직원은 이미 텐트를 쳐놓고 우리를 기다리고 있었다.

많은 비에 텐트 역시 성할 리가 없었다. 바닥에 물기가 흥건해 침낭을 깔 수조차 없었다. 비를 피할 장소도, 몸을 녹일 수 있는 도구도 마땅찮았다. 비를 겨우 피할 수 있는 식당 용도의 대형 텐트와 아주 작은 온기를 전하는 촛불 두 개가 전부였다. 그마저도 사람들이 돌아다니자 텐트 바닥은 금방 진흙탕이 돼버렸고 바람에 촛불은 자주 꺼졌다. 다들 이가 덜덜 부딪힐 만큼 떨었다. 따뜻한 코카 차를 한 잔씩 마셔도 추위는 가시지 않았다.

한참을 떨고 있으니 고산증 때문에 힘들어하던 이스라엘 커플이 마지막으로 도착했다. 그 커플이 텐트 안으로 들어오자 우리는 누가 먼저랄 것도 없이 박수를 쳤다. 그때 영국인 친구 둘이 일어나서 노래를 부르고 춤을 추기 시작했다. 다른 사람들도 어느 틈엔가 일어나 소리 나는 물건을 두드리며 몸을 흔들어댔다. 나도 엉겁결에 일어나 춤을 췄다. 비바람 몰아치는 식당 텐트 안에서 그것도 진흙탕 위에서 댄스파티가 시작되었다.

분위기가 고조되자 이번에는 아르헨티나 친구들이 나섰다. 레안드로와 페르난도는 우리 모두를 텐트 밖으로 끌고 나갔다. 우리는 비를 맞으며 풀밭 위에서 춤을 췄다. 이어 페르난도가 주동이 돼 제사를 올렸다. 비가 멈추고 태양신이 나타나게 해달라는 의미로 기괴한 동작을 하면서 주문을 외웠다.

그런데 얼마 지나지 않아 거짓말처럼 비가 그쳤다. 해가 구름 사이로 얼굴을 내밀었다. 구름에 가려져 있던 웅장한 설산들이 제 모습을 드러냈다. 우리는 원시 부족처럼 "꺅! 꺅!" 환호성을 지르고 서로 부둥켜안았다. 그리고 하늘을 향해 무릎을 꿇고 감사의 기도를 올렸다. 얼굴색과 언어는 모두 달랐지만 그 시간만큼은 모두 안데스의 인디오가 됐다.

악천후를 축제로 만들어준 네 사람 덕분에 우리의 여행은 순식간에 즐거워졌다. 나는 그들을 보며 조금 전까지 날씨가 나쁘다는 이유로 투덜거리고 후회하며 걸었던 나 자신이 부끄러워졌다. 악천후라 해도 얼마든지 여행은 즐거울 수 있으며 힘든 문제에 맞닥뜨리더라도 우리가 할 수 있는 일은 여전히 있게 마련이었다. 나는 그날 눅눅한 텐트 안에 누워서 마음속으로 이렇게 이야기했다.

'기꺼이 고생하며 즐기는 이 여행처럼 앞으로 마주할 삶의 역경 또한 기꺼이 받아들이고 살아가자. 내 운명을 사랑하면서. 아모르파티(amor fati)!'

—2015년 4월 25일, 페루 와라즈에서

불확실성과
친구 되기

2015년 3월 5일, 인천공항에서 출발한 지 27시간 만에 부에노스아이레스의 에세이사 국제공항에 도착했다. 긴 여정으로 인해 지칠 대로 지쳤음에도 입국 심사를 마치고 공항 로비에 나왔을 때 순간 긴장이 느껴졌다. 내가 아는 사람이라고는 단 한 명도 없는 낯선 곳, 그것도 내가 살던 곳과 정반대편에 있는 가장 먼 땅에 온 것이다.

비로소 내가 혼자라는 사실이 실감 났다. '이제 무슨 일이 생기더라도 아무에게도 도움을 구할 수 없고 나 혼자 알아서 해야 하는구나.' 순간 로비 한가운데서 더 가지 못하고 멈춰 섰다. 갑자기 불안감이 고조되면서 멍했다. 영화의 한 장면처럼 내 주위로 수많은 사람들이 바쁘게 스쳐 지나갔지만, 갑자기 여기가 어디인지, 이제 어디로 가야 할지 생각나지 않았다. 모든 게 머뭇거려졌다.

나는 배낭 두 개를 앞뒤로 들쳐 멘 채 겨우 정신을 차리고는 공항 밖으로 나와 리무진 버스에 올랐다. 약 50분간 버스로 이동하는 동안 바깥 풍경은 하나도 눈에 들어오지 않았다. 나는 귀중품이 든 작은 배낭을 손에 꽉 쥔 채 경계 태세를 늦추지 못했다.

불안감은 첫날만 느낀 것이 아니었다. 여행 초반에는 자주 악몽에 시달렸다. 깊은 잠을 잘 수 없었고 자다가도 자주 깼다.

특히 도착 후 3일을 빼놓고는 어느 곳 하나 예약을 해두지 않아서 더 불안했다. 매일 그다음 날 일정을 짜고 이동 수단을 찾고 숙소 문제를 해결하는 것이 스트레스였다. 좀더 자유로운 여행을 하고 싶어 예약 없이 왔지만 자유롭기는커녕 막막하고 불안했다. 무언가를 시작하기 전에는 늘 꼼꼼하게 계획하고 준비를 해왔던 나로서는 무리한 시도가 아니었나 싶었다. 마치 다음 발을 내디딜 곳이 없는 끊어진 징검다리 위에 서 있는 기분이었다.

그러나 시간이 갈수록 불확실한 여정에 대한 느낌은 달라지기 시작했다. 뭐든 내 마음대로 하면 그만이었다. 성수기가 아니었기에 숙소를 구하는 것은 어렵지 않았고 일정이 하루 이틀 어긋난다고 해서 문제될 것은 없었다.

어느새 나는 정확한 계획을 세우기보다 내 기분에 집중하기로 했다. 불확실성이라는 두려움 속에서 나는 서서히 자유로움을 느끼기 시작했다. 가능한 한 쉬고 싶은 곳에서 쉬었고, 하고 싶은 것에 이끌려 여행했다. 정해진 길을 따라가는 것이 아니라 내가 길을 만들어가는 느낌이었다.

'확실(確實)'하다는 것은 돌처럼 굳고 강하고 분명하고 틀림없는 것을 말한다. 그렇다면 우리가 사는 이 세상은 불확실성 그 자체다. 불확실성은 그 자체로 불안과 공포를 준다. 위험은 예측 가능하기에 어느 정도 예방하거나 피할 수 있지만, 불확실성은 예측 불가능하기에 더 높은 강도의 불안을 안겨준다. 고질라 같은 거대 괴물보다 메르스처럼 보이지 않는 바이러스가 더 공포스러운 법이다.

인간은 불확실성의 두려움에서 벗어나기 위해 불확실한 것을 이해하고 설명하려고 노력해 왔다. 설명이 가능하다면 어떻게든 예측하고 대처할 수 있기 때문이다. 그러므로 이성과 지식은 지적 호기심뿐만 아니라 불확실성에 대한 불안을 동력으로 삼아 발달해 왔다. 어떤 사람들은 신화나 종교라는 이름으로, 어떤 사람들은 철학이나 과학이라는 이름으로 이 불확실한 세상을 설명해 왔다. 그것은 사실 여부를 떠나 우리에게 통제감과 안도감을 준다.

예컨대 홍수나 가뭄이 나거나, 화산이 폭발하거나, 바다에 태풍이 부는 것과 같은 자연재해를 어떤 신이 노해서라고 보면 어떨까. 그렇다면 그 대처법 또한 명확해진다. 어떻게든 신의 노여움을 풀어주면 된다. 살아 있는 생명을 속죄의 제물로 바치거나 정성을 다한 의례를 올리는 식으로 말이다. 이렇게 모든 것에 이유를 갖다 붙이고 그럴듯한 설명을 더하는 지적 노력은 불확실성의 두려움에 대한 인간의 오래된 방어기제다.

그러나 불확실성이 커지면 이러한 지적 노력도 힘이 되지 못한다. 특히 확실성과 안전성을 추구하는 사람들은 불확실한 세상을 가장 힘들게 살아간다. 이들은 확실한 정보와 방향, 계획과 준비가 있어야만 행동할 수 있다고 생각하기 때문이다. 계속 고민만 하거나 끝도 없는 준비에 빠져 있느라 무엇 하나 제대로 시도하지 못한다.

설사 그들이 확실한 방향을 찾고 완벽한 준비를 했다고 해도 길을 잃기 쉽다. 세상은 고정돼 있는 것이 아니라 시시각각 변화하고 있기 때문이다. 목표 지점의 좌표를 정해놓고 출발했다고 해도 그 좌표 자체가 계속 이동한다면 무슨 의미가 있겠는가!

불확실성의 시대를 살아가려면 새로운 능력이 필요하다. 그것은 심리적 유연성이다. 고정관념을 버리고, 지금 이 순간 어떤 일이 벌어지는지 잘 파악하고, 상황에 따라 선택과 행동을 달리할 줄 알아야 한다. 상황이 달라졌는데도 이전의 방식과 계획을 고집하는 사람이라면 변화와 불확실성에 적응할 수 없다.

그렇다면 어떻게 유연성을 기를 수 있을까? 무엇보다 불확실성과 친해져야 한다.

1795년에 태어나 25세의 젊은 나이로 세상을 떠난 영국의 낭만파 시인 존 키츠는 예술가들에게 'negative capability'가 필요함을 강조했다. 이 용어에서 'negative'는 '부정적' 혹은 '소극적'이라는 뜻이 아니다. '받아들이는' 혹은 '비울 수 있는'이라는 의미에 가깝다.

키츠는 'negative capability'를 '사실이나 이성에 얽매이지 않으면서 불확실성, 신비, 회의 속에서 편안하게 있을 수 있는 능력'이라는 뜻으로 사용했다. 즉, 현실의 모든 것을 알거나 구체화할 필요 없이 그저 있는 그대로 받아들이는 능력을 말한다.

예술은 과학이 아니다. 그러므로 모든 것을 다 설명하고 명확히 할 이유가 없다. 만일 모든 게 명료하고 하나의 설명만 가능한 작품이 있다면 우리는 그것을 예술 작품이라 부를 수 있을까? 예술 작품의 모호함을 감상하고 해석하는 것은 관객의 몫이다.

그런데 이 능력은 예술가에게만 필요한 것이 아니다. 우리의 삶 또한 모호함과 불확실성 그 자체이기 때문이다. 삶은 과학이 아니라 예술에 가깝다. 우리는 불확실성을 받아들이고 이를 헤쳐나가야 하며 때로는 불확실성을 즐길 줄 알아야 한다.

여행 또한 마찬가지다. 확실성을 추구하면 추구할수록 여행은 재미없고 좁아지고 닫히게 된다. 그러나 불확실성을 받아들이는 순간, 여행은 보다 즐겁고 넓어지고 열리게 된다. 때로는 준비를 많이 한 여행보다 준비를 적게 한 여행의 즐거움이 더 큰 법이다.

나는 여행을 통해 점점 불확실성을 잘 받아들이고 어느 순간에는 기분이나 충동에 따라 즉흥적으로 움직이게 됐다. 그것은 천성이 아니라 여행이 내게 가르쳐준 것이다.

실수하고 헤맬 수 있는 권리,
그것으로부터 배워야 할 의무

마추픽추 트레킹을 떠나기 전의 일이다. 마추픽추를 보다 잘 볼 수 있는 와이나픽추 봉우리로 올라가려면 미리 예약해야 한다. 나는 일주일 전에 예약해도 충분하다는 말만 믿고 느긋하게 표를 알아봤다. 결과는 매진이었다. 쿠스코에 있는 거의 모든 여행사에 문의해 봤지만 표를 구할 방법이 없었다.

그런데 마지막으로 들린 한 여행사에서 표를 구해준다고 했다. 여행사 직원은 입장료에 웃돈을 얹어주면 자신이 잘 아는 매표소 직원에게 부탁해서 안으로 들여보내 주겠다고 제안했다. 순간 고민했지만 결국 욕심이 앞섰다. 나는 웃돈을 주고 직원의 사인이 담긴 종이쪽지를 받았다.

4박 5일간의 살칸타이 트레킹을 통해 마추픽추에 올라 와이나픽추 매표소로 갔다. 모두 예매한 티켓을 들고 입장 시간을 기다리는 가운데 나 혼자만 여행사 직원이 준 꼬깃꼬깃한 종이쪽지를 쥐고 있었다. 어떻게 됐을까? 나는 입장을 거부당했다. 정식 티켓을 소지하지 않으면 들어갈 수 없다는 것이었다. 사실 너무나도 당연한 이야기이다. 내가 여행사 직원에게 속고 만 것이다. 순간 화가 솟구쳤다.

여행사 직원을 향한 화는 이내 나에게로 향했다. 수단과 방법을 가리지 않은 내 욕심 때문에 벌어진 일인데 누구를 탓하겠는가. 표가 매진됐다고 했을 때 깨끗이 단념하고, 여행사 직원의 말에 현혹되지 말았어야 했다는 후회와 자책이 밀려왔다. 그러나 당시 내가 그런 선택을 하는 게 가능했을까?

나는 무거운 마음으로 옛 잉카인들이 해발 2,400여 미터에 세운 공중도시를 거닐었다. 마침 산을 덮고 있던 구름이 걷히기 시작했다. 나는 마추픽추가 한눈에 내려다보이는 언덕 위에 올라섰다. 바로 아래 정교하게 쌓아올린 석축건물들의 흔적이 옛 위용을 자랑하고 있고, 저 멀리 새벽부터 올라왔던 지그재그 길이 한눈에 들어왔다. 고개를 돌리니 천길 아래로 우루밤바 강이 세차게 흐르고 있었다. 이곳에서 바라보는 것만으로도 좋았다. 하늘은 더없이 맑았다.

어느덧 후회감과 자책감이 엷어지기 시작했다. 후회는 다짐으로 이어졌다. 이 일을 계기로 앞으로는 과욕과 편법에 기대려는 마음을 좀더 경계할 수 있을 것 같았다. 욕심을 부리다가 잃은 것 때문에 또다른 것을 얻은 듯했다.

사실 삶에서 절대적으로 나쁜 선택이나 나쁜 결과란 없다. 물론 선택하고 결과가 좋지 않으면 후회하기 쉽다. 내가 산타크루즈 트레킹의 일정을 잘못 선택했다고 후회했듯이, 와이나픽추를 포기해야 했다고 자책한 것처럼 말이다.

'왜 좀더 조심하지 않았을까?' 'A를 선택할 게 아니라 B를 선택해야 했어.' '왜 더 미리 준비하지 못했을까?' '그냥 그때 더 생각하지 말고 시도라도 해볼걸……' 여행뿐만 아니라 일상에서도 살아가다보면 그 당시에 더 나은 선택과 행동을 할 수 있었을 것이라는 후회와 미련이 뒤따를 때가 많다.

그러나 이는 결과가 나타난 다음 떠오르는 착각일 뿐이다. 지금의 결과와 그로 인한 깨달음이 과거에는 없었기에 우리는 과거에 좀더 나은 선택과 행동을 할 수 없었다. 그리고 더 중요한 사실은 지금 얻은 깨달음 덕분에 향후 비슷한 상황에서 더 나은 선택과 행동을 할 수 있게 됐다는 것이다. 본디 후회라는 감정의 목적은 자기 비난에 있는 것이 아니라 자기 개선에 있다.

여행에서의 실수도 마찬가지다. 여행 경험이 부족할수록 실수를 저지를 가능성이 높다. 잠시 방심해서 짐을 잃을 수 있고, 여행 중에 쓰지도 않을 물건을 들고 올 수 있고, 너무 기다리다가 저렴한 항공권을 놓칠 수 있고, 지나치게 욕심을 부리다가 사기를 당할 수 있고, 문화 차이 때문에 오해를 살 수 있고, 친구와 전 일정을 함께하느라 자유로운 여행에 대한 큰 아쉬움이 남을 수도 있다.

그러나 그 선택들은 우리의 추억이고 계급장이며 자기 이해를 통해 보다 나은 여행을 할 수 있는 밑거름이 된다. 여행에서 우리는 자신의 실수를 보다 관용적으로 대하게 된다. '나'라는 사람 자체를 비난하는 게 아니라 행위 자체를 후회하다가 이내 '좋은

238

경험'으로 받아들일 수 있다.

삶도 그렇다. 삶의 발전은 오직 시행착오와 후회 그리고 이를 통한 개선으로 이뤄진다. 우리는 지난 선택을 비난하는 대신 이해해야 한다. 그래야 삶을 성장시키고 새로운 삶을 창조할 수 있다. 우리는 실수하고 헤맬 수 있는 권리와 그로부터 배워야 하는 의무가 있다.

여행에서 우리는 앞을 향해 걸어간다. 실수와 방황에 관대해지고 시행착오를 허락한다. 설사 잘못된 선택을 하거나 일이 꼬이더라도 필요 이상으로 후회하지 않는다. 그 상황을 받아들이고 남은 여행에 집중하려 한다. 피겨스케이팅 선수가 넘어져도 재빨리 일어나 남은 경기에 충실하듯이. 그런 경험은 시행착오를 겪으며 살아갈 수밖에 없는 인생을 헤쳐 나가는 데 중요한 자산이 된다.

여기서 줄리아 카메론의 『아티스트 웨이』에 소개된 세계적인 발레리나 아그네스 드 밀의 말을 들려주고 싶다. 그녀의 말처럼 여행은 우리를 어둠 속에서도 뛰고 또 뛸 수 있게 이끌어준다.

"삶이란 확실하지 않은 것, 다음에 무엇이 일어날지 어떻게 살아야 할지 모르는 것이다. 그것을 안다고 생각하는 순간 당신은 조금씩 죽어가기 시작한다. 우리는 추측할 뿐이다. 우리는 틀릴지도 모른다. 그러나 어둠 속에서 우리는 뛰고 또 뛴다."

"우리는 틀릴지도 모른다.

그러나 어둠 속에서 우리는 뛰고 또 뛴다."

안데스 선인장이 있는 잉카와시 섬에서.

문제나 불편을
적극적으로 수용하기

안나푸르나 트레킹을 할 때 고민거리 중의 하나는 빨래였다. 배낭 무게를 줄인다고 양말과 속옷을 적게 가져온 것이 문제였다. 매일 빨지 않으면 땀에 젖은 양말과 속옷을 또 입어야 했다. 그렇다고 온수가 나오는 것도 아니어서 얼음장처럼 차가운 물에 빠는 수밖에 없었다. 그 차가운 물도 구할 수 없는 곳도 있어 빨래를 미룰 수 없었다.

그런데 빨래보다 더 큰 문제가 있었다. 바로 빨래를 말리는 일이었다. 겨울인 데다 밤에 빨래를 말리려니 잘 마르지 않았다. 아무리 물기를 짜내도 소용이 없었다.

궁하면 통하는 법이라고 나는 이렇게도 해보고 저렇게도 해보면서 좋은 해결법을 터득했다. 몸으로 말리는 게 가장 효과적이었다. 물기를 꽉 짠 빨래를 담요와 침낭 사이에 놓고 잠이 들었다. 체중과 체온을 이용해 압착 건조를 시키니 빨래가 잘 말랐다. 아침에 내 체온으로 잘 말린 양말과 속옷을 입으면 그렇게 포근할 수가 없었다.

여행에서 문제나 불편이 생겼을 때 우리는 불평꾼보다는 해결사가 된다. 누구를 탓하거나 지금 할 수 없는 것을 바라지도 않는다. 그저 가진 것만으로 할 수 있는 일을 할 뿐이다.

프랑스어 '브리콜라주(bricolage)'의 사전적 의미는 '여러 가지 일에 손대기' 또는 '수리'를 뜻한다. 그리고 '주어진 재료로 최고의 결과를 만들어내는 기술이나 작업'이라는 뜻으로도 사용된다. 특정 목적을 이루기 위한 재료나 연장이 없더라도 있는 것을 재치 있게 활용하는 임시변통의 기술인 셈이다.

여행은 브리콜라주 작업의 연속이다. 여행 중에는 문제나 불편이 생길 때마다 누군가를 불러 일을 맡길 수 없다. 맥가이버처럼 스스로 지금 있는 것을 가지고서 문제와 불편을 해결해야 한다. 어설픈 해법을 내놓을 때도 많겠지만 때로는 창의적이고 멋진 해법도 생각해 낼 수 있다. 이는 여행의 또다른 기쁨이다. 당연히 여행을 하는 동안 우리의 문제 해결력은 비약적으로 커진다.

더 중요한 변화는, 여행에서 문제와 불편을 바라보는 우리의 관점 자체가 달라진다는 것이다. 도시에서 문제와 불편을 대하는 우리의 태도는 단순하다. 어떻게든 빨리 불편함을 없애고 문제는 해결하려고 한다. 불편이나 문제가 생기면 즉시 따지거나 고치거나 바꾸거나 버린다. 문제나 불편을 없애면 없앨수록 행복해질 것이라고 생각한다. 과연 그럴까?

남미 여행 중에 우유니 투어를 하면서 느낀 게 있다. 총 3일간의 여정 중에 마지막 날 우유니 염지에서 장엄한 일출을 본 것을 제외하면 이틀 동안의 여행은 왠지 불만족스러웠다. 왜 그렇게 느꼈는지 처음에는 나도 이해할 수 없었다.

불편한 점이 있었거나 경치가 별로였던 것은 아니었다. 투어는 대체로 편안하게 진행됐고 트레킹을 하면서 남미의 비경을 마음껏 감상했다. 화성을 방불케 하는 이색적인 풍경에 입이 벌어지고, 수많은 플라밍고 떼와 같이 붉은 호수도 거닐고, 바람이 깎아 놓은 기묘한 조각품에 감탄하기도 했다. 게다가 기사 딸린 차량과 함께 끼니마다 식사와 간식이 제공됐다. 그동안 트레킹을 하면서 고생한 것을 생각하면 편안한 여행이었다.

그런데 왜 나는 투어가 별로라고 느꼈을까? 생각해 보면 너무 짧은 시간 동안 수많은 풍경을 너무 편안하게 본 게 문제였다. 계속 차로 이동하며 아름다운 풍경을 구경하다 보니 금방 질려버렸던 것이다. 나는 이를 '풍경피로증(風景疲勞症)'이라고 이름 붙여보았다. 단 음식이 빨리 질리듯이 좋은 것만 계속 이어지니 더 이상 좋은 것이 좋게 느껴지지 않았다.

돌이켜보면 네팔과 남미 여행은 유럽 여행에 비하면 불편하고 부족한 것투성이였다. 의식주는 물론 공기까지 부족했다. 하지만 행복감은 훨씬 컸다. '어쩌면 불편과 행복은 비례하는 게 아닐까?'라는 의문이 들 정도였다. 행복의 역설이었다. 무언가가 채워지고 편해져서 행복을 느끼는 게 아니라 부족하고 불편한 데서 행복을 느꼈다. 마이너스 행복이라고나 할까?

물론 짜증이 날 때도 있었지만 여행에서 느끼는 문제나 불편은 내가 가진 것을 다시 돌아보게 만들었다. 내가 가지거나 누리고 있는 것이 더 이상 당연한 게 아니라 감사한 것으로 느껴졌다. 그렇다 보니 문제나 불편을 더 잘 받아들일 수 있었다.

잘 받아들인다는 것은 '어쩔 수 없지'라는 식의 수동적인 체념이 아니라 적극적인 수용이다. '수용(acceptance)'은 체념과 달리 의식의 확장이고 정신적 자유이며 창의적 전환이 된다. 예컨대 와이파이를 사용할 수 없다고 불평을 늘어놓기보다는 일기장을 꺼내 여행기를 적고, 갈 길이 멀다고 투덜거리기보다는 아직 튼튼한 두 다리가 있음에 감사하고, 날씨가 춥다고 짜증을 내기보다는 땔감을 찾아 불을 피우고, 털털거리는 고물 버스를 탈 때는 어린 시절에 탔던 놀이기구를 떠올리며 신이 나는 것이다.

아무리 여행이 편해졌다지만 집 떠나면 여전히 고생이며 골치 아픈 문제의 연속이다. 왜 여행을 뜻하는 'travel'의 어원이 '고된 일'을 뜻하는 'travail'이겠는가. 하지만 여행에서의 고생은 자발적으로 선택한 것이기에 우리를 행복하게 해준다.

자발적인 불편은 우리 내면에서 기쁨으로 전환된다. 불편함은 나쁜 것이고, 편안함은 좋은 것이라는 이분법적 사고에서 벗어나 오히려 불편함이 여행의 풍미를 느끼는 데 없어서는 안 될 향신료임을 깨닫게 된다. 우리의 마음이 유연해지는 것이다.

하버드대학교의 인생성장보고서에 따르면 행복은 고통의 많고 적음이 아니라 고통에 어떻게 대응하느냐에 따라 결정된다고 한다. 여행의 즐거움 역시 마찬가지다. 문제나 불편의 많고 적음이 아니라 이를 어떻게 바라보고 대응하느냐가 중요하다.

우리가 좀더 심리적으로 유연해진다면 여행에서 고생은 즐거움으로 뒤바뀌고, 불편함은 더없는 행복으로 전환되며, 풀어야 할 문제는 어느 순간 문제가 아니게 될 것이다.

프랑스 작가 테오필 고티에는 『에스파냐(España)』에서 이렇게 이야기했다.

"여행의 즐거움은 장애물과 피로감에 있다. 심지어 여행 중에 겪는 위험도 여행의 즐거움을 더해주는 것이다. 현대인의 삶에서 가장 큰 불행 중의 하나는 뜻밖의 사건이나 모험거리가 없다는 점이다. 모든 것이 너무도 잘 정돈되어 있으니까."

길이 끝나는 곳에서
진짜 여행이 시작된다

볼리비아 코파카바나에서 배를 타고 '태양의 섬'으로 트레킹을 나섰을 때였다. 섬 북부에서 내려 남부의 항구까지 걸어가는 트레킹 코스는 두 가지였다. 해안선을 따라 내려가는 것과 섬 한가운데를 가로질러 가는 것이었다. 당일 코파카바나로 돌아가는 배를 타려면 어느 하나를 선택해야 했다. 나는 옛 잉카제국의 유적지를 더 볼 수 있다는 장점에 이끌려 섬 한가운데를 가로지르는 길을 선택했다.

그런데 절반쯤 걷다가 문득 해안 길로 가고 싶었다. 이미 길을 멀리 걸어와서 왔던 길을 되돌아가기에는 시간이 많이 걸릴 듯했다. 순간 호기가 발동했다. 트레킹 길에서 벗어나 길을 만들면서 가기로 했다. 그렇게 크지 않은 섬이라서 잘 찾아갈 자신이 있었고, 설사 헤매다가 배를 놓친다고 해도 그리 문제가 될 것 같지는 않았다. 여차하면 섬에서 잘 곳을 찾아 하루 머물다 가면 그만이었다.

나는 일탈을 시도했다. 잘 닦인 길에서 벗어나 길도 없는 곳으로 걸어 들어갔다. 돌산을 넘어 바다라고 짐작되는 방향으로 무작정 걸었다. 수풀을 헤치고 가파른 비탈길에서 미끄러지기도 하고 계곡물에 신발이 젖기도 했지만 길을 만들어 가는 것 자체는 즐거웠다. 야생화들이 나를 반겼고, 간식을 먹을 때면 산양들이 내 옆에서 함께 풀을 뜯어 먹었으며, 계곡의 흐르는 물이 가야 할 방향을 알려주며 같이 흘러갔다.

이윽고 저 멀리 남미에서 제일 큰 호수인 티티카카 호가 그 자태를 드러냈다. 호수라기보다는 수평선이 보이는 거대한 바다였다. 나는 그곳에서 바다를 바라보며 걸었다. 바다를 향해 걸었던 아름다운 길을 새로운 트레킹 코스로 이름 붙이고 싶었다.

흔히 사람들은 잘 훈련된 정신분석가나 심리치료자는 첫눈에 문제를 알아보고 잘 계획된 치료 프로그램을 가지고 있을 것이라

기대한다. 하지만 그렇지 않다.

치료의 과정은 불확실하고 어디로 어떻게 튈지 예측하기 힘들다. 정해진 답이나 방향이 없기에 잘 닦인 길을 가는 것이라기보다는 새로운 길을 만들어 가는 것에 가깝다. 방향을 잘 찾았다고 생각하다가도 어느 순간 놓쳐버릴 수도 있고, 치료가 잘 된다고 느끼다가도 어느 순간 상태가 악화될 수 있다. 사람과 사람이 만나는 상담은 여러 가지 변수가 많고 그 자체가 비구조적일 수밖에 없기 때문이다.

그렇기에 장기적 계획이 중요한 것이 아니라 상담 시간 즉, '지금-여기'에 집중해야 한다. 지금 이 순간 상담에서 어떤 일이 벌어지고 있는지를 잘 살펴봐야 한다. 그 집중이 공감적 이해로 이어지면 의미 있는 관계가 형성되고 이는 어떻게 나아가야 하는지를 알려주는 나침반 역할을 한다.

불확실성을 견디지 못하는 사람들은 심리치료를 잘하기 힘들다. 그들은 구조나 과정이 뚜렷한 정형화된 치료 기법을 선호한다. 하지만 구조적 치료는 당장은 안도감을 줄 수 있을지 몰라도, 깊은 공감적 이해와 정서적 자각을 놓치게 돼 심층적인 변화를 이끌어내지 못할 가능성이 있다. 그렇기에 훌륭한 정신분석가나 심리치료자는 내적 치유 과정의 불확실성을 받아들이고, '지금-여기'에 집중하며, 개방적인 자세로 내담자와 치유의 여정을 함께 만들어간다.

여행도 마찬가지다. 여행에서 느끼는 자유로움과 즐거움은 불확실성과 즉흥성에 기초한다. 버스를 타고 가다가 해변의 풍경에 이끌려 이름 없는 바닷가 마을에 내렸을 때, 여행지에서 새로운 인연을 만나 또다른 여정을 시작할 때, 방향감각을 잃어버리고 엉뚱한 곳에서 헤맬 때, 악천후로 인해 그다음 여행지로 가는 길이 끊어져서 오도 가도 못할 때 진짜 여행은 시작된다.

여행은 일상과 달리 불확실한 것투성이다. 우리는 여행의 불확실성에 모두 대비할 수도 없고 통제할 수도 없다. 우리가 여행을 떠난다는 것 자체가 질서를 벗어나 불확실한 세상 속에 기꺼이 머무르겠다는 선택을 한 것이다. 불확실성을 제거할수록 여행의 자유로움과 묘미 또한 사라지기 쉽다.

그렇다고 아무 계획이나 준비 없이 여행을 떠나자는 것은 아니다. 무계획은 자유가 아니라 무질서를 낳는다. 질서와 자유가 알맞게 섞일 때 여행의 낭만은 꽃핀다. 여행의 일정은 잠정적일 뿐이고 상황과 마음에 따라 얼마든지 바뀔 수 있다.

여행에서 예상하지 못했던 상황이 닥쳤다고 가정해 보자. 물론 당황스럽겠지만 그렇다고 해서 여행을 망친 것은 아니다. 오히려 예정에도 없는 '새로운 경험'이 시작된 것이니 기뻐하며 환영할 일이다.

진정한 여행자는 운이 좋은 사람과도 같다. 운이 좋은 사람은 일이 뜻대로 잘 풀리는 사람이 아니라 뜻대로 되지 않은 상황에서도 다른 기회를 찾을 줄 아는 사람이기 때문이다.

예정에도 없는 일을 반갑게 맞이하는 것! 머무르고 싶을 때 머무르고, 떠나고 싶을 때 떠나는 것! 계획된 여정을 따라가는 것이 아니라 즉흥적인 여정을 만들어가는 것! 그것이 바로 살아 있는 여행이며 우리가 여행을 떠나는 이유다. 그런 의미에서 여행은 자유와 질서가 잘 조화된 즉흥연주와도 같다.

우리의 인생 또한 그렇다. 삶은 여행보다 훨씬 더 불확실하다. 당연히 우리는 모든 것을 준비하고 시작할 수 없다. 현실에 충실한 가운데 불확실성을 헤쳐 나가면서 자기만의 길을 만들어가야 한다. 인간은 모든 상황을 정확히 예측하고 실수 없이 대처하도록 설계된 존재가 아니다. 불확실성 속에서 경험을 통해 배우고, 시행착오를 통해 방향을 찾으며, 다른 사람과 협력하며 어려움을 해결해 나갈 수 있게 설계돼 있다.

여행은 불확실성으로부터 끊임없이 도망치려는 우리에게 불확실성과 친구를 맺을 수 있는 기회를 준다. 길이 끝나는 곳에서 진짜 여행이 시작되는 것처럼 잘 닦여진 길에서 벗어나 자신의 길을 걸어갈 수 있는 용기를 준다.

때로는 앞이 잘 보이지 않을 수도 있다. 사람들이 별로 가지 않은 길이라 불편하고 두려울 수도 있다. 그러나 이러한 불편과 두려움은 자신의 길을 걸어가고자 하는 사람들이라면 감내해야 할 조건이다.

자신의 길을 걸어가는 이들은 명확한 방향을 정하고 확신에 차 걷는 사람이 아니다. 불확실성과 모호함을 견뎌낼 줄 아는 사람들이다. 다만 자신이 걷는 길 자체를 사랑하고 자신이 내딛는 발걸음 하나하나, 자신의 시도 하나하나가 모여 곧 길이 된다는 믿음이 있을 뿐이다. 그러므로 세상의 모든 여행은 결국 삶으로의 여행이다.

10장

우물 안 개구리,
더 넓고 새로운 세계에 눈뜨다

'각성'으로의 여행

Homo Viator

알람이 울리기도 전에 잠에서 깼다. 시계를 보니 새벽 4시. 오늘은 우유니 사막의 일출을 보러 가는 날이다. 우리 일행은 재빨리 식사를 하고 지프에 올라탔다.

칠레 아타카마 사막에서 볼리비아 우유니 사막까지 지프투어에 나선 우리 일행은 볼리비아 출신의 기사, 프랑스 여행자 다섯 명, 그리고 나까지 해서 모두 일곱 명이다. 2박 3일 동안 관광지를 다니며 국경을 넘는 여정이다. 이 길은 '솔트 로드(salt road)'라고 불러도 좋을 만큼 곳곳이 소금투성이다.

한참을 달리고 나서야 지프는 소금사막 우유니에 들어섰다. 사방팔방으로 거대한 소금융단이 펼쳐져 있다. 그 면적이 경상남도보다 넓다고 한다. 새벽의 기운을 받은 우유니 사막은 연푸른빛이다. 입구에 들어선 후로 한 시간쯤 달렸을까? 지프는 소금사막의 한가운데서 멈춰 섰다. 어떤 인공적인 시설물이나 작은 표지판조차 없다.

나는 빛을 찾아 움직이는 생명체처럼 여명이 비치는 곳을 향해 걷고 또 걸었다. 끝없이 펼쳐진 거대한 소금사막을 걸으면서 나는 공간의 광활함보다는 시간의 광활함을 느꼈다. 내가 걷고 있는 이곳은 아주 오랜 옛날 깊은 바다 밑바닥이 거대한 지각변동으로 인해 안데스 산맥으로 융기되면서 만들어진 것이다. 시간을 거슬러 올라가면 지금 나는 바다 밑을 걷고 있는 셈이다. 바다가 산이 되고, 산이 바다가 된 시간이 잘 상상이 되지 않았다.

문득 부에노스아이레스로 오는 비행기에서 본 우주 관련 다큐멘터리 〈코스모스〉가 떠올랐다. 과학자들이 추정하는 우주의 나이는 180억 년이라고 한다. 이 거대한 시간은 도대체 상상이 가지 않는다. 그래서 다큐멘터리 해설자인 타이슨 소장은 우주의 나이를 1년의 시간으로 압축해서 설명해 주었다.

180억 년을 1년이라고 가정하는 것이다. 그러면 하루가 4천만 년에 해당된다. 우주의 역사를 1년 달력으로 만들면 1월 1일에 빅뱅이 일어난다. 태양계는 8월 31일이 돼서야 만들어진다. 9월 21일이 되면 지구에 원시 생명체가 탄생한다. 그리고 12월 28일이 돼서야 지구에 최초의 꽃이 피어난다.

그렇다면 인간은 언제 나타났을까? 12월 31일 23시에 최초의 인류가 등장한다. 우주의 역사를 1년으로 치면 인간의 역사는 고작 1시간 남짓이다. 그리고 23시 59분 46초에 문자가 나타난다. 우주적 관점에서 보면 지금까지 기록된 모든 역사는 불과 14초 동안에 벌어진 것이다. 그리고 12월 31일이 끝나기 5초 전에 예수가 탄생하면서 서기가 시작된다.

깊고 푸른 새벽의 소금사막에서 나는 엄청난 시간의 두께를 느꼈다. 나는 우주적 관점에서 우리의 인생을 다시 생각해 봤다. 우리의 인생을 우주의 1년 달력으로 환산하면 80년을 산다고 했을 때 대략 0.2초다. 우주의 역사를 80년 달력으로 환산한다고 해도 16초에 불과하다. 우리의 삶이란 우주적 관점에서는 두세 번의 호흡에 불과한 것이다.

이 찰나의 시간 동안 우리는 무수히 많은 상처를 주고받고, 끊임없이 걱정하고 고민하며, 무엇을 이루기 위해 애쓰고, 그렇지 못해 절망하고 있는 것이다. 갑자기 지금까지 살아온 인생이 시시하게 느껴졌다. '그렇다면 나는 이 짧은 삶을 어떻게 살아야 할까?'

저기 멀리 동쪽 하늘이 빨갛게 물들기 시작했다. 붉은 기운이 푸른 기운을 비췄다. 두 기운이 맞닿는 곳에서 하얀 소금사막이 눈부시게 제 모습을 드러내기 시작했다. 이윽고 햇살이 나를 비췄다. 가만히 서 있는데도 가슴이 두근거리기 시작했다.

나는 다시 걸었다. 그리고 멈춰 섰다. 몸이 잠시 떨렸다. 나는 깨달음을 얻은 듯이 웅얼거렸다. '그건, 사랑이야!' 신이 허락한 이 짧은 숨결을 부디 사랑하는 데 쓰고 싶어졌다. 그래야 후회가 없을 것 같았다.

—2015년 3월 22일, 우유니 소금사막에서

새로운 공간은
새로운 시야를 선사한다

공간은 마음과 많은 영향을 주고받는다. 새로운 공간은 그 자체로 우리에게 새로운 생각을 불러일으키며, 심리의 변화는 결국 공간의 변화를 초래한다.

공간은 심리적으로 중립적이지 않다. 우리는 공간에 대한 호불호를 가지고 있다. 어떤 공간에 있다는 것 자체만으로도 우리는 안정감을 느낄 수도 있고, 정반대로 극도의 불안감을 느낄 수도 있다. 우리가 가지고 있는 좋은 기억과 나쁜 기억이라는 것이 모두 어떤 공간에서 벌어진 일이었기 때문이다.

예를 들어, 군중이 밀집된 광장에서 갑작스럽게 공황발작을 일으킨 적이 있는 사람이라면 그는 이제 군중이 모여 있는 광장만 봐도 식은땀을 흘릴 수 있다. 그에 비해 광장에서 열린 축제에서 군중과 어울려 흥겹게 춤을 춘 적이 있는 사람이라면 그는 광장에 들어서기만 해도 가슴이 설렐 수 있다.

글을 써보면 언제 어디에서 쓰느냐에 따라 글의 느낌이 달라진다. 밤에 쓰는 글은 보다 감상적이고 낮에 쓰는 글은 보다 논리적이다. 집에서 쓴 글은 진부하지만 여행지에서 쓴 글은 감각적이다. 내가 기차를 선호하는 이유 또한 새로운 생각과 관련이 있다. 기차라는 공간은 내부 검열을 누그러뜨리고 자유연상을 자극한다. 새로운 공간과 공간의 이동은 우리의 뇌를 흔들기 때문이다.

창조적 거장들의 내면을 분석한 『열정과 기질』로 유명한 심리학자 하워드 가드너는 창의력을 자극하는 두 가지 열쇠가 있다고 했다. '몽상에 잠기는 시간'과 '주변 환경의 변화'가 그것이다. 이 두 가지를 동시에 충족시키는 게 바로 여행이다.

조너스 솔크(Jonas Salk)의 여행이 대표적 예다. 1950년대에 피츠버그대학교에서 소아마비 백신을 연구하던 조너스 솔크 교수는 한동안 교착 상태에 빠졌다. 사기가 저하된 그는 결국 휴식을 갖기로 하고 이탈리아 아시시로 여행을 갔다. 아시시는 프란체스코 성인이 태어난 곳으로 고풍스럽고 아름다운 마을이다.

아시시에서 지내던 어느 날 솔크는 성당에서 불현듯 백신 개발의 실마리를 풀 결정적인 아이디어를 얻었다. 그리고 소아마비 백신 개발에 성공했다. 이후 연구센터를 건립하게 된 그는, 아시시에서의 경험을 잊을 수 없어 영감을 줄 만한 장소를 찾아다녔다.

결국 캘리포니아 남부의 라호야를 발견했고 태평양이 내려다

보이는 절벽 위에 이후 세계적인 건축물 중 하나로 꼽히게 되는 솔크 연구소를 지었다. 그는 천장이 높은 성당에서 아이디어가 떠오른 것에 착안해 연구소 천장의 높이를 일반적인 천장보다 더 높은 3미터로 짓게 했다.

천장이 높으면 창의력도 높아진다는 사실은 2008년 미국 미네소타대학교 조앤 메이어스 레비(Joan Meyers-Levy) 교수의 실험으로 입증됐다. 그는 천장 높이가 창의력에 미치는 영향을 파악하기 위해 피험자들을 세 그룹으로 나눴다. 그리고 천장 높이가 각각 2.4미터, 2.7미터, 3미터인 세 건물에서 창의력이 요구되는 문제를 풀게 했다. 그 결과 천장 높이가 3미터인 방에서 문제를 푼 사람들이 문제를 두 배 이상 잘 푼 것으로 나타났다.

또다른 연구 결과도 있다. 유타대학교 심리학자 데이비드 스트레이어(David Strayer)는, 피험자들에게 3일간 디지털 기기를 사용하지 않고 자연 속에서 생활하게 했더니 창의적 문제해결 점수가 50퍼센트가량 높아졌다고 보고했다.

굳이 연구 결과를 들먹일 필요도 없다. 일찍이 수많은 철학자와 예술가들은 창조적 영감을 얻기 위해서 여행을 떠났으며 하나같이 여행을 예찬했다.

니체는 『차라투스트라는 이렇게 말했다』에서 "심오한 영감의 상태. 모든 것이 오랫동안 걷는 길 위에서 떠올랐다. 극단의 육체적 탄력과 충만"이라며 여행을 찬미했다.

장 자크 루소는 『고백록』에서 이렇게 말했다. "보행에는 내 생각들에 활력과 생기를 부여하는 그 무엇이 있다. 나는 한자리에 머물고 있으면 거의 생각을 할 수가 없다. 내 몸이 움직이고 있어야 그 속에 내 정신이 생긴다. 들판의 모습, 이어지는 상쾌한 정경들, 대기, 대단한 식욕, 걸으면서 내가 얻게 되는 건강, 술집에서의 자유로움, 내가 무엇엔가 매여 있다고 느끼게 하는 모든 것, 나의 처지를 상기시키는 모든 것으로부터 멀리 떨어져 있다는 사실, 그런 모든 것이 내 영혼을 청소해 주고 내가 보다 크게 생각할 수 있는 대담성을 부여해 주고 존재들의 광대함 속에 나를 던져 넣어 내 기분 내키는 대로 거리낌 없이 두려움 없이 그것들을 조합하고 선택하고 내 것으로 만들 수 있게 해준다."

이는 예술적 영감에만 국한되는 것이 아니다. 비즈니스 아이디어를 포함한 모든 영감을 포괄한다. 하워드 슐츠는 1983년 이탈리아 밀라노를 여행하면서 우연히 들른 에스프레소 바에서 스타벅스에 대한 창업 아이디어를 떠올린 것으로 유명하다. 이렇게 새로운 공간으로의 이동은 그 자체로 우리의 의식을 깨우고 창의적 정신을 불러일으킨다.

그렇다면 광활한 우주를 여행한 사람들의 의식은 어떨까? 공간의 크기와 의식의 변화가 꼭 비례하는 것은 아니라 해도 더 강렬한 변화를 경험할 수 있지 않을까? 우주비행사들의 인터뷰를 보면 그런 연관성이 보인다.

우주여행을 다녀온 비행사들은 하나같이 이전처럼 살 수 없게 됐다고 말한다. 광활한 우주를 직접 체험하고, 우주에서 우리가 살고 있는 '지구'라는 별의 전체 모습을 보고 나면 기존의 가치관, 기준, 신념 등이 허물어지고 새로운 생각이 싹트기 때문이다. 서로를 구분 짓는 경계가 느슨해지고 서로를 나누는 틀이 해체돼 분별심은 약해지고 일체감은 더욱 강화되는 것이다.

일본 작가 다치바나 다카시는 1981년부터 우주여행을 다녀온 우주비행사들과 인터뷰를 하고 그 내용을 모아 『우주로부터의 귀환』을 썼다. 이 책에는 아폴로 9호의 비행사였던 러셀 러스티 슈바이커트를 인터뷰한 내용이 실려 있다.

"내가 체험한 것이 무엇이며, 또 내가 왜 그런 환상적인 체험을 할 수 있었던 것일까? 이 특별한 사건은 나를 위한 것이 아니고 온 인류를 위한 것이다. 그런 의미로 나는 온 인류의 한 감각기관이 된 것이다. 지구라는 전체 생명의 한 조각이 된 것이다. 지구라는 저 별에 사는 생명의 한 조각이 된 것이다. 어떻게든 이 특별한 체험을 가지고 가서 사람들에게 전해야 되겠다. 저 별에 사는 생명과의 관계가 달라져야 되겠다는 것이다."

같은 책에서 우주비행사 돈 아이즐리는 우주여행 후에 인생에서 정말 중요한 것이 무엇인지 깨달았다고 한다. 그는 우주여행 후에 겪은 변화를 이렇게 이야기했다.

"세상에 대해 나 자신의 존재를 증명해 보이겠다는 생각이 없어졌다. 나의 에너지를 밖으로 향하기보다는 안으로 향하여 쏟게 되었다. 가정이나 가족, 나의 내적 정신 상태 같은 것을 가장 먼저 생각하게 되었다. 그 때문에 매일 평화롭고 조용한 생활을 하고 있다. 인생을 즐기고 있다."

이렇게 우리는 여행에서 소설가 마르셀 프루스트가 말했던 것처럼 '새로운 눈'을 갖게 되며 그 눈을 통해 보지 못했던 것을 보고 인생의 숨겨진 비밀을 깨달을 수 있다.

깊고 단순하게,
여행은 깨달음이다

한자로 길을 의미하는 '道(도)'라는 글자에는 '이치, 근원, 사상'이라는 뜻도 있다. 진리나 깨달음의 경지를 구하는 사람이라는 뜻의 구도자는 한자로 '求道者'라고 쓴다. 그래서일까? 깨달음은 집이나 책 속에서가 아니라 산과 같은 대자연이나 길 위에서 얻는 경우가 많다. 예수와 석가모니, 공자를 비롯한 대부분의 위인들은 길 위에서 깨달음을 얻었다.

여행 중에 큰 깨달음을 얻은 사람들은 일일이 꼽을 수 없을 정도로 많다. 그중에 이탈리아 시인 프란체스코 페트라르카를 빼놓을 수 없다. 그는 르네상스 인문학을 연 인물로 평가되는데, 그 시작은 1336년에 오른 알프스 산맥의 방투 산 여행이었다. 그는 아름다운 자연 풍경에 연신 감탄하며 힘든 산행을 했다. 그리고 산 정상에서 아우구스티누스가 쓴 『고백록』의 한 대목을 읽었다.

인간은 산 정상에 올라 아름다운 광경에 넋을 잃고, 풍랑이 이는 바다를 바라보면서, 굽이치며 흘러가는 강물을 바라보면서, 밤하늘을 가로지르는 별들의 운행을 바라보면서 넋을 잃지만 정작 인간 내면에 대해서는 진지하게 생각하지 않는다.

시인은 이 구절을 읽고 대오각성한다. 그리고 이때 받은 내적 충격을 다음과 같이 기록했다.

"나는 책을 덮었다. 그리고 나 자신에게 화가 치밀어 올랐다. 이렇게 자연의 아름다움에 심취해 있는 내가 이미 이교도 철학자들도 알고 있는 진실을 아직 깨닫지 못했다는 사실 때문이었다. 인간의 내면세계, 영혼의 세계보다 더 아름다운 것은 없는데 말이다. 눈에 보이는 바깥세상의 아름다움은 실제로 대단한 것이 아니다. 솔직히 나는 아름다운 산을 충분히 보게 된 것에 만족했다. 그러나 나는 내면의 눈으로 나 자신을 바라보았다. 그때부터 나는 산 아래로 내려올 때까지 단 한마디도 입술에서 내뱉지 못했다."

그는 방투 산 정상에서 자연의 아름다움에 감탄하면서도 정작 영혼의 아름다움은 보지 못했던 자신을 발견했다. 이 경험은 그의 삶을 바꿔놓았다. 그런데 만약 그가 같은 구절을 집이나 익숙한 장소에서 읽었다면 그토록 강렬한 내적 체험을 할 수 있었을까?

흔히 우리는 깨닫는 것을 매우 어렵고 거창한 일이라고 생각한다. 아주 많은 시간을 쏟아야 하며, 그중에서도 특별한 사람들만이 체험할 수 있는 것이라고 알고 있다. 그러나 깨달음은 특별한 사람만이 경험하거나, 어떤 특정 방식으로만 얻을 수 있거나, 반드시 아주 많은 시간을 들여 노력해야만 얻어지는 것이 아니다.

자아의 틀 밖으로 이끄는 모든 자각과 내적 경험을 깨달음이라 할 수 있다. 여행에서 우리는 크고 작은 깨달음을 얻는다. 여기에는 몇 가지 이유가 있다. 우선 시야부터 달라지기 때문이다.

탁 트인 산 위에 올라서거나, 끝없이 펼쳐진 대양이나 사막을 마주하거나, 2.5톤의 230만 개 돌로 쌓아올린 고대 피라미드를 올려다보거나, 수백만 년 전에 형성된 빙하 위에 올라선다면 어떤 기분이 들까?

그 풍경의 시원함과 시간의 두께는 마음속 깊이 전달돼 '시야의 확장'과 '새로운 관점'을 가져다준다. 자연의 기운을 받아 마음이 넓어질 수도 있고, 자신이 한없이 미미한 존재라고 느낄 수도 있다. 자신이 가진 고민이 사소하게 느껴지거나 다르게 보일 수도 있고, 삶의 유한성을 강하게 느낄 수도 있고, 자신에게서 벗어나 자신과 풍경을 함께 바라보는 새로운 시각을 얻을 수도 있다.

여행에서 깨달음을 얻을 수 있는 또다른 이유는 여행 중에 깊은 사색의 시간을 갖게 되기 때문이다. 특히 혼자 하는 여행이라면 아무런 방해 없이 깊은 사색에 잠길 수 있다.

여행을 하며 우리의 생각은 단순해지는 동시에 깊어진다. '마인드 원더링(mind-wondering, 방랑하는 마음)'이 줄어들기 때문이다. 일상에서 우리의 마음은 수많은 할 일, 끊임없이 주어지는 외부적 자극, 불안과 압박감에 시달려 한곳에 집중하지 못한 채 계속 여기저기를 방황하고 다닌다. 오염된 시간을 보낼 수밖에 없는 것이다.

그러나 여행을 할 때는 잡념이 줄어들고 우리의 생각은 한곳에 보다 깊이 머무를 수 있다. 생각이 깊어지기에 자기와 깊은 대화를 나누게 된다. 이는 일상에서는 쉽게 갖지 못했던 시간이다. 외부의 자극에 휘둘리며 자기를 잊고 살아오다가 여행을 통해 비로소 자기와 마주하는 것이다.

마지막으로 여행에서 우리가 깨달음을 얻을 수 있는 가장 중요한 이유는 새로운 세계와의 교류가 계속해서 이뤄지기 때문이다. 우리는 책을 통해 새로운 생각을 접할 수 있는 것처럼 여행을 통해 새로운 사람, 공간, 상황, 문화와 끊임없이 접촉한다. 이 새로운 경험들은 끊임없이 우리의 의식을 두드리고 의식의 문을 열고 들어온다. 그 경험들은 기존의 의식과 뒤섞이고 새로운 관점에서의 사색을 거쳐 새로운 의식으로 변화된다.

나는 여러 인터넷 여행 카페에서 수많은 여행 후기를 읽었다. 그 후기에는 여행을 떠나지 않았다면 결코 얻지 못했을 크고 작은 깨달음이 보석처럼 빛나고 있었다.

"인생에서 지금 이 순간이 가장 중요하다는 것을 머리가 아닌 가슴으로 깨달았어요."

"나를 잘 보이려고 애쓸 필요가 없다는 것을 느꼈어요."

"모든 것을 혼자 다 해결해야 한다고 생각했던 게 얼마나 어리석었는지를 깨달았어요."

이처럼 여행을 떠난 이들은 자신만의 깨달음을 얻고서 돌아온다. 여행자들의 깨달음은 사실 상담을 통해 내담자가 얻는 자각과 흡사하다. 상담에서의 변화 역시 자신의 틀에서 벗어나 자신과 타인, 세상을 다르게 바라보는 것이기 때문이다.

정작 어려운 것은 깨달음을 얻는 것이 아니라 그 깨달음을 얼마나 삶 속에 담아내고 실천해 나갈 수 있느냐다. 물론 일상으로 돌아오면 확장된 의식은 다시 수축되기 쉽다. 그러나 사라진 것은 아니다. 그 깨달음은 여전히 우리 마음속에 남아 우리 삶과 관계를 풍요롭게 만들어준다. 그리고 어느 순간 우리를 한 단계 더 높은 삶으로 인도한다.

'그건 사랑이야!'

신이 허락한 이 짧은 숨결을 부디 사랑하는 데 쓰고 싶어졌다.

그래야 후회가 없을 것 같았다.

일출을 보기 위해 찾아간 우유니 소금사막에서.

내가 살고 있는 곳이
세계의 중심?

여행을 다녀보니 재미있게도 자신들이 사는 곳을 '세상의 배꼽'이라고 부르는 경우가 많았다. 배꼽이란 중심을 의미한다.

그리스인들은 델포이를 문명의 배꼽이라 불렀고, 페루의 쿠스코(Cuzco)는 그 이름 자체가 세상의 배꼽이라는 뜻이다. 칠레의 이스터 섬 역시 원주민들은 '세상의 배꼽(Te Pito o Te Henua)'이라고 부른다. 꼭 배꼽이라는 이름을 쓰지 않더라도 세계 곳곳의 사람들은 자신들이 사는 곳을 세상의 중심이라고 여기며 살아왔다.

이렇게 자기가 있는 곳을 세상의 중심이라고 여기는 특성은 유목민들도 예외가 아니었다. 어떤 유목민들은 거대한 기둥을 들고 다니면서 정착하는 곳마다 그 기둥을 세웠다고 한다. 자신들이 있는 곳이 바로 세상의 중심임을 나타내는 의식인 것이다.

이렇게 자신 또는 자신이 살고 있는 곳만이 세계의 중심이라는 자기중심적 세계관을 가리켜 '옴팔로스(omphalos, 그리스어로 '배꼽') 증후군'이라고 한다. 이는 인간이 본질적으로 자기중심적인 존재이기 때문에 생긴 것이다.

어린아이는 자신이 특별하고, 뭐든지 다 할 수 있고, 자신을 중심으로 세상이 돌아간다고 느낀다. 그러나 자라면서 우리는 나도 똑같은 사람이고, 내가 잘하는 것이 있고 못하는 것이 있으며,

내가 없어진다고 해도 세상은 여전히 잘 돌아갈 것이라는 사실을 깨달아간다. 서서히 혹은 갑작스럽게 '중심의 상실'을 경험하는 것이다. 이는 자기애적 상처이자 큰 좌절이다. 하지만 이 단계를 거쳐야만 우리는 단단히 현실에 발을 디딜 수 있고, 타인과 상호적 관계를 맺기 위한 공존의 토대를 만들 수 있다.

하지만 우리는 끊임없이 중심의 복원을 시도한다. 어린 시절의 자기 왕국 속으로 다시 들어가려 하고 자신을 예외적이고 특별한 존재로 생각한다. 이를테면 '사람은 죽는다'라고 이야기하지만 정작 이 말 속에 '나'는 빠져 있는 경우가 많다. '여행 갈 때 비가 올 수도 있지'라고 이야기하지만 정작 '내가 여행 갈 때 비가 와서는 안 돼'라고 생각한다.

여행은 불완전한 중심의 상실을 더욱 허물어뜨린다. 여행에서 우리는 자신이 경험한 세계가 얼마나 작은지, 자신이 알고 있는 것이 얼마나 편협하고 주관적인지 깨닫게 된다.

장자의 우화를 보면 우물 안에서만 살면서 한 번도 바깥세상을 접하지 못한 개구리가 깊은 바다에 사는 자라를 만나면서 자신이 우물에 갇혀 있음을 깨닫게 된다. 그 개구리처럼 우리는 여행을 통해 자신이 '우물 안 개구리'였음을 느끼는 것이다. 그리고 그것은 의식의 확장으로 이어지는 계기가 된다.

조선 후기 실학자 홍대용은 청나라 여행을 하면서 강렬한 충격을 받았다. 처음에는 끝없이 펼쳐진 요동 벌판과 산해관 망해정에서 광활한 바다를 보고서 그 광막한 풍경에 극도의 위축감을 느꼈다. 강명관의 『홍대용과 1766년』에서 홍대용이 남긴 글에서 당시 그의 충격이 얼마나 컸는지 알 수 있었다.

"반평생을 돌아보건대 우물 속에 앉아 벌레처럼 꿈틀거리면서, 되레 눈을 부릅뜨고 가슴을 뻐기고 천하의 일을 함부로 논하려 했으니, 자신을 헤아리지 못한 것이 너무나 심하였다."

하지만 그 충격은 시작에 불과했다. 이윽고 더 큰 충격이 찾아왔다. 북경에 가기 이전에 주자학자였던 홍대용은 전통적인 화이관에 젖은 조선의 선비들처럼 이민족이 세운 청나라를 오랑캐라고 무시하고 중화(中華)로 인정하지 않았다. 그러나 청나라의 번영과 과학 문명을 직접 눈으로 보면서 그의 정신세계는 무너져 내렸다.

그는 결국 중국이 세계의 중심이라는 전통적인 화이론 자체를 부정하고 토지의 균분, 교육 기회의 균등한 부여, 양반 특권의 해체 등 대담하고 진보적인 실학 정책들을 주장하기에 이르렀다. 그것은 여행으로 촉발된 내적 충격과 청나라 학자들과의 사상 교류로 인한 변화였다.

예로부터 여행은 책보다 더 견문을 넓혀주는 '진짜 공부'로 칭송됐다. 당송팔대가의 한 사람으로 꼽히는 중국의 문인 소철(蘇轍)은 19세에 고향을 떠나 진한(秦漢)의 고도(古都)와 중국의 산천을 여행하면서 스스로 견문을 넓혔다. 그는 한기(韓琦)에게 보낸 편지인 「상추밀한태위서(上樞密韓太尉書)」에서 다음과 같이 여행의 중요성을 이야기했다.

"집에 살아오면서 함께 교유한 사람들이란 불과 이웃 마을 한 고장 사람들이고, 본 것이란 불과 수백 리 사이입니다. 올라가고 구경함으로써 스스로를 넓힐 만한 높은 산과 큰 들도 없습니다. 제자백가의 책을 비록 읽지 않은 것이 없다고는 하더라도, 모두가 옛 사람의 낡은 발자취에 지나지 않아 저의 뜻과 기를 격발시키기에는 부족하였으니, 마침내는 기가 없어져 버릴까 두렵습니다. 그래서 결연히 고향을 버리고, 천하의 특이한 견문과 장관을 찾아 나섬으로써 천지의 광대함을 알려 하게 되었습니다."

누구나 '우물 안 개구리'가 되고 싶지 않다. 그러기 위해서는 먼저 자신이 우물 안 개구리라는 사실부터 깨달아야 한다. 그리고 이를 깨달으려면 우물 바깥으로 나가야 한다. 자기 이해란 머리를 싸매고 혼자 고민하는 것이 아니라 관계라는 거울이 필요한 것과 같은 이치다.

자기가 알고 있고 믿고 있는 세계가 진짜가 아니라 주관적이고 미미한 경험으로 쌓아올린 자기만의 세계임을 자각할 때 진짜 세계로 나아가는 문은 열린다. 그러므로 의식의 확장은 자신의 세계가 작다는 것을 깨닫는 위축감이나 부끄러움에서 시작된다.

안나푸르나 쏘롱 고개에서 묵티나스로 넘어갈 때였다. 라운딩 코스 중에서 가장 높은 곳을 지나왔다는 안도감을 채 느끼기도 전에 나는 큰 두려움에 휩싸였다. 막 고개를 넘었는데 눈밭에 누군가 쓰러져 있는 것이었다.

어속과 나는 화들짝 놀라 가까이 다가갔다. 한 달 전의 눈사태로 사망한 포터의 시신이 미처 수습되지 못한 채 방치돼 있었다. 그가 삶의 마지막 순간까지 얼마나 처절하게 이 눈밭을 헤쳐 나갔을지 상상돼 모골이 송연해졌다. 그를 기다리고 있었을 가족들을 생각하니 처연해졌다. 동시에 안나푸르나를 향해 저절로 고개가 숙여졌다.

갑자기 극도의 위축감을 느꼈다. 쏘롱 고개에서 안나푸르나를 정복하기라도 한 것처럼 의기양양했던 나는 어디론가 사라지고 한없이 미미한 나만 남았다.

나는 멍한 상태에서 묵티나스까지 걸어갔다. 산행하는 내내 나자신이 미미한 존재라는 생각이 들었다. 그렇다고 해서 무기력하고 무가치하다는 느낌이 들지는 않았다. 오히려 마음의 평화가 찾아왔고 새로운 기운을 얻었다. 스스로 미미하다고 느낀 만큼 내 마음이 쪼그라든 것이 아니라 오히려 마음이 더 넓어진 것만 같았다. 나중에서야 나는 대자연 앞에서 느꼈던 마음이 두려움과 위축감이라기보다는 경외감과 겸손함이었음을 알 수 있었다.

우리는 억겁의 시간 동안 변치 않고, 온갖 생명을 잉태하고 품으면서도 한편으로는 언제라도 인간을 위험에 빠뜨릴 수 있는 자연 앞에서 경외감과 겸손함을 느낀다. 경외감과 겸손함은 부끄러움과 함께 대표적인 자기 성찰적 감정이라 할 수 있다. 나 혹은 인간 자신이 얼마나 나약하고, 보잘것없고, 찰나적인 존재인지를 돌아볼 수 있을 때 느끼는 감정이다.

모든 정신적 성장에는 반드시 거쳐야 할 공통적인 길이 있다. 그것은 나 자신이 얼마나 자기중심적 존재인지를 깨닫고 자신의 미미함을 알아차리는 것이다. 그 길을 거쳐야 우리는 '더 큰 나'로 나아갈 수 있다.

여행은 우리에게 겸손을 가르쳐준다. 자신이 알고 있는 안과 밖의 세계가 얼마나 작았는지를 깨닫게 되고, 신을 믿는 사람이든 믿지 않는 사람이든 우리보다 더 큰 존재에 대한 경외감을 느끼게 되는 영적인 체험이 이루어진다. 독일의 교육학자인 프리드리히 프뢰벨의 이야기가 바로 내가 하고 싶은 말이다.

"여행은 인간을 겸손하게 만든다. 세상에서 인간이 차지하는 영역이 얼마나 작은 것인가를 깨닫게 해준다."

여행은 과연 사람을
변화시키는가?

이렇게 여행 예찬을 하다보니 마치 여행만 가면 새 사람으로 바뀔 수 있을 것 같다. 과연 여행은 모든 사람을 변화시키는 것일까? 많은 여행기에서 강렬한 내적 충격과 새로운 영감으로 인해 삶에 큰 변화를 맞은 경우를 어렵지 않게 찾아볼 수 있다. 그렇기에 어떤 이들은 큰 변화를 바라고 여행을 떠난다.

그러나 중요한 것이 있다. 여행을 통한 변화의 내용과 방향은 결코 의도한 대로 되지 않는다는 점이다. 우리는 어떤 변화를 바라고 여행을 떠날 수 있지만, 막상 여행은 우리가 원하는 것을 주지 않을 가능성이 높다. 오히려 여행은 우리에게 예상치 못한 것을 건네준다.

중학생 아들과 두 달간 북인도와 네팔 여행을 다녀온 아버지를 만난 적이 있다. 아들은 학교에 가는 것을 거부하고 가출하기도 했다. 아버지는 학교를 억지로 보내기보다 차라리 그 시간에 여행을 다니는 편이 좋을 것이라 판단했다. 그는 아내의 반대를 무릅쓰고 하던 일을 정리하고 아들과 여행을 떠났다. 그렇다고 큰 기대가 있었던 것은 아니었다. 다만 그동안 가정과 자녀에게 무관심했다는 자기반성이 컸고, 아들과 많은 이야기를 나누고 싶은 마음으로 떠난 여행이었다.

의도하지 않았지만 아들은 그 여행에서 큰 영향을 받았다. 자기 또래 혹은 더 어린 아이들이 먹지도 배우지도 못하고 병과 노동에 시달리는 모습을 보고서 충격을 받은 것이다. 거짓말 같은 이야기지만 그 여행을 통해 아들은 가난한 나라의 아이들을 돕는 의사가 되기로 결심했다고 한다. 실제로 여행이 끝난 뒤로 열심히 공부하고 있어서 아버지는 자신이 살면서 가장 잘한 선택을 그때의 여행이라고 꼽는다.

이 이야기를 같이 듣던 또다른 사람은 자신도 당장 아들을 데리고 여행을 떠나고 싶다고 했다. 그 사람도 비슷한 나이의 아들 때문에 꽤나 속을 썩는 모양이었다.

만일 그 사람이 아들과 함께 북인도 여행을 간다면 그의 아들에게도 비슷한 내적 변화가 일어날까? 그럴 리가 없다. 그런 의도를 가지고 여행을 떠난다면 십중팔구 원하는 것을 얻지 못할 것이다. 혹을 떼러 갔다가 혹을 붙이고 돌아올지도 모른다.

분명 여행은 우리의 내면을 뒤흔들고 삶의 변화를 불러 일으키는 강력한 영향을 미칠 수 있다. 하지만 그 변화는 우리가 예상하거나 기획할 수 없고, 우리 몰래 찾아오는 것이다. 안타깝게도 긴 여행을 다녀와도 아무런 내적 변화가 없는 사람들도 있다. 자기 세계가 너무 경직되고 닫혀 있는 이들인 경우가 많다.

이들은 괴테가 『이탈리아 여행기』에서 표현한 '뚜껑 열린 병'과는 정반대의 사람들이다. 1787년 8월 11일자 여행일기에서 괴테는 예술적 영감이 충만해지는 느낌을 이렇게 묘사했다.

하루도 미술에 대한 지식과 훈련을 쌓지 않고 보내는 날이 없습니다. 뚜껑 없는(열린) 병을 물속에 박으면 쉽게 물이 차듯이, 감수성이 풍부하고 마음의 준비가 되어 있는 사람은 쉽게 자신을 충실하게 만들 수 있습니다. 모든 방향으로부터 예술적인 요소들이 물결쳐 옵니다.

괴테는 여행에서 '뚜껑 열린 병'이 됐다. 그리고 이탈리아는 창조의 수원(水原)이 돼주었다. 괴테는 그 저수지에 첨벙하고 빠져 마음껏 헤엄치며 새로운 영감을 채웠다. 그것은 뚜껑이 열렸기에 가능했던 일이다. 만일 괴테가 뚜껑 닫힌 병이었다면 어떻게 됐을까? 새로운 물은 하나도 채워지지 않고 단지 둥둥 떠다녔을 것이다. 그의 내면 그 어디도 새로운 물과 닿지 않았을 것이다.

'뚜껑 닫힌 병'을 생각하니 떠오르는 사람이 있다. 나는 안나푸르나에서 그를 이틀 연속으로 만났다. 첫 번째 만남은 안나푸르나 베이스캠프에 있는 롯지에서였다.

당시 식당에는 많은 사람들이 밥을 먹고 있었다. 어디서 반가운 한국어가 들렸다. 하지만 그 목소리는 크고 위압적이었다. 그는 아주 어린 부하직원 다루듯 명령조의 말투로 포터에게 잔심부름을 시켰다. 그는 부인으로 보이는 여성과 함께 큰 소리로 이야기를 나누며 식사를 했다. 비좁은 식탁 위에는 김치와 고추장을 포함해서 한국에서 장만해 온 여러 가지 밑반찬이 펼쳐져 있었다. 그의 거침없는 행동에 오히려 내가 신경이 쓰였다.

문제는 그다음 날이었다. 우리는 그날 촘롱이라는 마을까지 트레킹을 했다. 나는 모처럼 뜨거운 물로 샤워를 하고 기분 좋게 숙소 식당에서 밥을 먹고 있었다. 그런데 그 한국인이 식당 안으로 들어왔다. 하필 같은 숙소에 묵게 된 것이다.

그는 알코올 도수가 제일 높은 술을 주문했다. 혼자 먹기 심심했는지 숙소에서 쉬고 있던 포터를 불러 그에게 술을 권했다. 포터는 한눈에 봐도 불편한 기색이었지만 사양하지 못하고 술에 물을 타서 마셨다. 그 모습이 눈에 거슬렸는지 그 한국인은 좋은 술에 물을 타 먹는다며 야단을 쳤다. 포터는 그 앞에서 어쩔 줄 몰라 했다. 그의 모습을 옆에서 보고 있노라니 밥이 잘 넘어가지 않았다.

흔히 여행을 하면 저절로 견문이 넓어지고 의식이 확장된다고 생각하기 쉽다. 하지만 다 그렇지는 않다. 여행자가 얼마나 변화하느냐는 변화할 기회에 대해 얼마나 열려 있느냐에 달렸다. 만일 어떤 사람의 자아가 경직되고 닫혀 있다면, 여행은 그의 자아를 한 치도 벌릴 수 없다.

네팔에서 만난 그는 어쩌면 한국에서 지시 내리는 일에 익숙한 직업을 갖고 있었을지 모른다. 그런데 여행을 와서도 그는 여전히 '지시를 내리는 사람' 행세를 하고 있었다. 여행의 시간에서조차 자신의 페르조나를 내려놓지 못한 셈이다. 그리고 외부 세계를 향해 마개를 열지 않았다. 그는 그 여행을 통해서 무엇을 느끼고 돌아갔을까?

11장

생의 아름다운
시간을 가졌는가?

'노스탤지어'로의 여행

Homo Viator

　네팔 여행을 앞두고 고향에 내려갔다. 하루는 부모님과 이야기를 나누다가 문득 옛집이 떠올랐다. 그곳은 초등학교 4학년 때까지 살았던 곳이다. 어떻게 변했을지 궁금했다.

　옛집을 찾아가는 길에 먼저 옛 초등학교부터 들렀다. 어릴 때는 그렇게 넓었던 운동장이 지금은 답답할 정도로 작아 보였다. 초등학교에는 텅 빈 교실이 많았다. 당시에는 한 학년에 열두 개 반이나 있었는데 지금은 한 학년에 한 반뿐이었다.

　나는 초등학교 정문을 나와 그 옛날 수업이 끝나고 집에 돌아갈 때의 길을 따라 걸었다. 저 앞에 늘 건너던 육교가 그대로 보였다. 트럭이 지나갈 때면 짐칸으로 뛰어내리는 영화의 한 장면을 상상했던 곳이다. 육교를 건너니 우표와 옛날 화폐를 팔던 문방구가 지금도 그대로 있다. 조금 걸어가니 동네 입구의 낯익은 교회 건물이 보였다. 마치 옛사랑을 만나러 가는 것 같았다.

　시간은 많이 지났지만 주변 풍경은 크게 바뀌지 않았다. 작은 공장들도 그대로 있고, 동네 슈퍼와 작은 서점도 그대로 있다. 전혀 기대하지 않았는데 뜻밖이었다. 하지만 사람들은 거의 보이지 않았다. 어릴 때는 도심지였는데 지금은 공동화현상으로 인해 빈집이 군데군데 보일 정도였다. 너무 사람이 없다보니 드라마 세트장에 와 있는 느낌마저 들었다. 동네 전체가 너무 조용했다. 단 한 명의 아이도 보이지 않았다.

이윽고 골목길로 접어들었다. 골목길 어디선가 함성을 지르며 공을 차는 한 무리의 아이들이 쏟아져 나올 것만 같았다. 그 틈에 유년 시절의 나도 있을 것만 같았다. 시간 가는 줄도, 배고픈 줄도 모르고 해가 질 때까지 골목길에서 뛰어놀았던 그 시절은 얼마나 행복했던가!

옛집도 하나도 바뀐 게 없었다. 대문도 그대로였다. 모습은 그대로지만 깊게 패인 주름처럼 군데군데 패이고 색이 바랬다. 대문 앞에는 풀이 우거져 있었다. 사람이 살지 않는 걸까? 대문 앞을 서성거려 봐도 아무런 인기척이 느껴지지 않았다.

안을 들여다보고 싶어졌다. 그네 줄을 매달아 놓았던 감나무와 슬레이트 지붕을 뒤덮었던 포도나무 넝쿨은 그대로인지도 궁금했다. 심심할 때마다 찾곤 했던 옥상 위 장독대도 보고 싶고, 딱지나 구슬을 숨겨놓았던 뒤편의 굴뚝도 만져보고 싶었다.

그러나 집 안에서는 아무런 소리가 들리지 않았다. 초인종을 누를까 망설이다가 그냥 뒤돌아서고 말았다. 발걸음이 떨어지지 않아 한참을 서성거리다 골목을 벗어났다. 내 뒤로 다시 골목을 가득 메운 아이들의 함성이 들리는 듯했다. 발걸음이 가벼웠다. 유년 시절로의 짧은 여행을 통해 내 마음은 한없이 따뜻해지고 부드러워졌다.

—2014년 10월 28일, 옛집 앞에서

여행 후 증후군

나는 여행이 끝나고 집에 돌아올 때마다 마음의 병을 앓았다. 유럽 여행을 마치고 와서는 알프스가 눈앞에 아른거리고 그곳을 다시 걷고 싶어 안달이 났다. 그래서 무엇에 홀린 듯 히말라야로 떠났다. 네팔 여행을 마치고 와서는 더 심하게 병이 났다. 내 몸은 한국에 있었지만 영혼은 돌아오지 못한 채 안나푸르나 어딘가를 배회했다. 히말라야 바람에 미친 듯이 나부꼈던 오색 깃발 룽다처럼 내 마음은 여행의 바람에 펄럭이기 시작했다.

프랑스 인류학자 테오도르 모노가 『사막의 순례자』라는 책에서 예언한 내용이 딱 들어맞았다. 아니, 피로가 잊히기도 전에 나는 그 고난의 여정을 그리워하고 있었다.

고독한 보행의 크나큰 피로가 잊히자마자 곧 그 힘들었던 여정과 살

갗이 벗겨진 발, 터진 입술, 별빛 아래에서 잤던 새우잠을 그리워하고 있을 것이다.

나만 그런 게 아니었다. 인터넷 여행 카페에 들어가 보니 나 같은 사람이 너무 많아서 '네팔 병'이라는 말까지 있었다. "네팔에 한 번도 가지 않은 사람은 있어도, 한 번만 간 사람은 없다"라는 말이 정말이지 실감 났다.

결국 나는 시름시름 네팔 병을 앓다가 남미의 안데스로 떠났다. 안데스 여행이 끝나고 난 후에도 한참을 끙끙 앓았다. '안데스 병'이 발병한 것이다. 한국에 도착하자마자 안데스가 그리워졌고, 길을 걷다가도 남미의 어느 도시를 걷고 있는 듯한 착각 속에서 살았다. 심지어 집에 혼자 있을 때조차 어느 여행지의 호스텔에 와 있는 듯한 착각이 들었다.

한동안 나는 현재의 시간에 머무르지 못했고 여행의 시간과 현재의 시간이 섞인 가운데에 존재했다. 긍정적이든 부정적이든 삶의 강렬한 경험은 시간의 흐름을 붙잡는 힘이 있다. 그래서 여행을 다녀온 직후 우리의 시점은 '현재'가 아니라 '과거적 현재'가 된다.

과거적 현재란 말 그대로 과거도 아니고 현재도 아니며 그 두 시간이 혼재돼 있는 과도기적 상태라고 할 수 있다. 이 과도기가 얼마 동안 지속되는가는 사람마다 다르다. 어떤 이들은 경미할 정도로 짧게 경험하고, 어떤 이들은 상당히 오랫동안 지속돼 현실을 사는 데 지장을 받기도 한다. 여행의 경험이 강렬했을수록, 현실적 자극이 적을수록 과도기는 길어지기 쉽다.

내가 여행 후유증을 심하게 앓은 것은 여행의 경험이 강렬해서이기도 하거니와 현실적 자극이 적어서였을 것이다. 만일 바로 일터로 복귀해야 했다면 후유증이 그리 심하지 않았을지도 모른다. 아무튼 안데스 병은 오래갔고 그 병을 달래려고 한동안 서울 근교의 둘레길이나 산을 찾아다녔다. 그것만으로도 부족해서 지리산 종주를 다녀오기도 했다.

나는 이런 증상을 뭐라고 불러야 할지 고민했다. 그 반대는 '향수병'이라고들 하는데, 집에 오자마자 다시 여행을 떠나고 싶은 증상은 뭐라고 불러야 하나? 어딘가에서 이를 '타향병'이라고 부르는 경우를 봤다. 그런데 향수병(homesickness)과 비슷한 말로 '노스텔지어(nostalgia)'가 있다. 이 역시 향수병이라는 뜻으로 사용되지만 사용 범위가 더 넓다.

노스텔지어라는 말을 처음 만든 사람은 스위스 의사 요하네스 호퍼(Johannes Hofer)다. 그는 타향에서 공부하거나 일하는 사람들 중에서 고향을 그리워하다가 의욕이 저하되고 몸까지 쇠약해진 세 명을 관찰했다. 흥미롭게도 그들은 귀향하고 난 뒤에 거짓말처럼 증상이 사라졌다.

세 사람이 앓은 병에 그럴 듯한 이름을 붙이고 싶었던 호퍼는,

궁리 끝에 그리스어로 귀환을 의미하는 'nostos'와 고통을 의미하는 'algos'를 합쳐 'nostalgia'라는 신조어를 만들었다. 이것이 1688년의 일이었다.

그런데 시간이 흐르면서 의학적인 질병을 뜻했던 노스탤지어는 일반적인 용어로 굳어졌다. 병이라는 의미는 사라지고, 고향에 대한 그리움보다는 '지난 시절에 대한 그리움' '과거에 대한 동경'을 뜻하는 말로 사용 범위가 넓어진 것이다. 즉, 향수병이 공간에 대한 그리움에 초점이 있다면 노스탤지어는 시간에 대한 그리움에 초점이 있다.

여행이 끝난 후 느끼는 그리움은 어떨까? 과연 여행의 장소에 대한 그리움일까? 아니면 여행의 시간에 대한 그리움일까? 아마도 복합적일 것이다. 나의 경우 동일한 장소보다는 새로운 곳에 가고 싶었던 것으로 보아 시간에 대한 그리움이 더 큰지도 모르겠다.

아무튼 나는 이렇게 여행이 끝나고 겪는 심리적 후유증을 '여행 후 증후군(Post-Traveling Syndrome, PTS)'이라고 이름 붙였다. '외상 후 스트레스 장애(Post-Traumatic Stress Disorder, PTSD)'라는 병명에 빗대어 표현한 것이다. 트라우마로 인한 외상 후 스트레스 장애의 핵심 증상은 '재경험(reexperience)'이다.

'회상(recall)'이 아니라 재경험인 이유는 단지 기억이 아니라 지금 – 여기에서 다시 벌어지는 것과 같은 생생한 경험이기 때문이다. 이것이 일반적 기억과 질적으로 다른 '외상적 기억(traumatic memory)'의 특징이다. 외상 후 스트레스 장애를 겪는 사람들은 현실을 살지 못한다. 외상이 벌어진 그 순간에 시간이 멈춰서 흘러가지 않기 때문이다.

그런데 이는 꼭 부정적인 경험에서만 나타나는 것이 아니다. 강렬한 행복 경험도 마찬가지다. 삶의 절정감이나 강렬한 행복감은 시간의 흐름을 붙잡고 망각의 경로에서 이탈하게 만든다. 강렬한 행복 경험 역시 심리적 외상처럼 회상이 아니라 재경험된다.

여행이 끝났음에도 그 당시의 장면, 생각, 느낌, 감각 등이 생생하게 되살아나는 것이다. 이는 심한 경우 현실의 적응을 방해하는 괴로움이지만 그보다는 지난 아름다운 시간을 음미하는 기쁨이다. 행복이 또 행복을 낳는 행복의 보너스다. "지나간 삶을 즐길 수 있는 사람은 두 번 사는 것과 같다"라고 로마 시인 마르티알리스는 말하지 않았던가!

'행복 후 증후군(Post-Happiness Syndrome)'의 대표적인 예가 바로 여행이다. 여행은 가장 강렬한 행복 체험이다. 그렇기에 불멸의 기억이 된다.

아름다운 시간이
삶을 지탱한다

수년 전의 일이다. 정리해고를 당한 이후 지속적인 우울감이 들어 상담실을 찾아온 사십 대 남성이 있었다. 그는 자신을 쓸모없는 낙오자라고 생각했다. 남은 것은 이제 내리막길뿐이라고 느끼면서 지푸라기라도 잡는 심정으로 상담실을 찾아왔다. 안타깝게도 상담을 진행해도 별다른 변화가 없었다.

그런데 어느 날 그의 표정이 무척 밝아져 있었다. 그동안 무슨 일이 있었던 것일까? 이유를 물어보니 초등학교 동창회에 다녀왔다고 했다.

"고향 떠나고 한 30년 만에 어릴 때 시골 친구들을 만났죠. 그런데 너무 오랜만인데도 전혀 낯설지가 않더라고요. 우리는 서로 보자마자 어릴 때 별명을 부르고 학창 시절의 추억을 이야기했죠. 친구들이 저를 많이 기억해 주더군요. 제가 어릴 때는 좀 장난꾸러기였거든요. 이러저런 이야기를 하다보니 30여 년을 훌쩍 뛰어넘어 마치 그 시절의 나로 되돌아간 느낌이 들었어요. 우울한 기분은 사라지고 그 시절의 쾌활했던 장난꾸러기가 돼 내가 이야기를 하고 있더군요."

그는 동창회를 통해 잊고 있었던 생의 아름다운 시절과 조우했다. 그리고 그 시절의 친구들과 연결돼 많은 힘을 얻었다. 기막

히게도 그 만남은 용기를 가지고 새로운 인생을 다시 시작할 수 있는 발판이 되었다.

심리적 방어 중에 '퇴행'이라는 게 있다. 퇴행은 과도한 불안이나 스트레스로 인해 이전의 발달단계로 후퇴하는 것을 말한다. 쉽게 말해 어려지거나 유치해지는 것이다. 이는 단순히 과거를 떠올리는 것이 아니라 그 당시의 사고, 감정, 행위로 돌아가는 것을 말한다.

흔히 둘째가 태어나면 첫째는 퇴행을 보인다. 동생에게 부모의 사랑을 빼앗겼다고 느낀 첫째는 자신도 아기가 되면 잃어버린 사랑을 되찾을 것이라는 무의식적 환상을 품는다. 그래서 아기처럼 젖병을 빨고, 칭얼거리고, 심지어 옷에 오줌을 누기도 한다.

어른도 다르지 않다. 아이가 태어나 아내가 아이를 돌보는 데 관심을 집중하면 박탈감을 느낀 남편 또한 퇴행을 한다. 안 하던 반찬 투정을 하거나, 몇 번을 불러야 대답을 하거나, 작은 일에도 짜증을 내는 등 아이처럼 행동하는 것이다.

이렇듯 사람은 스트레스를 과도하게 받으면 스트레스 이전의 시간으로 되돌아가려고 한다. 〈박하사탕〉에서 주인공 영호가 철로에서 "나, 돌아갈래!"라고 부르짖던 그 장면처럼 말이다.

그렇다면 우리의 무의식은 우리를 어느 시간으로 데려갈까? 그것은 생의 아름다운 시간이다. 존재 자체만으로도 사랑받았던 시간, 마냥 즐겁게 뛰어놀았던 어린 시절, 도전과 성취를 통해 자신감을 느꼈던 시간, 첫사랑을 했던 시간, 잊을 수 없는 추억과 사연이 깃든 여행의 시간……. 즉, 생애에서 가장 행복했던 시간, 심리적 자원이 가장 풍요로웠던 시기로 돌아가는 것이다.

마치 상처를 입은 동물이 안전한 동굴 속으로 들어가 자신의 상처를 핥듯이 인간은 힘들 때면 과거 아름다운 시간의 품속으로 파고든다. 그 시간과 연결돼 그때의 마음과 합일을 시도한다. 그 안에서 위로를 받고 그 시절의 마음 상태로 현실을 바라본다. 그 기억이 강렬할수록 현실을 바라보는 우리의 관점과 태도는 달라질 수 있다. 현실은 달라진 게 없을지라도 말이다.

이제 노스탤지어를 병이라고 하는 사람은 없다. 많은 학자들은 노스탤지어가 병이 아니라 약이라고 이야기한다. 지난 시절의 아름다운 추억이 우리를 위로하고 잔잔한 기쁨을 주기 때문이다. 그렇게 본다면 심리적 퇴행이 꼭 미숙하거나 부정적인 것은 아니다.

물론 옛 시간에 고착돼 다시 돌아오지 못하거나, 너무 유아 단계로 퇴행이 이뤄지거나, 현실감이 깨져버리는 병적인 퇴행도 있다. 하지만 유년기 이후의 아름다운 시간으로 돌아가 자신을 위로하고 다시 현실을 살아갈 힘을 되찾는다면 이는 건강한 퇴행이며 '노스탤지어'라고 할 수 있다. 일종의 자기 치유인 셈이다. 세상살이가 힘들어지면 복고가 유행하고 동창 모임 등이 활발해지는 것은 그 때문이다.

정말 불행한 사람은 퇴행하는 사람이 아니라 퇴행하고 싶어도 되돌아갈 곳이 없는 사람이다. 떠올릴 수 있는 아름다운 추억이 없는 사람들이다. 그들은 힘들어도 스스로를 위로할 수 없다.

정신과 상담을 하면서 나는 내담자에게 묻곤 한다. "당신의 생애에서 아름다웠던 시간은 언제입니까?" 많은 사람들은 대답을 하지 못한다. 그것은 갑자기 물어봐서가 아니다. 시간을 충분히 주어도 마찬가지다. 생의 아름다웠던 시간이 딱히 없는 것이다.

그렇기에 이들은 힘들 때마다 외부에서 위로의 대상을 찾을 수밖에 없다. 계속해서 마음의 위안이 되는 책이나 강연 그리고 대상을 찾아다니게 되는 것이다. 우리를 다시 일으켜 세우는 심리적 면역력은 마음먹기에 달린 게 아니라 아름다운 시간을 필요로 한다.

내게 생의 아름다웠던 시간은 바로 초등학교 저학년 시절이다. 그 시절을 생각하면 옛집과 골목이 떠오른다. 초등학교 4학년 때 그 집을 떠나야 했다. 그 당시엔 먼 나라로 이민을 가는 것처럼 다시는 돌아올 수 없을 것 같았다. 하지만 중학교 때 그 거리가 불과 버스로 두세 정거장밖에 되지 않는다는 것을 알고 얼마나 허탈했는지. 얼마든지 걸어서도 갈 수 있는 거리였던 것이다.

나는 대학 시절까지 종종 옛집을 찾았다. 특히 힘든 일이 있을 때면 그곳에 갔다. 꼭 친구들을 만나기 위해서는 아니었다. 옛집 대문 앞을 기웃거리고 그 골목을 거닐다 오기만 해도 그 시절로 되돌아간 듯했다. 그곳에 있는 동안 마음속 우울함은 안개 걷히듯 사라지고 돌아오는 길은 생기가 넘쳤다. 돌이켜보면 어린 시절의 추억이 담긴 그 옛집이야말로 나를 위로하고 나를 일으켜 세우는 회복과 치유의 공간이었다.

비록 바쁜 일상 속에서 잠시 잊고 있을지라도 인간은 누구나 위로의 시공간을 가지고 있다. 누구에게나 유독 자신의 마음을 달래줬던 추억의 아지트가 있게 마련이다. 아지트는 물리적 공간일 수도 있고 상상 속 비밀의 공간일 수도 있다.

우리는 여행하다가 분명 처음 온 곳임에도 불구하고 왠지 마음이 편안해지고 친숙하게 느껴지는 장소를 발견하기도 한다. 일종의 데자뷰 현상을 경험하는 것인데, 이는 그곳이 어린 시절 자신을 위로해 주던 공간을 연상시키는 어떤 요소를 지녔기 때문이다.

우리는 어른이 돼서도 아지트를 원한다. 자신을 위로하고 때로는 행복하게 해줬던 어린 시절의 은밀한 공간을 현실에 복원시키고 싶어 한다. 그래서 우리는 특정 지역과 장소에 지나치게 매료되거나 말도 안 되는 환상을 가지기도 한다.

프랑스 소설가 장 그르니에는 『섬』에서 이렇게 이야기했다. "인간이 탄생에서부터 죽음에 이르기까지 통과해 가야 하는 저 엄청난 고독들 속에는 어떤 특별히 중요한 장소들과 순간들이 있다는 것이 사실이다. 그 장소, 그 순간에 우리가 바라본 어떤 고장

당신의 생애에서 아름다웠던 시간은 언제입니까?

히말라야 계곡의 창구 나라연 마을에서.

의 풍경은, 마치 위대한 음악가가 평범한 악기를 탄주하여 그 악기의 위력을 자기 자신에게 문자 그대로 '계시하여' 보이듯이 우리들 영혼을 뒤흔들어 놓는다."

우리는 누구나 아름다움을 좋아한다. 사람들은 아름다움을 감상하는 것을 넘어 이를 소유하고 경험하고 싶어 한다. 그 대상은 다양하다. 옷, 장신구와 같은 물건일 수도 있고, 황금 비율의 몸매나 매끄러운 피부일 수도 있고, 그림이나 노래처럼 예술 작품일 수도 있다.

그러나 우리가 놓치고 있는 아름다움이 있다. 바로 아름다운 시간이다. 우리 눈앞에 보이는 많은 아름다움은 시간이 지날수록 빛이 바래기 쉽다. 젊음은 어느덧 시들고, 아름다운 보석은 그 빛이 바래고, 아름다운 노래를 들어도 감흥이 떨어진다. 하지만 나이가 들수록 더 아름다워지는 것이 있다. 그것은 바로 생의 아름다운 시간이다. '노스탤지어'다.

인생에 아름다운 시간이 있기에 우리는 쉽게 고통스러운 시간을 이겨낼 수 있고, 더 높이 날아오를 수 있다. 그러므로 나는 당신께 묻는다.

"당신에게 생의 아름다운 시간은 언제입니까?"

여행은
삶의 베이스캠프

알랭 드 보통의 『여행의 기술』에는 시인 워즈워스의 여행 이야기가 나온다. 워즈워스는 1790년 가을 알프스 도보여행에 나섰다. 그는 스위스 제네바에서 프랑스 샤모니까지 걸어가는 길에서 마기오르 호수와 마주했다. 그는 황홀한 풍경을 보며 넘치는 기쁨을 가눌 수 없었다. 즉시 누이에게 편지를 썼다.

"이 수많은 풍경들이 내 마음 앞에서 둥둥 떠다니는 지금 이 순간, 내 평생 단 하루도 이 이미지들로부터 행복을 얻지 못하고 지나가는 일은 없을 것이라는 생각에 큰 기쁨이 밀려온다."

그가 본 것은 과연 어떤 풍경이었을까? 도대체 얼마나 아름다웠기에 워즈워스는 평생 이 기억으로 행복할 것이라고 이야기했을까?

그의 예언처럼 그의 기억은 평생 휘발되지 않았다. 여행이 끝나고 수십 년이 지났어도 알프스는 계속 워즈워스의 가슴속에 살아 있었다. 그 풍경이 떠오를 때마다 그의 영혼은 힘을 얻었다. 그는 자연과 함께했던 여행의 어떤 장면들이 평생 동안 지속돼 지치거나 힘들 때 자신을 다시 고양시켜 줬다고 이야기했다. 그리고 그 여행의 기억을 '시간의 점'이라고 시적으로 표현했다.

우리의 삶에는 시간의 점이 있다.

이 선명하게 두드러지는 점에는

재생의 힘이 있어

이 힘이 우리를 파고들어

우리가 높이 있을 때는 더 높이 오를 수 있게 하며

떨어졌을 때는 다시 일으켜 세운다.

나 역시 그랬다. 나는 스물다섯 살 때 유럽 배낭여행을 다녀왔고, 그 여행의 기억은 이십 대 후반과 삼십 대를 살아가는 데 있어서 '시간의 점'이 돼주었다.

여행을 떠날 당시 나는 의대 3학년이었다. 점점 의사의 길로 접어든다는 게 혼란스러워 학교에서 겉돌던 나는 도망치듯 휴학계를 내고 말았다. 딱히 무엇을 하기 위해 그만둔 것이 아니었다. 소일로 시간을 보내다 8개월이 훌쩍 지나버렸다. 이러다가는 아무것도 얻지 못할 것 같아 급한 마음에 여행을 떠나기로 했다.

당시에는 여행을 가면 뭔가 길이 보일 것만 같았다. 그러나 막상 여행을 가서는 고민할 틈도 없었다. 당장 내일 어디로 갈지, 어디서 자고 무엇을 먹을지 등 그날그날 일에 매달릴 수밖에 없었다.

여행이 끝났어도 내 삶의 방향은 여전히 불확실했다. 그러나 길 위에서 보낸 시간들로 인해 나는 삶의 의욕을 찾았다. 삶을 헤쳐 나갈 수 있는 용기를 얻었다.

여행을 다녀온 뒤 다시 3학년으로 복학했다. 그리고 학교에 다니면서 나 자신을 제대로 이해하는 것이야말로 내 인생에 있어서 중요한 일임을 느꼈다. 그래서 정신과의사가 되기로 결심했다.

이후로도 삶이 흔들릴 때마다 그 젊은 날의 여행은 내게 힘이 돼주었다. 삶에 지칠 때마다 사진과 기념품을 들춰 보면서 힘을 얻었다. 그 여행은 유년기의 기억처럼 내 인생의 아름다운 시간이 돼주었다. 비틀거릴 때 나를 잡아줬고, 무료함에 빠져 있을 때 새로운 길로 걸어가도록 힘을 줬다.

여행을 한마디로 정의한다면 뭐라고 해야 할까? 나는 '여행은 삶의 베이스캠프'라고 정의하고 싶다. 산을 등반하는 이들에게 베이스캠프는 물리적, 정신적 버팀목이다. 날씨가 좋지 않거나 건강에 이상이 생기면 베이스캠프에 내려와 재정비나 재충전을 할 수 있다. 만일 어떤 사고가 발생한다면 베이스캠프의 지원을 받을 수 있다는 것을 알기에 등반가들은 용기를 내어 산을 오른다. 마치 아이가 두렵지만 뒤에서 자신을 지켜주는 엄마라는 '안전기지'가 있기 때문에 호기심을 가지고 세상을 탐험할 수 있는 것과 같다.

유년기의 추억이 십 대와 이십 대 초반까지 내 삶의 베이스캠프였다면, 대학 시절의 배낭여행은 이십 대 후반 이후에 또 하나의 베이스캠프가 돼주었다. 그러한 경험이 있었기에 나는 하던 일을 정리하고 안식년 여행을 다녀올 수 있었다. 지난 안식년 여행 역시 앞으로 내가 살아갈 인생의 중요한 베이스캠프가 돼줄 것이라는 확신이 있었기 때문이었다.

과연 여행은
아름다운 시간인가?

책을 쓰다보니 여행에 대한 찬사만 늘어놓고 있는 것 같아 염려스럽기도 하다. 여행만 떠나면 마냥 행복해지고 단단해지고 마음의 상처가 다 아무는 것은 아니다. 여행은 만병통치약이 될 수 없다. 되레 어떤 사람에게는 독이 될 수도 있다.

오래전에 내가 운영하던 습관개선 프로그램에 참석한 O라는 여성이 있었다. 그녀는 미루는 습관을 고치기를 원했다. 참가자들은 대부분 직장인이었는데 프로그램이 끝나고 난 뒤에도 후속 모임을 통해 자신의 습관이 어떻게 변화하고 있는지를 점검하곤 했다.

그런데 그녀는 후속 모임에 잘 나타나지 않았다. 여행 때문이었다. 그녀는 일을 하는 것 같다가도 어느 틈에 여행지에 가 있었다. 직장에서 어떤 감당하기 힘든 어려움이 생기면 훌쩍 여행을 떠나버렸다. 그로 인해 1년 이상 일을 이어가지 못했다. 그것 때문에 이력서를 쓸 때마다 걱정하면서도 한 직장에서 오래 버티기를 못했다.

나중에 안 사실이지만 때로는 인수인계조차 하지 않고 도망치듯 여행을 떠난 적도 종종 있었다. 그녀는 여행을 좋아하는 자유로운 영혼이라고 사람들에게 자신을 소개하곤 했지만 사실은 그녀 자신도 잘 알고 있었다. 그녀의 여행은 자유가 아니라 도피임

을. 여행은 그녀에게 일시적인 위로가 됐지만 현실에 맞설 힘을
주지는 못했다.

나는 그녀를 보면서 전공의 시절에 담당했던 P라는 환자가 떠
올랐다. 조울증을 앓고 있던 그녀는 특정 시기를 빼놓고는 사회
적 기능 수행에 아무런 어려움이 없었다. 그래서 병원에서 오히
려 다른 환자들을 도와주며 마치 치료자처럼 지내곤 했다. 직원
들은 자신의 일을 알아서 도와주니 P를 편애했고 다른 환자들이
누리지 못하는 특권까지 주었다.

문제는 퇴원 후 집에서의 생활이었다. 가족 중에 누군가가 그
녀에게 듣기 싫은 말을 하면 견디지 못하는 것이었다. 가족과 다
투면 그녀는 집에서 뛰쳐나와 입원을 했다. 병원에서 직원들의 칭
찬을 듣고 다른 환자들을 돌보는 것이 그녀의 낙이었다. 그러나
그녀가 있어야 할 곳은 병원이 아니라 사회였다. 그녀의 사회 복
귀는 점점 멀어져만 갔다.

O에게 있어 여행과 P에게 있어 병원은 모두 현실을 잘 헤쳐 나
갈 수 있도록 돕는 디딤돌이 아니라 현실의 어려움으로부터 도망
치는 피난처이다.

그뿐이 아니다. 어떤 여행은 아름답기는커녕 끔찍한 경험이 되
기도 한다. 뜻밖의 사고나 질병을 만나 말 그대로 고생으로만 얼
룩진 여행도 있을 테고, 같이 여행을 간 사람과 다투다가 기분만
상해서 돌아온 여행도 있을 것이다. 여행지에 대한 환상이 깨지

면서 실망하고 돌아오는 여행도 있을 수 있다. 극단적인 경우지만 문화적 충격이나 큰 실망감으로 인해 급성 정신병적 상태가 나타나는 경우도 있다.

특히 파리를 여행하는 일부 젊은 일본 여성들이 의식 혼란, 급성 우울감, 환각 등을 호소하는 경우가 있다고 한다. 프랑스에서 살고 있는 일본 출신의 정신과의사 히로아키 오타는 1980년대에 이러한 사례들을 접한 후 '파리 증후군'이라고 이름 붙이고, 그 증후군의 주요한 원인을 분석했다.

그 원인은 바로 파리에 대한 환상과 실제 파리 사이의 괴리감 때문이라는 것이다. 즉, 일본의 젊은 여성들이 책이나 영화를 통해 파리에 대한 엄청난 로망을 품고 여행을 왔다가 청결하지 못한 도시, 불친절한 프랑스인들, 소매치기 등의 범죄를 경험하면서 파리에 크게 실망했기 때문이라는 설명이다.

한 해 약 열 명이 이런 문제를 호소했다는 게 잘 믿어지지 않지만 큰 기대를 가지고서 여행을 떠났다가 큰 실망을 안고 돌아오는 여행자가 많은 것은 사실이다. 사실 여행지에 대한 환상을 갖게 된 것을 여행자의 문제라고만은 할 수 없다. 여러 책과 인터넷에서 볼 수 있는 수많은 여행기에는 지금 당장 떠나고 싶을 만큼 아름다운 풍경과 즐거운 추억이 가득하다. 하지만 내내 즐겁고 행복하기만 한 여행이 어디 있겠는가!

이 책을 쓰면서 나도 내 기억을 의심한다. '내 여행이 정말 그렇

게 아름다웠던가?' '정말 여행에서 그렇게 많은 것을 느꼈던가?'
'정말 삶의 절정감을 경험했던가?' 다행히 이 글에 담아낸 여행기
들은 여행 당시에 써둔 것이라 잘못 기억하는 정도가 크지는 않
을 것 같다.

아무튼 우리의 기억이란 믿을 게 못 된다. 기억은 늘 완전하지
못하다. 기억은 언제나 선택적이며 자신의 마음에 따라 사실조차
왜곡되기 쉽다.

여행은 더 말할 나위가 없다. 여행을 다녀오면 우리는 자신의
여행을 미화하기 시작한다. 공개적으로 여행기를 남기기라도 한
다면 더 그렇다. 여행 당시에는 불평불만을 늘어놓기 바빴던 사
람도 여행 예찬론자가 되기 쉽다.

사실 대부분의 여행에는 행복감만큼이나 괴로움과 불편함이
섞여 있고 즐거움만큼이나 무료함과 밋밋함이 가득하다. 특히 어
린아이를 데리고 가는 여행은 일상과 크게 차이가 없는 경우도
많다. 하루 세 끼 밥과 간식을 챙기고 아이를 씻기고 재우고 하다
보면 하루가 다 간다.

아이들이 없더라도 여행의 시간이 무미건조해지기 쉽다. 아침
저녁으로 커다란 짐들을 풀었다가 다시 싸기를 반복한다. 풍경
은 미리 본 사진에 비해 실망스러울 따름이고, 날씨는 내 마음대
로 따라주지 않고, 음식이 입에 맞지 않아 곤혹스럽거나 턱없이
비싸다. 성당이나 궁전은 다 거기에서 거기 같아 아무 느낌도 없

고, 유명 미술관에서는 인산인해를 이룬 사람들 때문에 그림 한 점 차분히 볼 수 없다.

또한 다른 도시로 이동하느라 하루 종일 열차나 자동차 안에 갇혀 있다시피 하며 시간을 보낼 수도 있다. 심지어는 졸지에 짐을 도난당하고 이를 신고하고 필요한 물건을 사러 다니느라 하루 종일 시간을 허비하기도 한다.

그러나 생각해 보라. 평범하고 밋밋한 시간들이 있기에 여행 동안 느꼈던 잠깐의 행복이나 즐거움의 순간들이 더욱 빛나는 것이다. 꽃을 돋보이게 하는 무딘 땅처럼, 별을 더욱 빛나게 하는 까만 하늘처럼, 수많은 평범한 시간들이 있기에 여행의 아름다운 순간들은 더 빛이 난다.

인생도 마찬가지다. 인생 전체를 놓고 보면 대부분의 시간은 평범하고 무료하다. 하지만 그 무난한 흐름을 뚫고 올라오는 불꽃같은 시간들이 있다. 바로 도전, 사랑, 여행 등을 하는 시간이다. 그 가슴 두근거리는 시간들이 우리의 평범한 삶을 빛나게 만든다.

그렇다고 가슴 뛰는 시간만 중요하다는 뜻은 아니다. 고단하거나 무료한 일상의 시간들이 있었기에 빛나는 시간 또한 존재할 수 있었으리라. 평범한 시간들이 있기에 여행과 같은 일탈의 시간들은 더욱 아름답게 채색될 수 있다.

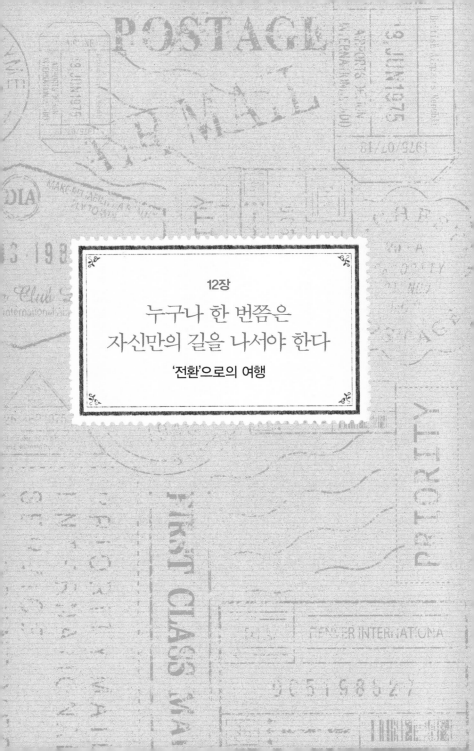

12장

누구나 한 번쯤은
자신만의 길을 나서야 한다

'전환'으로의 여행

Homo Viator

남미 여행이 끝나고 돌아온 지 한 달이 넘었다. 안식년으로 예정한 시간도 한 달 정도밖에 남지 않았다. 나는 그동안 밀쳐뒀던 고민을 꺼냈다. '이제 무엇을 할 것인가?'

애초 안식년을 가질 때는 1년이 지난 뒤에 다시 이전의 생활로 복귀하려고 했다. 여행이 끝나고 원래 출발했던 집으로 돌아오는 것처럼 나는 다시 이전처럼 병원을 열 생각이었다. 그러나 내키지 않았다. 여행을 하며 느꼈던 많은 경험들로 인해 이전으로 돌아가고 싶지 않았다. 그렇다고 해서 무엇을 새롭게 해야겠다는 계획이나 방향이 있는 것도 아니었다.

그런 고민에 빠져 있을 때 우주 관련 다큐멘터리를 보던 둘째가 이런 질문을 했다. "아빠, 태양도 자전과 공전을 하나요?" 순간 헷갈렸다. 지구의 자전과 공전에 대해서는 자주 들었지만 태양에 대해서는 별로 생각나는 게 없었다.

폴란드의 천문학자 코페르니쿠스가 지동설을 발표한 것은

1543년이었다. 이는 패러다임의 혁명을 불러왔지만 사실 우주의 중심이 지구에서 태양으로 바뀌었을 뿐, 우주에 대한 이해는 여전히 부족했다. 즉, 태양이 우주의 중심이고 천체는 태양을 중심으로 회전하고 있다고 본 것이다.

그러나 과학의 발전으로 인해 태양 역시 태양계의 중심에 지나지 않으며, 우리 은하의 중심에서 2만 6,000광년이나 떨어져 있는 작은 항성에 불과하다는 것이 밝혀졌다. 그리고 태양도 지구처럼 자전과 공전을 한다는 사실도 확인됐다. 태양계가 속한 우리 은하의 크기는 약 10만 광년인데 태양은 이 은하를 중심으로 공전을 하는 것이다.

태양이 우리 은하를 한 바퀴 도는 데는 약 2억 년의 시간이 걸리는 것으로 본다. 태양의 나이를 약 50억 년으로 본다면 지금까지 약 25번의 공전을 한 셈이다. 이렇게 이야기하니 현실감이 떨어진다. 2억 년의 속도로 한 바퀴를 돈다는 것이 엄청나게 느린 것처럼 느껴질 수 있다. 하지만 은하의 크기를 생각해 보면 태양의 공전 속도는 초속 217킬로미터 정도다. 서울에서 부산까지 약 2초 만에 돌파하는 속도로 우리 은하를 돌고 있는 것이다.

그런데 태양만 그 속도로 도는 것이 아니라 태양에 잡혀 있는 지구를 포함한 태양계 전체가 같은 속도로 움직인다. 즉, 지구는 태양을 중심으로 돌고, 태양계는 우리 은하를 중심으로 돌고, 우리 은하는 또다른 중심을 향해 돌고……. 그렇기에 지구와 태양은 물론 우리 은하까지 공전을 해도 한 번도 우주에서 같은 위치로 돌아올 수 없다. 지구가 태양을 중심으로 1년 동안 한 바퀴를 돌아 제자리로 온 것 같지만 그동안에 태양계 전체도 움직이고 있었기에 원래 위치가 아닌 것이다.

그 사실은 내게 굉장히 큰 깨달음을 줬다. '우주 만물 중에 멈춰 있는 것은 없으며, 두 번 다시 같은 자리에 머무르는 것 또한 없구나!'

우주에서 오늘의 지구는 어제의 지구와 다른 곳에 있다. 오늘의 태양은 어제의 태양과 다른 곳에 있다. 지구와 태양 아니, 우주 만물이 지금 이 순간에도 조금 전과 다른 새로운 곳으로 가고 있다. 우주 만물은 늘 새로운 곳에 존재하는 것이다. 그제서야 나는 철학자 헤라클레이토스의 말이 온전히 이해가 됐다.

"누구도 같은 물에 두 번 발을 담글 수는 없다. 두 번째 발을 담글 때 강은 같은 강이 아니고, 그도 같은 사람이 아니기 때문이다."

나는 1년 전과 똑같은 곳에 머무르고 있지만 1년 전의 내가 아니었다. 설사 내가 원한다고 해도 원래 있던 곳으로 되돌아갈 수 없음을 깨달았다. 내가 할 일은 오직 새로운 시간과 공간으로 나아가는 것밖에 없었다.

—2015년 6월 24일, 서울 집에서

이것이
정말 필요한가?

남미 배낭여행을 할 때 하루에도 몇 차례씩 했던 질문이 있다. '이것이 정말 필요한가?' 트레킹을 위해 배낭의 무게를 13킬로그램 이하로 유지하려니 양말 하나, 식료품 하나 늘어나는 것에도 민감할 수밖에 없었다. 그래서 나는 짐을 풀고 다시 짐을 쌀 때마다 하루에도 몇 번씩 묻고 또 물었다.

처음에는 답하기가 쉽지 않았다. 당장은 아니지만 언제 무슨 일이 벌어질지 모른다고 생각하면 다 필요한 것뿐이었다. 작은 비닐봉지 하나 버리기가 아까웠다.

점점 시간이 지나면서 쓰지 않는 것이 상당수 있었다. 더 이상 그것들을 가지고 다닐 이유가 없었다. 나는 필요하지 않은 것들을 다른 여행자에게 나눠 주거나 버렸다. 꼭 필요한 것만 들고 다녔고 필요한 만큼만 샀다. 사실 여행에서 정말 필요한 것은 그렇게 많지 않았다.

여행을 다닐수록 무언가를 사거나 소유하고 싶다는 욕망이 약해졌다. 오히려 배낭의 무게를 줄이는 것이 여행의 즐거움이 됐다. 음식을 나눠 먹고, 안 입는 옷과 안 쓰는 물품을 나눠 주면서 나는 나눔의 기쁨과 함께 홀가분함의 기쁨을 맛보았다. 배낭이 가벼워진 만큼 내 발걸음도 가벼워지고 마음의 군살까지 빠졌다.

최근 들어 병적일 만큼 물건을 버리지 못하고 모으는 저장강박증 사례가 점점 늘고 있다. 미국의 경우 20명 중에 한 명 꼴이라고 보고될 정도다. 우리나라에서도 연구가 잘 이뤄지지 않아서 그렇지 상당수가 이에 해당할 것이다.

저장강박증에 걸린 사람들은 일반적인 수집가들과는 다르다. 수집가들은 특정 물건을 체계적으로 정리하며 모으고, 이로 인해 사회적 기능에 문제가 생기지 않는다. 하지만 저장강박증의 경우에는 모으기만 할 뿐 정리하지 못한다.

이로 인한 역기능적 문제들이 생기게 된다. 쓰지도 않는 폐품이나 중고 물품들을 계속 쌓아놓거나, 감당하지 못할 만큼 많은 애완동물을 키우거나, 먹지도 않으면서 음식을 과도하게 저장해 두거나, 보지도 않는 책이나 자료를 계속 구입해 이동이 불편할 지경에 이르는 식이다.

이들에게 공통적으로 관찰되는 것은 무엇보다 물건을 소유하는 것에 대한 독특한 믿음이다. 이들은 물건에 대해 과도한 의미를 부여하거나 물건을 의인화한다. 물건과 자신이 깊이 연결돼 있다고 느끼거나 자신의 일부처럼 여긴다. 이들에게 물건은 단지 물건이 아니라 중요한 관계나 콤플렉스에 대한 보상이 된다. 혹은 물건이 자기 정체성의 일부라고 볼 수 있다.

그러므로 이들은 남들의 눈에는 하잘것없는 물건을 버리려고 할 때마다 이해가 안 될 정도의 죄책감, 상실감, 미련 등을 경험한다. 머리로는 버려야 한다고 생각할 수 있지만 실제로 버릴 수 없는 것이다. 물건을 버리는 것이 아니라 자신의 일부가 떨어져 나가거나 중요한 관계가 단절되는 느낌을 받기 때문이다.

과연 우리는 저장장애를 별스러운 사람들의 이야기로 치부할 수 있을까? 사실 그 양상과 정도만 다를 뿐 많은 현대인들은 저장장애를 앓고 있다.

당신은 어떤가? 휴대전화를 가득 채우고 있는 문자 메시지, 삭제하지 않고 둔 수많은 이메일, 오랫동안 입지 않은 옷이나 신발로 가득 찬 수납함, 십 년 넘게 펼쳐 보지도 않은 오래된 책들이나 캠핑 도구, 날짜가 지났지만 버리지 못하고 있는 잡지나 신문, 철 지난 아이들의 장난감 등. 당장 가까운 곳만 봐도 버리지 못한 것투성이다.

과잉 소유와 과잉 저장은 현대인들의 불안과 공허감 때문이다. 몸에 음식을 채워 넣어 심리적 공허감을 보상하려는 폭식증 환자와 다를 바 없다. 우리는 〈센과 치히로의 행방불명〉에서 모든 것을 게걸스럽게 먹어 치우는 얼굴 없는 귀신 가오나시와 다를 게 없다. '그만 먹어야지' 하면서도 멈출 수 없다.

　그대의 존재가 적으면 적을수록, 그대가 그대의 삶을 덜 표출할수록, 그만큼 그대는 더 많이 소유하게 되고, 그만큼 그대의 소외된 삶은 더 커진다.

　나는 에리히 프롬의 『소유냐 존재냐』에서 접한 칼 마르크스의 말에서 현대인들이 어떻게 해야 저장강박에서 벗어날 수 있는지에 대한 답을 찾았다. 바로 존재를 키우고 삶을 표현하는 것이다.

　현대인에게 있어 존재를 키우고 삶을 표현하는 것은 무엇일까? 나는 그 대표적 행위가 여행이라고 본다. 여행의 시간 동안 우리의 존재감은 커지고 우리는 살아 있음을 체감할 수 있다. 그러면 자연히 소유욕과 저장강박이 약해진다.

　일본의 한 사진작가에 의하면 몽골인은 평생 가지고 있는 물품이 300여 개인데 비해 일본인은 한평생 6,200개를 갖는다고 한다. 그럴 수밖에 없는 것이 평생을 여행하듯 사는 사람에게는 많은 것이 필요 없기 때문이다.

　우리는 여행을 통해 불필요한 욕망을 걷어내고 소유에 덜 연연할 수 있다. 그것은 자유의 지평을 한 차원 넓혀준다. 불필요한 내부의 욕망에서 벗어나는 것은 단순히 외적 구속에서 벗어나는 것과는 다른, 새로운 차원의 자유다. 그 자유는 때로는 여행이 끝난 후의 삶으로도 확장된다. 그 자유를 경험함으로써 덜 쓰고 덜 일하되 더 여유로운 삶을 모색할 수 있다. 마음의 에너지가 물질을 소유하는 대신에 자기 세계를 구축하는 쪽으로 흐르게 된다.

나는 남미 여행을 마지막으로 안식년 여행을 끝냈다. 그런데 신기하게도 여행 중에 매일 떠올랐던 '이것이 정말 필요한가?'라는 질문을 지금도 계속한다. 무언가를 하나 사려고 할 때마다 나는 묻는다. 동창회 같은 모임이 열릴 때도 마찬가지다. '이것이 정말 필요한가?' 필요하면 사고 만났지만 필요하지 않다고 생각되면 굳이 사거나 모임에 나가지 않는다.

안식년 이전의 생활로 돌아가는 것에 대해 고민할 때, 이 질문은 더욱 확대됐다. '이전으로 돌아가는 것이 정말 필요한가?' '그것이 정말 중요한가?' 내 대답은 '아니오'였다.

나는 이전의 소유 방식과 삶의 속도로 되돌아가고 싶지 않았다. 불필요한 욕망을 걷어내고 좀더 가볍게 내 삶을 여행하고 싶어졌다. 어디로 가야 할지 불확실하지만 새로운 삶으로의 여행을 이어 가고 싶었다. 나의 길을 걷고 싶었다. 나는 결국 계획에도 없이 안식년 2년 차에 돌입했다.

일상을 여행처럼
여행을 일상처럼

여행이 끝나고 일상으로 복귀하면 우리는 여행의 속도를 유지할 수 없다. 흔히 삶의 속도를 가속시킨다. 여행을 다녀오느라 비워뒀던 공백을 메워야 하기 때문이다. 처리해야 할 일들과 갖가지 약속이 그동안 비워둔 집의 먼지처럼 수북이 쌓여 있다. 그렇게 일에 치여 살다보면 어느새 반복된 일상을 살고 있는 자신을 발견한다.

여행을 가기 전과 무엇이 다른가? 우리는 어느 틈에 점점 지루해지고 지쳐가고 또다시 일탈을 꿈꾸고 새로운 자극을 추구하게 된다. 하지만 또 새로운 곳을 여행하고, 신제품을 사고, 새로운 사람을 만나도 결국 반복일 수밖에 없다.

우리는 어떤 새로움도 시간이 지나면 익숙해진다는 사실을 인정해야 한다. 일상의 무료함이나 답답함을 계속해서 '더 많이'와 '더 새로운'이라는 방향으로만 해결할 수 없다.

그렇다면 어떻게 해야 할까? 우리는 새로움의 반대어를 생각해볼 필요가 있다. 새로움의 반대어라고 하면 흔히 낡음, 익숙함, 오래됨 등을 떠올린다. 물론 그러한 단어들도 틀린 것은 아니지만 나는 더 중요한 반대어가 있다고 생각한다. 바로 얕음이다.

우리가 무언가를 낡고 진부하다고 느끼는 것은 실제로 새로운 것이 없어서가 아니라 그 체험이 표면적이고 얕아서인 경우가 많다. 그러므로 새로운 곳을 찾아 떠나는 물리적인 이동이 아니라 무언가를 더 깊이 경험하는 것이야말로 진정 고수의 여행이다.

우리가 여행에서 즐거웠던 것은 오로지 새로운 세계를 접했기 때문만은 아니다. 감각이 깨어나고, 자아가 열리고, 생각이 깊어졌기에 똑같은 경험이라고 해도 더 깊이 경험할 수 있었기 때문이다. 여행에서의 그 예민해진 감각과 여행자 정신을 일상으로 가지고 와야 한다. 그래서 세상을 더 깊이 경험해야 한다. 무심코 지나친 일상의 세계에서도 얼마든지 새로움과 충만함을 느낄 수 있다.

늘 이곳을 부정하고 저곳을 꿈꾸는 자는 여행자가 아니라 도망자다. 여행자는 저곳의 여행을 통해 이곳을 재발견하며 이곳을 살아 숨 쉬는 곳으로 개척한다.

그렇다면 여행은 언제 끝날까? 앞서 나는 여행의 시작이 언제인지를 물었다. 여행의 시작도 그렇지만 여행의 끝이 언제인지도 어려운 질문이다.

잠시 『오디세이아』의 결말을 보자. 오디세우스는 10년간의 트로이 전쟁이 끝나자 고향으로 향한다. 그런데 귀향길에서 갖은 고난을 겪게 된다. 그의 고향은 트로이에서 배로 2주면 닿을 거리에 있는 이타케였지만, 귀로의 여정은 무려 10년이나 걸렸다. 그는 여정의 중간에 지옥 하데스에 들리는데 그곳에서 예언가 테이레시아스를 만난다. 오디세우스가 고향에 갈 수 있는지를 묻자 예언가는 이렇게 답한다.

"이타케에 귀향하고 난 뒤 너는 노 하나를 들고 여러 도시들을 지날 것이다. 그러다가 바다에 대해서도 모르고 음식에 소금 간도 하지 않는 사람들이 사는 나라에 닿을 것이다. 그곳 사람들은 노를 보고 도리깨라고 말할 것이다. 그러면 너는 그 자리에 제단을 쌓고 숫양 한 마리, 황소 한 마리, 수퇘지 한 마리를 포세이돈에게 제물로 바쳐라. 그러면 너는 평화로운 노년을 살다가 죽을 수 있을 것이다."

이 예언에서 특이한 점은 오디세우스가 땅에 도착한 뒤에도 노를 들고 다닌다는 것이다. 노는 바다 여정에서는 필수적이지만 육지에서는 아무 쓸모가 없다. 그런데 이 예언에서는 바다에서 '노'로 쓰였던 물건이 땅에서 다시 '도리깨'로 쓰인다고 했다. 무용지물의 물건이 아니라 곡식의 껍질과 알맹이를 분리하는 데 꼭 필요한 수확의 도구로 쓰인다는 말이다.

여기서 나는 '노'란 오디세우스가 20여 년에 걸쳐 전쟁과 여행에서 느끼고 깨달은 것들을 의미한다고 생각한다. 이는 전쟁과 여행에서만 필요한 것이 아니라 일상을 살아가는 데 있어서도 정말 중요한 지혜가 된다는 의미다. 알맹이와 껍질을 분리하는 도리깨처럼 여행에서 얻은 깨달음은 우리의 삶을 이끌어주는 '노'가 되며, 삶에서 진짜 중요한 것과 그렇지 않은 것을 나누는 도리깨가 돼준다. 여행이 여행으로 그치지 않고 이후 삶을 살아가는 자원으로 전환됨을 『오디세이아』는 말하고 있는 것이다.

여행이 끝나면 그 효과도 끝나는 것이 아니다. 일상에 생기를 불어넣어주고 다시 여행을 시작할 때까지 우리에게 안정과 번영을 약속해 준다. 좋은 여행이란 그런 것이다. 여행이 끝나면 다시 자기를 잃어버리고 지금을 놓친 채 일상으로 빨려 들어가는 게 아니라 일상을 새롭게 일궈나가는 것이다.

아무리 일상이 바쁘더라도 한 번씩 멈춰 서서 흘러가는 구름을 보는 것이다. 소소한 일상이나 익숙한 관계에서도 그 소중함을 느끼고, 한 번씩 주위의 시선에서 벗어나 마음 가는 대로 행동하는 것이다. 어려운 일 앞에서 고민만 하기보다는 부딪쳐서 해결해 나가는 것이다. 목적지만이 아니라 그 여정을 좋아했던 여행의 시간처럼 삶의 목표만이 아니라 삶 자체를 사랑하게 된다면 당신은 좋은 여행을 다녀온 것이다.

좋은 여행이냐 아니냐를 판단하는 기준은 여행 자체에 있는 것이 아니라 여행 이후의 일상에 달려 있다. 좋은 여행은 여행자 정신을 유지하고 일상을 보다 새롭게 볼 수 있게 해준다. 그에 비해 여행 때는 좋았더라도 여행 후의 일상이 더 초라하게 느껴지거나 고달프거나 빈곤해져 간다면 이는 좋지 않은 여행이다.

타고르의 시에서처럼 여행에서 돌아와 자기 집 앞의 "잔디에 맺혀 있는 반짝이는 이슬방울"을 보고 감탄할 수 있다면 그야말로 최고의 여행을 다녀온 것이다. 좋은 여행은 끝이 나지 않는다.

삶의 전환을 위한
나만의 의식

'내가 원하는 삶이 무엇일까?' 서른넷의 K에게는 그것만큼 중요한 고민이 없었다. 10년 넘게 몸담고 있는 교직원 일은 그녀에게 생계 수단 이상의 의미가 없었다. 더 늦기 전에 자신의 길을 찾고 싶었다. 그러나 어디서부터 어떻게 시작해야 할지 몰라 혼란스러웠다. 그녀를 더 힘들게 하는 것은 자신을 전혀 이해하지 못하는 주변의 시선이었다. 그녀는 점점 무기력해졌고 우울해졌다. 자신이 피지도 못하고 시드는 꽃처럼 느껴졌다.

결국 K는 주변의 반대를 무릅쓰고 직장을 그만뒀다. 그리고 자신의 길을 찾고자 스페인 산티아고 도보여행 길에 올랐다. 그 길을 걷다보면 왠지 자신의 진정한 소명을 발견할 수 있을 것만 같았다.

과연 그녀는 여행을 통해 원하는 삶의 방향을 찾았을까? 안타깝지만 그녀는 아무런 답도 찾지 못하고 돌아왔다. 그럼, 크게 실망하지 않았을까? 그렇지도 않았다. 실망한 기색은커녕 생기가 넘쳤다.

대신 삶을 대하는 태도가 달라져 있었다. 우선 평생 좋아하는 일을 찾겠다는 마음을 내려놓았다. 여행하면서 '지금-현재'에 머물렀던 것처럼 지금 하고 싶은 일에 보다 충실하기로 마음먹었다.

그다음 일은 그다음에 생각하기로 했다. 여행 전에 비해 그녀의 생각은 가벼워졌고 삶은 단순해졌다.

그녀는 영어를 집중적으로 공부하기 시작했다. 다른 여행자들과 좀더 깊은 대화를 나누지 못했던 것이 여행 내내 아쉬웠기 때문이다. 그녀는 영어 학원을 다녔고, 어학 공부의 즐거움을 느꼈다. 함께 시작한 다른 사람들보다 더 열심히 공부했고 실력도 빨리 늘었다. 평소 성격과 달리 나서서 스터디 그룹의 리더도 맡았다.

리더로 활동하는 과정에서 배우는 즐거움뿐만 아니라 가르치는 즐거움도 느꼈다. 그녀는 결국 그 어학원의 강사가 됐다. 스스로도 생각지 못했던 새로운 인생이 펼쳐진 것이다.

"나는 열네 살 때 한 남자와 사랑에 빠져, 스무 살 되던 해에 그 남자와 결혼을 했고, 1982년에 23년간의 결혼 생활을 청산했다. 아주 오랜 세월을 함께 지냈기 때문에 헤어지면 곧 외로워 죽을 것만 같았다. 마음속 깊이 사무친 슬픔을 달래기 위해서 나는 도전을 감행했다. 뭔가 새로운 것을 생각해 내야 했다. 그때 떠오른 생각은, 나 혼자 유럽 일주를 할 수 있다면 그 여행이 내 여생에 상징적인 해답을 제시해 주리라는 것이었다. 내 나이 마흔둘에, 난생처음 배낭여행을 떠났다."

위 내용은 유이의 『여행, 좋아하세요?』라는 책에 소개된 여행하는 여자들의 네트워크, '저니 우먼 닷컴'의 운영자인 에블린 하논의 이야기다. 그녀는 여행 초반에는 이별의 아픔 때문에 울면서 다녔다. 하지만 5주간 배낭을 메고 걸어 다니면서 여행의 종반에는 웃음을 되찾았다. 전에 없던 독립심이 생겨났고 보다 강해졌다. 예상하지 않았지만 여행은 그녀를 새로운 삶으로 이끄는 출발점이 됐다. 그녀는 만학도로 다시 공부를 시작했고, 혼자 여행하는 여성들을 위한 웹 사이트를 개설했다.

여행을 가기 전에 그녀가 이런 삶을 살게 될 것임을 조금이라도 상상할 수 있었을까? 전혀 그렇지 못했을 것이다. 어떤 여행은 잠시 활력을 주지만 어떤 여행은 이렇게 인생 전체를 바꿔놓기도 한다.

삶은 전환의 연속이다. 우리는 살면서 여러 번의 전환을 맞이한다. 사는 곳을 옮기거나 부서를 옮기는 것과 같은 작은 전환도 있지만, 부모를 떠나 독립하거나 학교를 졸업하고 사회에 진출하거나 새로운 일을 시작하거나 결혼해서 가정을 이루거나 은퇴하는 등 큰 전환도 있다.

전환은 외부의 사건에 의해 촉발되기도 하고, 때가 되어 자연스럽게 이뤄지기도 한다. 또한 내적인 각성과 결심으로 촉발될 수도 있다.

자기 주도적인 삶이란 어쩔 수 없이 변화하는 수동적 전환보다는 스스로 원하는 삶을 위해 적극적으로 나서는 능동적 전환에 의해 이뤄진다. 그런 의미에서 보면 여행은 능동적 전환의 결정적 계기가 되기도 한다. 여행 이전으로 돌아가는 게 아니라 여행을 통해 새로운 곳으로 나아가게 되는 것이다. 여행에서 '메타노이아 (metanoia)' 즉, '인생의 방향을 바꾸는 큰 마음의 변화'를 겪었기 때문이다.

스무 살 때 알프스로 처음 여행을 떠난 에드워드 윔퍼(Edward Whymper)도 메타노이아를 겪었다. 그는 등산이란 것을 해본 적도 없는 신출내기 화가였다. 그가 알프스 몽펠부에 오른 것도 단지 출판사로부터 알프스의 풍경을 그려달라는 의뢰를 받아서였다. 그러나 이 한 번의 여행이 그의 삶을 뿌리째 흔들어버렸다. 산에 매료된 것이다. 그는 '청춘의 모든 것'을 산에 쏟아부었고, 1865년 7월 14일 세계 최초로 마터호른의 정상에 올랐다. 그때 윔퍼의 나이는 스물다섯 살이었다.

물론 한 번의 여행이 삶을 바꾸어놓는 경우는 흔치 않다. 오히려 여행이 전환을 위한 '의식(ceremony)'이 되는 경우가 훨씬 많다. 오페라나 연극의 막과 막 사이에 펼쳐지는 막간극처럼 여행은 이전 세계와 새로운 세계를 잇는 가교 역할을 해준다. 혹은 탑승구와 비행기 기내를 연결시켜 주는 통로와 비슷하다. 공중에 놓인 그 통로를 따라 기내로 걸어 들어갈 때 우리는 이 세계에서 벗어나 저 세계로 들어가는 상징적인 경험을 한다.

인생을 살면서 우리는 어떤 '부름'을 들을 때가 있다. 새로운 변화가 필요하다는 내적 신호가 북소리처럼 울리면, 인생에 있어 전환의 시간이 찾아온 것이다. 그 시기에 우리는 자신도 모르게 어떤 의식을 치르려고 한다. 그 의식을 통해 지난 시기를 매듭짓고 새 시기로 나아가려고 하는 것이다. 그 대표적인 의식이 바로 여행이다.

그렇기에 여행지에서는 삶의 전환점에 서 있는 수많은 이들을 만날 수 있다. 군대를 제대하고 복학을 앞둔 학생, 학교를 졸업하고 사회 진출을 앞둔 사람, 직장을 그만두고 자기 사업을 시작하려는 사람, 은퇴 후 삶을 시작하려는 사람 등 삶의 전환기에 놓인 많은 사람들이 지금 이 시간에도 길 위에 있다. 그들의 여행은 지난 시간의 수고에 대한 보상인 동시에 새로운 세계로의 여행을 위한 준비이기도 하다.

삶의 전환기에 서 있는 사람들은 설렘과 두려움을 모두 느낀다. 그렇기에 이들은 낯선 세계로의 여행을 통해 이제 그들이 곧 마주할 새로운 삶으로의 여행을 준비하는 것이다. 안전한 정착을 위한 리허설을 갖는 셈이다. 그들은 전환기의 여행을 통해 새로운 삶을 여행하는 데 필요한 용기와 경험을 미리 얻게 된다.

인생은 전환의 연속이다. 새가 털갈이를 하고, 뱀이 허물을 벗고, 곤충이 변태를 하듯이 인간의 삶도 마찬가지다. 때가 되면 익숙한 세계에서 벗어나 새로운 세계로 나아가야 한다. 우리는 더 큰 만남을 위해 떠나야 한다. 이를 거부해서는 안 된다. 그 거부의 대가는 혹독할 수 있다. 조셉 캠벨은 『신화와 인생』에서 이렇게 경고한다.

진짜 내가 원하는 삶은 무엇인가.

안데스 산맥 중앙부에 있는 알티플라노 고원의 에디온다 호수에서.

만일 우리가 부름에 대해 떠나지 말아야 할 어떤 이유를 생각해 낸다거나 두려움을 느끼고 안전한 사회 속에 남아 있는 경우, 그 결과는 부름을 따랐을 때에 생기는 결과와 판이하게 달라진다. 여러분이 떠나기를 거부한다면 그것은 다른 누군가의 종이 되는 것이다. 부름을 거부할 경우, 일종의 말라붙음, 즉, 삶의 감각이 상실되는 현상이 벌어진다. 여러분 속의 모든 것은 요구되는 모험이 거부되었음을 안다. 그로 인해 분노가 형성된다. 여러분이 긍정적인 방식으로 경험하기를 거부한다면, 결국 그것은 부정적인 방식으로 경험되는 것이다.

만일 당신이 인생의 어느 시기에 여행을 몹시 갈망하고 있다면, 이는 어쩌면 단순한 휴식이 아니라 삶의 전환이 필요하다는 신호일지도 모른다.

많은 여행은 일상에서 벗어나 다시 일상으로 돌아오는 귀환의 여행이다. 그러나 어떤 여행은 익숙한 삶의 궤도를 이탈해서 새로운 삶으로 이동하는 전환의 여행이다. 이 세계에서 출발해서 이 세계로 돌아오는 여행이 아니라 이 세계에서 출발해서 저 세계로 넘어가는 여행이 된다. 물론 귀환을 목적으로 떠났던 여행이 얼마든지 전환의 여행이 돼 돌아올 수 있다. 어느 날, 어떤 여행을 통해 당신도 이전의 자리를 박차고 새로운 삶으로의 여행을 계속 이어갈지 알 수 없는 일이다.

Homo Viator
여행하는 인간

나는 안식년 여행을 통해 여행이 곧 삶이고, 삶이 곧 여행이라고 느꼈다. 여행에는 시작과 끝이 없음을 깨달았다. 니체는 『인간적인 너무나 인간적인』에서 여행자의 등급을 나누며 이렇게 이야기했다.

"사람들은 여행자를 다섯 등급으로 구분한다. 가장 낮은 등급의 여행자는 여행하면서 오히려 관찰당하는 사람들이다. 그들은 여행의 대상이 되는 사람들이며 동시에 눈먼 자들이다. 다음 등급의 여행자는 실제로 스스로 세상을 관찰하는 사람들이다. 세 번째 등급의 여행자는 관찰한 결과에서 그 무엇을 체험하는 사람들이다. 그다음 등급의 여행자는 체험한 것을 자신 속에 가지고 살며 그것을 지속적으로 지니고 있다. 끝으로 최고의 능력을 가진 몇몇 사람도 있다. 그들은 자신이 관찰한 모든 것을 체험하고 동화하고 난 뒤, 집으로 돌아오자마자 곧 그것을 여러 가지 행위와 작업 속에서 기필코 다시 되살려 나가야만 하는 사람들이다. 여행자에 대한 이 다섯 부류에 따라 대체로 모든 사람들은 삶의 모든 여정을 지나간다."

니체의 이야기에 공감한다. 다만 여행자의 등급이라기보다는 여행의 등급이라고 생각한다. 기계적으로 우리의 여행을 다섯 가지 등급으로 분류하기는 어려우며 모든 여행에는 다양한 모습이 섞여 있다고 본다. 다만 비율의 차이가 있을 뿐이다.

아무리 뛰어난 여행자라고 해도 어떤 여행의 시기 동안에는 구경하듯 여행할 수 있으며, 구경하듯 여행하는 사람에게도 어느 순간 큰 깨달음의 순간이 찾아올 수 있다. 나는 니체의 분류에 착안해 다음과 같이 여행의 등급을 6단계로 나눴다.

1단계 _ 둘러보는 여행: 많은 곳을 둘러보는 여행을 말한다. 정해진 시간 안에 많은 곳을 가는 것이 중요하기에 유명 관광지를 중심으로 이동해 재빨리 사진을 찍고 또다른 관광지로 이동한다.

2단계 _ 관찰하는 여행: 자세히 살펴보고 기록하는 여행을 말한다. 많은 지식과 정보를 가지고 여행을 시작하며 여행을 통해 이를 확인하고 생생한 정보를 추가함으로써 자신의 지식과 정보를 더욱 체계화시켜 나간다.

3단계 _ 체험하는 여행: 오감과 신체감각을 통해 경험하는 여행이다. 이들의 감각은 열려 있기에 더 깊이 경험하고 감동을 느낀다. 이국의 맛과 예술을 즐기고, 새로운 사람들과 어울리며, 가슴 뛰는 활동에 도전하면서 여행의 즐거움을 만끽한다.

4단계 _ 각성하는 여행: 열린 마음을 통해 깨닫는 여행이다. 이들의 의식과 자아는 열려 있다. 이들은 새로운 대상과 경험에 열려 있고, 새로운 세계와 끊임없이 교류하며 자기와의 대면을 통해 의식의 지평을 넓힌다. 이들은 여행을 통해 지혜와 깨달음을 얻는다.

5단계 _ 체득하는 여행: 여행에서의 자각이 체화돼 삶과 연결되는 여행을 말한다. 여행이 끝난 후에도 여행에서 배우고 깨달았던 것을 몸으로 실천하고, 여행자 정신이 살아 있어 일상을 보다 새롭게 바라보고 가꾼다.

6단계 _ 삶으로의 여행: 여행과 삶이 하나가 돼 삶 전체를 여행으로 보고 살아가는 것을 말한다. 삶 전체가 여행이기에 여행을 하지 않는 시간 동안에도 여행자의 정체성을 가지고 있으며 평생 자기 길을 찾고 자기 세계를 만들어간다.

삶으로의 여행을 떠난 사람! 삶을 하나의 여행이라고 보고 삶을 여행처럼 살아가는 사람이 바로 '여행하는 인간(Homo Viator)'이다. 라틴어인 이 말을 영어로 하면 'the person on his way' 즉, '그의 길 위에 서 있는 사람'을 뜻한다. 진정한 여행자란 단순히 세계 각국을 떠돌아다니는 사람을 말하는 것이 아니라, '평생 동안 자기 길을 찾아 길 위에 있는 사람'을 말한다.

삶을 하나의 여행이라고 본다는 것은 무엇을 뜻할까? 삶이 그 자체로 여행이라면 우리는 모두가 여행자인 셈이다. 삶이란 우리가 잠시 머물렀다가 원래 있어야 할 곳으로 돌아가는 '일시적인 여정'이다.

그렇다면 우리는 어디로 돌아가는 것일까? 나는 안식년 여행을 통해 그곳이 '자연'이라는 답을 얻었다. 우리는 자연에서 왔다가 이 땅에서 잠시 머물고 다시 자연으로 돌아간다. 더 크게 보면 우리는 우주에서 왔다가 이 별에서 잠시 머물고 다시 우주로 돌아간다. 우리는 우주의 움직임 속에 존재한다. 인생이란 삶에서 죽음처럼 처음에서 끝으로 이동하는 것으로 보이지만 이 우주에는 처음도 끝도 없으며 순환이 있을 따름이다.

삶이 여행이라면 우리가 살고 있는 집은 여행자의 숙소다. 나와 함께 살고 있는 가족은 여행의 여정을 같이하는 동반자이며, 살면서 만나는 사람들 역시 여행을 하며 만났다가 헤어지는 또다른 여행자들이다. 우리는 언젠가는 그들과 헤어져 자신만의 여행을 떠나고 그 길 위에서 또다른 동반자들과 여행자들을 만날 것이다.

그렇다면 살면서 한 번씩 떠나는 여행은 무엇이 될까? 삶 그자체가 여행이라면 우리가 종종 떠나는 여행은 인생이라는 큰 여행 중에 떠나는 작은 여행인 셈이다. 그렇게 보니 지난 안식년 여행은 인생이라는 여행에서 내가 잠시 가졌던 작은 여행이었다.

"가장 중요한 것은 길 위에 있다"

지난 여행을 한 문장으로 표현하라면 뭐라고 해야 할까? 소설가 오르한 파묵은 『내 이름은 빨강』이라는 책에서 "훌륭한 화가는 자신의 그림으로 우리에게 영향을 끼치는 것으로 그치지 않고, 종국에 가서는 우리 마음속의 풍경까지 바꿔놓는다"라고 했다.

그의 글에서 '그림' 대신 '여행'이라는 단어를 넣으면 내가 하고 싶은 이야기가 될 것 같다. '좋은 여행은 아름다운 경치를 보여주는 데에 그치지 않는다. 우리의 마음속 풍경을 바꿔놓는 것은 물론 때로는 새로운 삶으로 우리를 초대한다.'

그렇다. 지난 여행이 내게 준 것은 아름다운 경치만이 아니었다. 여행을 통해 나의 내면 풍경이 달라졌고 삶을 살아가는 방식 또한 바뀌었다. 그런 의미에서 우리는 귀환에 대해 다시 생각해

볼 필요가 있다. 어떤 이는 여행에서 돌아온 사람에게 이렇게 말한다. "결국 집으로 돌아올 것을 뭐하러 사서 고생하느냐!"

과연 우리는 '원 위치'로 복귀하는 것일까? 여행이 끝나면 우리는 집으로 돌아오고 일터로 복귀한다. 즉, 출발점으로 돌아오는 것처럼 보인다. 물론 평면적인 지도를 놓고 여행 루트를 표시해보면 처음 출발한 점으로 다시 돌아온 것이 맞다.

하지만 지도는 세상이 아니며, 삶은 평면이 아니다. 입체적인 삶에서 본다면 우리는 '출발점'이 아닌 '출발점 위'로 돌아온 것이다. 여행을 가기 전의 '나'와 여행을 다녀온 뒤의 '나'는 다르다. 비록 같은 생활공간에 있다고 해도 결코 같은 위치가 아니다. 여행이 끝나고 우리는 원래 위치로 복귀하는 게 아니라 새로운 지점에 서 있다. '발전적 귀환'을 하는 것이다. 우리 내면의 풍경이 달라졌기 때문이다.

나는 상담실을 정리하고 여행을 떠났지만 사실 여행과 상담은 하나였다. 세상으로 떠나는 여행 길은 결국 자기 자신을 만나는 길이고, 내면으로의 탐색은 늘 새로운 세상으로 나아가는 여행이 되어주기 때문이다. 지난 20여 년간 상담에서 배우고 깨달은 것이 모두 여행 안에 있었다.

니체의 말처럼 "가장 중요한 것들은 바로 길 위에 있었다." 나는 길 위에 있을 때 가장 순수했고, 가장 자유로웠으며, 가장 행복했고, 가장 많은 것을 배웠다.

지난 여행을 통해 나는 '애로주의자(愛路主義者)'로 살아가기로 마음먹었다. 여행자에게는 여행의 목적지가 아니라 여행 자체가 기쁨이듯이, 인생을 살아갈 때도 무엇이 되는 것과 상관없이 내가 가는 모든 길을 사랑하기로 했다. 나는 앞으로도 삶의 여행자가 되고 싶고, 새로운 길 위에 서고 싶다. 허락된다면 그 길 위에서 죽는 것 또한 축복일 듯싶다.

정신의학에 '대리 외상(vicarious trauma)'이라는 말이 있다. 직접 외상을 입지는 않았지만 간접경험을 함으로써 자신이 외상을 당한 것처럼 충격을 받고 비탄과 불안에 빠지는 것을 말한다. 의료진이나 심리치료자들에게 많이 일어나는 일이다.

삶에는 늘 양면이 있듯이, 대리 외상과 반대되는 '대리 치유(vicarious healing)'도 있다. 심리치료자들은 상처받은 사람들을 치유하면서 그 자신도 치유되고 성장한다. 다른 사람을 도움으로써 되레 도움을 받는 일을 한다는 것은 지난 시간 동안 내가 받았던 큰 축복이었다.

나는 독자들이 여행을 통해 길 위에서 치유되고 성장하기를 바라며 이 책을 썼다. 비록 지금 당장 여행을 떠나지 못한다고 해도 이 책을 읽으면서 '대리 여행(vicarious travel)'을 누릴 수 있기를 바라면서 이야기를 써 내려갔다. 그리고 삶 전체를 하나의 여행으로 바라보고 '여행하는 인간'으로 살아가자고 말하고 싶었다. 삶은 흘러가는 것이기 때문이다.

세상에 멈춰 있는 것은 없다. 우주의 모든 존재는 여행한다. 지금 이 시간에도 우리가 살고 있는 지구는 초속 463미터와 초속 29.8킬로미터의 속도로 자전과 공전을 하고 있다. 우리가 발을 딛고 있는 이 땅도 마찬가지다. 이 커다란 대륙 역시 1년에 0.66~8.5센티미터씩 움직이고 있다.

거대한 움직임 속에서 살아가는 우리의 삶 역시 끊임없이 이동해야 하지 않을까? 나는 파타고니아 초원 위에서 자연과 일체감을 느끼는 순간, 말로 형언할 수 없는 황홀감을 경험했다. 그 순간 내가 받은 느낌을 누군가와 꼭 나누고 싶었다. 그 들판 위에서 방언처럼 나도 모르게 시가 터져 나왔다.

마지막으로 그 시를 전하며 이 책을 마치고자 한다. 이 시에서 '그대'는 '과거의 나'이자 바로 '당신'이다. 나는 여행으로 당신을 초대하고 싶다.

호수에 작은 물결이 일어선다.
물새들이 날아오르자
풀들이 손을 들어 불러 세운다.
무르익은 숲이 출렁인다.
나뭇잎들이 떨어지자
땅은 가슴을 내어준다.

장대비처럼 가을빛이 쏟아진다.

가슴속 그늘까지 환해질 만큼.

낮이 빛날수록 밤은 더욱 짙어진다.

빛을 머금은 모든 존재들이 제 모습을 드러낼 만큼.

이곳에서 시간은 아주 천천히 흐른다.

나는 영원의 한가운데 서 있다.

지구의 정반대편에서 그대를 떠올린다.

이 가을은 얼마 남지 않았는데

먼 산만을 우두커니 바라보고 있을 그대를 생각한다.

이렇게 빛이 가득한 세상이 있는데

해가 저물었다고 탄식하는 이들과 술잔을 기울이고 있을

그대의 이름을 불러본다.

그대여! 지금 들판으로 오라.

이 빛을 한가득 담아 가자.

이 빛이 우리를 다시 빛나게 하도록!

참고문헌

1장 삶은 다시 새로워지기를 원한다

위니프레드 갤러거, 이한이 역, 『New』, 오늘의 책, 2012

프리드리히 니체, 안성찬·홍사현 역, 『즐거운 학문 메시나에서의 전원시 유고』, 책세상, 2005

2장 어른이 되어 천천히 걸어본 적이 없었다

로버트 레빈, 이상돈 역, 『시간은 어떻게 인간을 지배하는가』, 황금가지, 2000

브리짓 슐트, 안진이 역, 『타임 푸어』, 더 퀘스트, 2015

3장 아, 심장이 바람에 풀린 날들이여!

길혜연, 『마음은 천천히 그곳을 걷는다』, 문예중앙, 2013

다비드 르 브르통, 김화영 역, 『걷기예찬』, 현대문학, 2002

파블로 네루다, 정현종 역, 『네루다 시선』, 민음사, 2007

4장 나는 어떤 여행을 원하는가?

브라이언 피터슨, 김문호 역, 『창조적으로 이미지를 보는 법』, 청어람미디어, 2006

빈센트 반 고흐, 신성림 역, 『반 고흐, 영혼의 편지』, 예담, 1999

이명옥,『인생, 그림 앞에 서다』, 21세기북스, 2012

제임스 엘킨스, 정지인 역,『그림과 눈물』, 아트북스, 2007

5장 마음의 상처가 아무는 시간

알랭 드 보통, 정영목 역,『여행의 기술』, 청미래, 2011

헤르만 헤세, 홍성광 역,『헤세의 여행』, 연암서가, 2014

6장 다가갈 것인가 피할 것인가

라이너 마리아 릴케, 김재혁 역,『젊은 시인에게 보내는 편지』, 문학과 의식,
   2001

롤프 포츠, 강주헌 역,『떠나고 싶을 때 떠나라』, 넥서스BOOKS, 2004

A. 랑가네·J. 클로트·J. 길래느·D. 시모네, 박단 역,『인간에 관한 가장 아름
   다운 이야기』, 부키, 2007

조셉 캠벨·다이엔 K. 오스본, 박중서 역,『신화와 인생』, 갈라파고스, 2009

카렌 호나이, 서상복 역,『내가 나를 치유한다』, 연암서가, 2015

카트린 지타, 박성원 역,『내가 혼자 여행하는 이유』, 걷는나무, 2015

7장 혼자 갈까? 함께 갈까?

아르노 그륀, 조봉애 역,『평화는 총구에서 나오지 않는다』, 창해, 2012

체 게바라, 김형수 역,『체 게바라 어록』, 시학사, 2007

8장 내가 살아 숨 쉬고 있구나!

다비드 르 브르통, 김화영 역,『걷기예찬』, 현대문학, 2002

미하이 칙센트미하이, 이희재 역, 『몰입의 즐거움』, 해냄, 2010

아르튀르 랭보, 곽민석 역, 『랭보 시선』, 지식을만드는지식, 2012

아브라함 H. 매슬로, 정태연·노현정 역, 『존재의 심리학』, 문예출판사, 2012

정기용, 『서울 이야기』, 현실문화, 2008

조셉 캠벨·빌 모이어스, 이윤기 역, 『신화의 힘』, 이끌리오, 2007

크리스토퍼 듀드니, 진우기 역, 『세상의 혼』, 예원미디어, 2010

프레데리크 그로, 이재형 역, 『걷기, 두 발로 사유하는 철학』, 책세상, 2014

9장 불확실성을 즐길 때 삶은 열린다

줄리아 카메론, 임지호 역, 『아티스트 웨이』, 경당, 2012

10장 우물 안 개구리, 더 넓고 새로운 세계에 눈뜨다

강명관, 『홍대용과 1766년』, 한국고전번역원, 2014

김상근, 『천재들의 도시 피렌체』, 21세기북스, 2010

다치바나 다카시, 전현희 역, 『우주로부터의 귀환』, 청어람미디어, 2002

요한 볼프강 폰 괴테, 정서웅 역, 『이탈리아 여행기』, 지식을만드는지식, 2014

에스더 M. 스턴버그, 서영조 역, 『공간이 마음을 살린다』, 더 퀘스트, 2013

황견, 이장우·우재호·박세욱 역, 『고문진보 후집』, 을유문화사, 2007

11장 생의 아름다운 시간을 가졌는가?

블랑쉬 드 리슈몽, 김성희 역, 『방랑자 선언』, 문학테라피, 2013

알랭 드 보통, 정영목 역, 『여행의 기술』, 청미래, 2011

장 그르니에, 김화영 역, 『섬』, 민음사, 2008

12장 누구나 한 번쯤은 자신만의 길을 나서야 한다

에리히 프롬, 차경아 역, 『소유냐 존재냐』, 까치, 2007

유이, 『여행, 좋아하세요?』, 또하나의문화, 2006

조셉 캠벨·다이엔 K. 오스본, 박중서 역, 『신화와 인생』, 갈라파고스, 2009

존 C. 로빈슨, 김정민 역, 『남자답게 나이 드는 법』, 아날로그, 2014

프리드리히 니체, 김미기 역, 『인간적인 너무나 인간적인 II』, 책세상, 2012

여행하는 인간 Homo Viator

초판 1쇄 2016년 7월 20일
초판 15쇄 2024년 12월 31일

지은이 | 문요한
펴낸이 | 송영석

주간 | 이혜진
편집장 | 박신애 **기획편집** | 최예은 · 조아혜
디자인 | 박윤정 · 유보람
마케팅 | 김유종 · 한승민
관리 | 송우석 · 전지연 · 채경민

펴낸곳 | (株)해냄출판사
등록번호 | 제10-229호
등록일자 | 1988년 5월 11일(설립일자 | 1983년 6월 24일)

04042 서울시 마포구 잔다리로 30 해냄빌딩 5 · 6층
대표전화 | 326-1600 **팩스** | 326-1624
홈페이지 | www.hainaim.com

ISBN 978-89-6574-557-0